国家古籍整理出版专项经费资助项目

中国禅宗典籍丛刊

禅源诸诠集都序

[唐] 宗 密 撰
邱高兴 校释

中州古籍出版社
·郑州·

图书在版编目(CIP)数据

禅源诸诠集都序 /（唐）宗密撰；邱高兴校释. —郑州：中州古籍出版社，2008.1（2025.9重印）
（中国禅宗典籍丛刊）
ISBN 978-7-5348-2767-9

Ⅰ.①禅… Ⅱ.①宗…②邱 Ⅲ.禅宗-研究 Ⅳ.① B946.5

中国版本图书馆 CIP 数据核字（2007）第 182786 号

CHANYUAN ZHUQUAN JI DUXU
禅源诸诠集都序

策划编辑	刘　晓
责任编辑	高雪薇
责任校对	李接力
美术编辑	曾晶晶

出 版 社	中州古籍出版社
地　　址	河南自贸试验区郑州片区（郑东）祥盛街 27 号 6 层 邮编：450016　电话：0371-65723280
发行单位	河南省新华书店发行集团有限公司
承印单位	郑州市毛庄印刷有限公司
开　　本	890 mm×1240 mm　1/32
印　　张	10.375
字　　数	220 千字
版　　次	2008 年 1 月第 1 版
印　　次	2025 年 9 月第 3 次印刷
定　　价	36.00 元

本书如有印装质量问题，请联系出版社调换。

华严五祖圭峰宗密大师

总 序

在中国传统文化中，儒学、佛教和道教鼎足而立，是联通一体的三个组成部分。它们在长期彼此比较和交流、互鉴中又相互吸收，共同丰富和发展了中华民族的传统文化。

佛教本是从古印度传来的外来宗教。然而它在中国这块辽阔丰饶的具有悠久历史文化的国土上传播，经过了漫长岁月的中国化历程，已经与中国传统文化和宗教习俗密切结合，演变成中华民族的主要宗教之一。隋唐时期具有民族特色的佛教宗派的相继创立，标志着佛教中国化历程初期阶段的基本结束，此后进入作为"中国的佛教"的持续充实和发展时期。在这些佛教宗派中，天台宗、华严宗和禅宗是最富有民族特色的宗派。在它们的蕴含深刻哲学思辨内容的教义理论中，有说色与空、色与心和体与用等相互关系的宇宙存在论，有论善恶、净染的心性论，有讲出世不离世间的修行解脱论，有用以沟通色空、色心和体用的"不二"的方法论……这些在中国历史文化，特别是在哲学思想领域都产生过极为深远的影响。研究中国历史文化，研究中国哲学思想都离不开对佛教的考察和研究，这早已成为人们的共识。

禅宗虽奉北魏时期来华的印度僧菩提达摩为初祖，但从历史真实情况考察，实际创立者应是被后世禅宗奉为四祖、五祖的道信（580~651）和弘忍（602~675）。在弘忍去世之后，他的门下形成以神秀（约606~706）及其弟子普寂（651~739）为代表的北宗，以惠能（638~713）及其弟子神会（668或686~760）、行思（？~740）、怀让（677~744）为代表的南宗。在唐代"安史之乱"（755~763）后，北宗逐渐衰微以至湮灭无闻，而南宗则迅速传遍大江南北，日益昌盛，并在唐末五代形成禅门五宗——临济宗、沩仰宗、曹洞宗、云门宗、法眼宗。进入宋代，临济宗又分成杨岐、黄龙二派。两宋是禅宗发展史上的鼎盛时期，它一跃而成为中国佛教宗派中的主流派，在当时社会的各个阶层和文化思想领域都有很大的影响。此后，中国儒、释、道三教日益会通融合，佛教内部各宗也互相融通，禅宗与净土念佛信仰的结合最为密切，以至形成"念佛禅"。

禅宗虽标榜"以心传心，不立文字"，但从实际情况来看，它的文字著述最多，形式也多种多样，其中禅法语录最多。记录惠能言行的语录有《六祖坛经》，记录神会言行的语录有《菩提达摩南宗定是非论》等，此后怀让、马祖、怀海、希运以及禅门五宗的创始人义玄、灵祐和慧寂、良价和本寂、文偃、文益和历代各宗的著名禅师几乎都有语录行世。语录有别集，有合集。在语录集子中既有禅师在开堂、上堂、小参、普说等各种场合的说法记录，也有师徒间的问答；有对前人公案的评说——拈古，也有评述这些公案的偈颂——颂古；有代前人回答质询的代语，也有在前人答语之外另作答语的别语；还有书信、法语、序跋、碑铭、题赞、札记、遗表等。在语录中，有贴近当时民众的通俗白话，有含意清丽玄远的诗偈；在语录外，有卷帙浩繁的史传，包括记录宗派传承的灯史、以记事为主的传记、按编年记述的通史。此外，还有论议、杂著、清规等。这些数量庞大的禅宗文献，无疑是我国宝贵的文化遗产。

我国在20世纪70年代末实行改革开放政策以后，随着社会科学界对宗教研究的深入展开，在对佛教文献的研究和整理、出版方面也取得很大的成绩，为从事佛教研究的人员和社会上广大读者提供了不少经过校订注释的有价值的佛教参考资料。然而在大量佛教文献面前，为了让研究者和读者使用方便，有必要按类别选择其中最重要的文献进行研究和整理，分阶段地将原典作精细校勘、标点和注释出版。

现在奉献在诸位面前的"中国禅宗典籍丛刊"，是一套中国禅宗系列的文献选编，收录了中国禅宗的部分重要史书、语录和清规等文献，皆请学者依据较好的版本进行精审校勘、分段和标点，并且一律改用通行的简化字。这套丛书所收文献还在逐年增加，相信一定会给从事佛教禅宗研究和中国哲学、文史研究的学者和广大读者带来不少方便。我们深知此项工作并非轻而易举，希望边工作边改进，谨望读者不吝赐教，经常给我们提出改进意见，以便把这一工作做得更好，能为建设中华民族现代文明作出应有的贡献。

杨曾文

1998年2月9日初稿

2023年6月5日修改

序　言

本书是对宗密所撰《禅源诸诠集都序》、《中华传心地禅门师资承袭图》、《圆觉经大疏钞》卷三之下"第八修证门"和《圆觉经略疏钞》卷四"第八修证门"的校释。宗密是唐代著名的佛教宗师，既是禅宗荷泽系的第五代传人，又是华严宗的五祖。在上述四部著疏中，宗密对于唐代禅宗发展状况做了整体的概括，并对各派的禅法特色进行了总结和评价，既为我们了解唐代禅宗提供了宝贵的历史资料，又反映了宗密本人的禅宗史观。

一、圭峰宗密的生平

唐代建中元年，即公元780年，被冯友兰先生誉为"上为以前佛学，作一结算，下为以后道学，立一先声"的著名僧人宗密诞生在果州西充（今四川南充一带）的一个何姓的富裕家庭中。

宗密幼年时受的是正统的儒家思想的教育，用他自己的话说是"髫专鲁诰"。髫，指小孩的头发，象征十岁左右的小孩子。鲁诰，就是儒家的经典。他还说："言髫冠者，初习之间岁数,非的指十岁及二十岁也。实而言之,即七岁乃至十六七为儒学。"这就是说他从大约七岁开始专攻儒学,一直持续到十六七岁。在这期间,宗密不仅学习了《诗经》、《尚书》,而且对《周易》、《老子》等都有涉猎。宗密的著作经常广征博引释家以外的经典,应当说和他这段时间所受的教育有密切关系。但令宗密感到苦恼的是,在儒家经典的学习中,始终没有发现能使自己安身立命的东西,而是"每觉无归"。在十八岁左右,宗密开始对佛教的经典产生兴趣,听讲研习,稍有收获,"薄似有寄"。由此开始吃素,屡次邀请僧人到家中讲法,设置法筵招待僧人。但是宗密从佛教中并没有获得真正的精神力量,而是"俱溺筌蹄,唯味糟粕",诸多人生的疑惑仍然存在,佛教的信仰远非坚定。所以,在二十三岁时,他又放弃了对佛教的学习,重新专攻儒学。当时,遂州有一所著名阐讲儒学的义学院①,宗密慕名前去,继续读经求学,打算考取功名。但是经过近两年的学习,宗密始终没能建立对儒学的兴趣和考取功名的热情。

正在他觉得彷徨无助的时候,一个改变他命运的人出现了,他就是道圆禅师。道圆禅师师从益州南印,益州南印师从磁州智如,磁州智如则是荷泽神会的弟子,因而道圆禅师是荷泽宗的后人。据宗密所记,道圆约在公元804年,到遂州传法,住在大云寺。一个偶然的机会,心中苦闷的宗密遇到了道圆禅师。相见之下,道圆的一段开导,使他茅塞顿开,"问法

---

① 严耕望在《唐人习业山林寺院之风尚》一文中认为,唐代士人中举以前在寺庙读书是常见现象,寺庙也常开设寺塾,教授俗家弟子,而僧侣自任教师,故宗密所就学的义学院可能与佛寺有关。详见《唐史研究论丛》第374页,新亚研究院,1969年版。

契心,如针芥相投也",于是跟随道圆"落发披缁,服勤敬事"。此后五六年的时间,宗密一直跟随道圆学习。在这期间,宗密所接触到的两部经典对他后来的思想产生重要影响,为他成为一代著名宗师奠定了基础。这两部经典一部是《圆觉经》,一部是《华严法界观门》。《圆觉经》是宗密到当地的府吏家做法事,依次授经时得到的。宗密初读即深有感触,以至于尚未读完,就痛哭流涕。宗密的很多重要著作都和《圆觉经》有关,与他这段时间对《圆觉经》的特殊感受是分不开的。《华严法界观门》是华严初祖杜顺的著作。宗密是在道圆禅师那里获得这本书的。宗密说:"遂屡咨参,方蒙授与终南大师《华严法界观门》,佛法宝藏,从此顿彰。"从此"同志四人,琢磨数载,一句中理论则通宵未休,一事中义旨则尘沙莫算"。这是宗密最早和华严思想结缘。

唐宪宗元和二年(807),宗密跟随拯律师受了具足戒,成为一名正式僧人①。随后,他拜见了在益州(今成都)的师祖南印和尚。南印和尚对他这个徒孙十分欣赏,认定他是"传教人也,当盛于帝都"。此后,过了两三年左右,约在公元810年,宗密离开四川,北上求学。当他跋山涉水,游学到襄阳的恢觉寺时,遇到了华严宗澄观大师的弟子灵峰。此时灵峰重病在身,将不久于人世。相见三天,二人相谈十分默契。灵峰也觉得自己的所学有了传人,因此将自己身边所藏的澄观的《华严经疏》六十卷和《华严经随疏演义钞》九十卷悉数赠给了宗密。

---

① 《定慧禅师碑》、《宋高僧传》、《景德传灯录》、《法界宗五祖略记》皆言是年宗密遇遂州道圆,并于当年受戒,与宗密自述不符。宗密遇道圆当在前三年。此年当是宗密受具足戒之年,此前宗密自述"身为沙弥"就为一证。

这大大开阔了他的佛学视野，使他产生了"渴逢甘露，贫遇摩尼"的感觉。在初步研读之后，就在当地第一次开讲华严教义。

元和六年（811），宗密到东都洛阳去礼拜祖师神会和尚的骨塔，住在永穆寺。在此期间，发生了一件意想不到的事件，使宗密和澄观迅速有了师徒的名分。原来，在灵峰赠给他《华严经》的疏钞后，宗密对《华严经》立刻产生了兴趣，并在详细研读之后，开讲华严。宗密口才很好，加上他理解深刻，立刻有不少的听众。到了东都洛阳后，一批在襄阳就听过他讲经的信众以及当地的信众请他继续讲解《华严经》。在听众中，有一个叫作泰恭的小和尚，受宗密讲演的感动，为了表示对佛法的虔诚，自断一臂。此事发生后，马上有人报告了官府。当时负责调查这件事的郑余庆是个儒家思想的信奉者，对佛教素来反感，以前就曾上书弹劾过佛教。对于这个毁坏身体的自残事件，作为儒者的郑余庆自然要严加盘查，要找出幕后指使者。宗密是讲经者，又是泰恭的师父，自然脱不了干系。因此在这种情况下，很可能会招来牢狱之灾。"留守郑余庆相公申上中书，取裁缘文状中云是华严门下。虑宰相寻问疏主虚实，疏主既未委识，恐不招承，遂修状具述所领解。"在郑余庆的盘查中，宗密情急之下，只好谎称自己是名震朝野、受皇帝尊崇的澄观的门下。但是又怕官方会派人到澄观那里查证，澄观不认识宗密，当然不会承认他是自己的徒弟，一旦事情被揭穿，会惹来更大的麻烦。因此宗密急忙派弟子玄珪、智辉，带着自己的亲笔信，去拜见澄观。信中详细叙述了自己接触华严思想的过程，对澄观所撰《华严大疏》的理解，以及这件事的来龙去脉，并希望澄观能承认他这个弟子。澄观在看过宗密来信后，十分欣赏，立刻回信称宗密为"法子"，对宗密的请求予以认可。但是另一方面，也告诫宗密要十分谨慎，不要让他的弟子再出现类似的事件。宗密立刻回信表示感谢，并称他本来应该即刻到长安去当面称谢，但是因为弟子的断臂尚未痊愈，所以不敢贸然上路，并称在泰恭的伤势痊愈后，会立刻到长安尽弟子之礼。

大约在次年，宗密到了长安，开始跟随澄观学习。据宗密自述，最初的两年，他一直侍奉在澄观左右，"昼夜不离"。后来虽然因到各寺讲经，不能再如先前一样，但是至少每个月要去看望澄观两次，并听受教诲。如果有疑问时，则不限时间，随时咨问。此时宗密三十多岁，思想正在成熟的过程中，经过跟随澄观大约四年的学习，使他对于华严思想以及各种经典的掌握和理解，更加深入和系统。

元和十一年（816）的春天，宗密离开长安城，到了终南山的智炬寺。在这里他首先对已经接触十几年的《圆觉经》进行整理，写出了《圆觉经》分段的纲要（科文），随后又作了《纂要》两卷。此后，约有三年时间一直在智炬寺读经，自述云："宗密比所遇释门中典籍，未有不探讨披览，且终南智炬寺，誓不下山，遍转藏经三年，愿毕方下山。"三年过后，宗密重回长安，住在兴福寺，在此他搜集《金刚经》的相关疏论，吸收其精华，撰成《金刚纂要疏》一卷、《疏钞》一卷。其后，他对唯识之学发生兴趣，在当年的冬天于兴福寺开始研究，直到次年春天移住保寿寺，经过几个月的时间，宗密撰成了两卷《唯识疏》。

长庆元年（821）正月，宗密又回到终南山，住草堂寺，摒绝外缘，专心修行和著述。此一阶段是宗密著书立说的一个高峰期，也是确立他成为当时有影响的一代宗师的重要时期。

他通过一系列著作的著疏，阐述了自己的佛学思想，展示了自己比较成熟的思想体系。首先，在这期间，他参考各家对《圆觉经》的注疏，对自己撰于元和十一年（816）的《圆觉经科文》及《纂要》两卷，进行整理，到长庆三年（823）秋冬之际，撰成《圆觉经大疏》。宗密自述说，此经的注疏经过自己的反复思考、详细核查，并和同学、弟子作过多次讨论的基础上，不断修改，直到自认没有"疑滞之处"后，才最终完成的。自宗密初入佛门开始，《圆觉经》就是一部吸引他的经典。其后虽然接触华严思想，但是他始终没有放弃对《圆觉经》的兴趣，澄观所著的《华严大疏》等著作更成为他解释《圆觉经》思想的一个重要的理论资源。此外这部经典的写作，宗密还参考了"《起信》、《唯识》、《宝性》、《佛性》、《中观》、《智度》、《瑜伽》、《摄大乘》"等诸多的论著。从宗密酝酿和准备《圆觉经大疏》的写作过程和其对宗密思想的影响程度看，无疑这是宗密最为重要的注疏。此后几年他又相继写作了《华严纶贯》、《圆觉经大疏钞》、《圆觉经略疏》、《四分律疏》等著作。

随着宗密的声名远播，太和二年（828），唐文宗在自己的生日，即十月十日的庆成节①那天，诏他入宫讲经，并赐紫方

---

① 吉川忠夫在《裴休传》中认为，"庆成节"设置始于太和七年（833），因此裴休所撰《圭峰禅师碑》中说"太和二年庆成节，征入内殿，问法要，赐紫方袍，为大德"不能成立，太和二年（828）时尚未有"庆成节"的名称。因此有可能是太和七年的误写。（参见日本《东方学报》第64期，第133~134页）但如参考宗密在《都序》中提到的"住城"时间看，不可能是太和七年。因此应是裴休将后来才出现的名称冠于以前的事件上。

袍，赠"大德"称号。从武则天开始，赐紫色方袍就成了帝王褒奖出色僧人的一种手段。因此，获得紫衣称号就表明了一个僧人在政治上被认可，并有了获得士大夫和官僚阶层追捧的资本。宗密所获得的这种政治荣誉很快使他结交了更多的当朝名士和官僚，如萧俛、温造、白居易、刘禹锡、裴休等。萧俛，唐文宗时任检校左仆射、太子少师。温造历任检校右散骑常侍、兴元尹、山南西道节度使、礼部尚书。白居易时任刑部侍郎。刘禹锡则先后任主客郎中、礼部郎中。裴休当时任监察御史、右补阙、史馆修撰、中书舍人等职。这些当朝的士大夫与宗密的交往大致都开始于他被征召入官讲法之后。萧俛、温造和裴休等都曾经向宗密问法，他们的问和宗密的答形成了宗密的另一个重要的著作《中华传心地禅门师资承袭图》（又称《裴休拾遗问》）。白居易曾作《赠草堂宗密上人》，诗中写道：

　　　　吾师道与佛相应，念念无为法法能。
　　　　口藏宣传十二步，心台照耀千百灯。
　　　　尽离文字非中道，常住空虚是小乘。
　　　　少有人知菩萨行，世间只是重高僧。

刘禹锡也写过《送宗密上人归南山草堂寺，因谒河南尹白侍郎》的诗，赠送给宗密：

　　　　宿习修来得慧根，多闻第一却忘言。
　　　　自从七祖传心印，不要三乘入便门。
　　　　东泛沧海寻古迹，西归紫阁出尘喧。
　　　　河南白尹大檀越，号把真经相对翻。

这两首诗，说明了宗密和刘禹锡、白居易都有很深的交情。宗密在长安结识的诸多士大夫中，和他友谊最深，属亦师亦友关系者当为裴休。《法界宗五祖略传》中说:"朝臣士庶,咸皆归仰,唯相国裴休,深入堂奥而为外护。"《宋高僧传》则说:"影待形起,响随声来,有宗密公,公则有裴相国,非相国曷能知密公?相续如环,未尝告尽,其二公之道如然。"裴休在唐文宗时官至监察御史、右补阙、史馆修撰、中书舍人等职。从唐武宗会昌元年(841)开始出任外职,历任江西、湖南等地的观察使。因此二人的建立友谊应当是于裴休在长安任职时。在这期间,裴休曾经就禅法宗派的"浅深、顿渐、得失"等问题向宗密咨问,宗密作答。其后又为宗密的重要著作如《禅源诸诠集都序》、《圆觉经大疏》、《原人论》、《注华严法界观门》等撰写序言,推动了宗密著作的流通。在宗密去世以后的大中六年(852),裴休官居宰相,成为朝廷重臣。大中七年(853),唐宣宗追谥宗密"定慧禅师"之号,并赐塔额,裴休亲撰《圭峰禅师碑铭并序》,高度评价了宗密的宗教修为,也成为后世了解宗密生平的最重要的资料之一。

宗密在官场中广交朋友也险些给他带来杀身之祸,他被牵连到了著名的"甘露之变"的事件中。在唐太和九年(835),礼部侍郎、同平章事李训在唐文宗李昂的支持下,密谋诛杀专权的当朝宦官。他们诈称左金吾厅的石榴树上夜降甘露,诱使宦官仇士良等前去观看,准备埋下伏兵,一网打尽。但不料伏兵被宦官发现,事情败露,李训只好慌忙逃到了终南山,投奔宗密。宗密因为和李训交往很多,关系不错,于是打算把他剃发后藏在寺院。但因为弟子们意识到风险太大,阻止了宗密。虽然宗密最终没有收留李训,但是仇士良还是以容留朝廷重犯的名义,派人将他逮捕入狱。随后控告他犯有"不告"之罪,准备处死。宗密本人对此倒是不以为然,他说:"贫道识训年深，亦知其反叛，然本师教法，遇苦即救，不爱身命，死固甘心。"后来中尉鱼弘志十分钦佩他这种气概，为他求情，才免去了杀身之祸。

宗密的晚年时期，相继完成了《禅源诸诠集》（或称《禅藏》）及《禅源诸诠集都序》、《圆觉经道场修证议》、《盂兰盆经疏》等著作。特别是《禅源诸诠集》更是一部篇幅庞大的著作①，乃宗密晚年最具代表性的作品。

---

① 宗密是否完成此书，有不同看法。镰田茂雄认为宗密虽有打算，但并没有写。但是冉云华则认为宗密不仅作了《禅藏》，而且有一百卷之多。而且据他所言，镰田茂雄后也接受了他的观点。（参见冉云华的论文《宗密著〈道俗酬答文集〉的研究》，《华岗佛学学报》第4期）杨曾文认为宗密作了此书，但是数量远没有百卷之多，估计只有二三十卷。（参见《唐五代禅宗史》第408～411页，中国社会科学出版社，1999年版）另日本学者黑田亮最早于《朝鲜旧书考》（岩波书店，昭和十五年）中提出，《禅门宝藏录》（现收于新纂《续藏经》64）中录有部分宗密所撰的文字，标为出自"圭峰《禅源诸诠集序》及《本录》"，其中部分文字和现存《禅源诸诠集都序》基本相同，但另外一部分文字不载于《都序》，当出自《本录》，由此，黑田亮提出了《本录》是否就是《禅源诸诠集》的问题？如果是，那么《禅源诸诠集》在宋末元初时尚存世。镰田茂雄经过进一步对比发现，不载于《都序》的文字，可以在《圆觉经略疏钞》的卷四、卷五找到对应的文字。（参见镰田茂雄《宗密教学的思想史的研究》，东京大学出版社，1975年版，第239～240页）西口芳男在《〈禅门宝藏录〉の基础的研究》一书中进一步指出，因为《诸诠集》是诸家文字语录的集录，《宝藏录》中被认为属于《圆觉经略疏钞》卷四的内容涉及达摩和慧可的对话，也可以看成是属于《诸诠集》，但是对应于《略疏钞》卷五的内容则完全是宗密所言，因此他断定，所谓《宝藏录》中出于《本录》的文字实际上是引自《略疏钞》，而非《诸诠集》。（参见《花园大学国际禅学研究所研究报告》第2期，第729页，2000年3月）

唐会昌元年（841）正月初六，宗密卒于兴福塔院①，享年六十二岁。遗体后移至圭峰，并于此火化。

二、《禅源诸诠集都序》及其禅教会通思想

1.《禅源诸诠集都序》撰写年代与版本

《禅源诸诠集都序》（以下简称《都序》）是宗密为一部其编纂的长达百卷的《禅源诸诠集》（或称《禅那理行诸诠集》，又称《禅藏》）所作的序言。因为《禅源诸诠集》本文已散佚，所以《都序》就成了了解宗密那本规模宏大的论集的一个重要著作。

宗密撰写《禅源诸诠集都序》和编纂《禅源诸诠集》的具体时间，在有关宗密的传记中都没有明确记载。只是在《都序》中，宗密提到的一些事件隐约地透漏了本文撰写的一个大概时间段，他说：

> 虽佛说悲增是行，而自虑爱见难防，遂舍众入山，习定均慧，前后息虑，相计十年。云前后者，中间被敕追入内，住城三年（两年），方却表请归山也。

宗密"舍众入山"，指从长安退居在终南山。《大疏钞》中宗密自述："后自觉化缘劳虑，至长庆元年正月又退在南山草堂寺，绝迹息缘，养神炼智。"这就是说宗密从长庆元年（821）开始住终南山，先后共计十年时间。除去中间太和二年

---

① 宗密去世时所住寺院，裴休碑中说在"兴福塔院"。此兴福塔院位于何处有两种不同说法，一说认为兴福塔院位于宗密常住的草堂寺，一说认为兴福塔院即宗密曾经住过的兴福寺。

（828）至太和四年（830）被召入宫内，那这十年大约应当持续到太和七年（833）左右。由此而言，《禅源诸诠集》大约写在此年之后①。从《禅源诸诠集都序》中有人质问"今览所集诸家禅述，多是随问反质，旋立旋破，无斯伦绪，不见始终，岂得名为撮略佛教"等语气看，作序时《禅源诸诠集》当已完成。如果考虑到太和七年（833）以前的十年中，宗密每年都有不少注疏和论著问世，可能没有时间去完成这样一部篇幅巨大的著作，因此动手编写此书的时间最早开始于太和七年（833）。《禅源诸诠集》篇幅巨大，一两年之内完成比较困难。那么《都序》的最早可能完成的年代应当在太和九年（835）左右。由此，作为序言的《都序》完成时间应当在此年或其后。宗密辞世在会昌元年（841）正月，所以《禅源诸诠集》和《都序》是宗密在人生的最后阶段所撰写的作品。

《都序》现存有多种版本，据镰田茂雄考察，中国刊本有：（1）辽道宗清宁八年（1062）刊本，即"明藏本"中贾汝舟所作序言中提到的对校本，序中说"后在京万寿方丈，复得辽朝崇天皇太后清宁八年印造颁行天下定本，与文士较正，拟欲刻梓，以传永久"。此版本现已不存②。（2）元代大德七年（1303）雪堂普仁刊行本，收于明《嘉兴藏》，称为"明藏本"。《大正藏》中《都序》即以此为底本。（3）以雪堂本为底本，明代临济宗僧人玄极居顶的重刊本，续藏经本即来源此本。刊于清光绪十八年（1892）金陵刻经处本也以此为底本。

---

① 参见杨曾文著：《唐五代禅宗史》，第402页，中国社会科学出版社，1999年版。

② 参见宇井伯寿著：《〈禅源诸诠集都序〉译注》，第229页，岩波文库，1994年第三次印刷。

(4) 清康熙三年（1664）刊行本，藏于东京大学东洋文化研究所，是为霖道霈的合校本①。此外，尚有《中华大藏经》所收的明永乐北藏（刊于1402年）刊本。朝鲜刊本有：（1）明弘治六年（1493）刊本，文后有宋版后记，并大叟的后跋，刊刻的时间地点记为"弘治六年癸丑七月有日，全罗道高山地佛名山花岩寺重刻"，最后有施主的名录。此版本收在柳田圣山所编《禅学丛书》第二《禅门撮要：高丽本／［休静编］．禅源诸诠集都序：高丽本／［宗密撰］．法集别行录节要：高丽本／［智讷著］》（中文出版社，1974）。（2）万历四年（1576）本，日本东洋文库收，题为"《禅源诸诠集都序》二卷，即《禅那理行诸诠集》，唐释宗密撰，朝鲜（明万历四年）据宋钱塘严氏刊本俗离山观音寺重刊"。（3）崇祯元年（1628）本，有两种，皆收于日本东洋文库。其一题为"《禅源诸诠集都序》二卷，即《禅那理行诸诠集》，唐释宗密撰，朝鲜（明崇祯元年）朔宁地水清山龙腹寺刊本（明崇祯四年）郑松莲等重印"。其二题为"《禅源诸诠集都序》（《禅那理行诸诠集》）二卷，唐宗密，朝鲜仁祖六（明崇祯元年）刊"。日本刊本则有刊刻于1358年的五山版。此外，尚有写于五代后

---

① 参见镰田茂雄著：《宗密教学の思想史的研究》（下文中简称《宗密研究》），第238~239页，东京大学东洋文化研究所报告，昭和五十年。

周广顺二年（952）敦煌本的残卷①，是宗密著作现存最早的抄本。

这诸多刊本中，大致可以分为两个有代表性的系统：一个是源于宋代刊本之朝鲜重刊本，以文后的宋版后记为标志。文后宋版后记云：

> 唐大中十一年丁丑岁，裴相亲笔写本，付与金州武当山太一延昌寺老宿，得五十年收掌。大梁壬申，老宿授与唯劲禅师，归湖南。又经廿三年至甲午，禅师授与契玄归闽。又经廿年至甲寅乙卯，赍入吴越，书写施行矣。
>
> 福州沙门契玄录
>
> 大宋钱塘严明男　严楷勾当雕开版

朝鲜刊本大致都源于此系统，其中万历四年（1576）刊本后跋云："时万历四年丙子夏，俗离山观音寺开版"，并附录有施主的名单，镰田茂雄的校译本即以此为底本（《禅的语录9—禅源诸诠集都序》，筑摩书房，1981年版）。另一个是源于元代大德七年（1303）雪堂普仁刊行本，此一系统的刊本文前有无外惟大、邓文原、甲汝舟三人的序文，而无宋版后记。中

---

① 潘重规教授在《国立中央图书馆所藏敦煌卷子题记》中认为，敦煌卷子中的第133号，题名为"《大乘禅门要略》一卷"的残卷，就是宗密所著《禅源诸诠集都序》。此残本"白纸，九纸，每纸字数行数不等，凡存一百八十余行。纸幅参差不齐，首纸幅高约三十公分"。写于五代后周广顺二年（952），应当是现存宗密著作的最早的抄本。见《敦煌学》第二辑，第51页，香港新亚研究会敦煌学会，1975年版。

国刊本和日本五山本大都属于此一系统①。

  《都序》得以保存至今，不能不说和裴休有很大的关系。《都序》完成后，裴休曾为之作序。此序完成于何时呢？现在一般根据《都序》中宗密所署的官名，再考察裴休所任职的时间加以确定。现存《都序》不同版本中裴休序的署名略有不同，其一署名为"洪州刺史兼御史中丞裴休述"，另一为"唐绵州刺史裴休述"。据杨曾文先生研究，裴休未曾在绵州任职，故"绵州刺史"一说当误。裴休任"洪州刺史"约在会昌年间（841~846），《旧唐书·裴休传》说他"会昌中，自尚书郎力典数郡"。裴休任洪州刺史始于宗密去世的当年，即会昌元年的十二月。而从洪州刺史、江西观察使转任潭州刺史、湖南观察使约在会昌三年（843）。所以裴休撰写序的时间应当在会昌元年（841）到会昌三年（843）②。如果再根据裴休的署名中"兼御史中丞"的这一官职，撰序的时间范围还可以进一步缩小。在唐代，"御史中丞"是监察机关的首长。据《唐会要》卷60，"会昌二年十二月，中书门下奏：诸道诸使，奏兼御史中丞"。就是说在会昌二年（842）十二月后，地方的刺史可以兼任御史中丞。因此时任洪州刺史的裴休，也就兼任了御史中丞。由此裴休撰序的时间基本上可以确定在会昌三年（843）。

  裴休不仅亲自为《都序》书写了序言，而且据现存的两个

---

① 万历四年刊本和明藏本的区别，请参考镰田茂雄著：《关于万历四年刊〈禅源诸诠集都序〉》（《宗密研究》第四章附录）以及黑田亮著：《关于〈禅源诸诠集都序〉》（《朝鲜旧书考》）。

② 冉云华在《宗密》一书中所记的裴休撰序的时间有误，文中将会昌二年误记为841年。参见该书第39页。

不同系统版本的序言，《都序》一书，是裴休于唐大中十一年（857）亲自书写一本，交给金州武当山太一延昌寺老宿。约五十年后，后梁壬申年间（911~912），老宿将此抄写本赠给了唯劲禅师，此抄本传入湖南。后唐应顺元年（934），唯劲将此书转赠给契玄（邓文原的序作"玄契"），契玄携书到了福建。后周显德元年（954），再将此书带到吴越，书写流通①。

从结构上，《都序》的不同版本分卷有所不同，万历四年（1576）本分为上下两卷，续藏经本分成四卷，明藏本则分成卷上之一、二，卷下之一、二，共两卷四个部分。

2.《禅源诸诠集都序》的禅教会通思想

从内容上说，本序是为《禅源诸诠集》所作的一个总序，重心在于会通禅教。宗密生活的时代，中国佛教的重要的宗派如天台、华严、唯识、禅宗都已形成。佛教的各个宗派之间在教义、修行上都有自己的特色，相互之间也有很多争论。裴休在为《都序》所写的序言中说：

> 自如来现世，随机立教。菩萨间生，据病指药。故一代时教，开深浅之三门，一真净心，演性相之别法。马龙二士，皆弘调御之说，而空性异宗。能秀二师，俱传达磨之心，而顿渐殊禀。荷泽直指知见，江西一切皆真，天台专依三观，牛头无有一法。其它空有相破，真妄相收，反夺顺取，密指显说，故天竺中夏，其宗实繁。良以病有千源，药生多品，投机随器，不得一同。虽俱为证悟之门，尽是正真之道，而诸宗门下，通少局多。故数十年来，师

---

① 分别参见明藏本邓文原序和万历四年本宋版后记。

法益坏。以承禀为户牖，各自开张；以经论为干戈，互相攻击。

宗密自己也说：

> 今讲者偏彰渐义，禅者偏播顿宗，禅讲相逢，胡越之隔。

所谓教，就是"诸菩萨所留经论"，即佛教中的理论部分，各家的教义，如果就宗派来说，就是天台、华严、唯识等教派；禅，原指一种修行方式，这里特指禅宗之禅。禅宗号称"教外别传"、"以心传心"、"不立文字"，瓦解和否定以文字语言为代表的经典的作用，由此产生了教和禅之间对立和紧张的关系。禅宗的修行者视传统的讲经和义理的研习为隔靴搔痒；教义的传讲者则视修禅者为偏守内心。讲经者和修禅者互相批评，莫衷一是。

宗密既是华严宗的第五祖，又是荷泽宗的传人。双重身份使得宗密既有讲经者所应具有的博学多识，也有修禅者所获得的内在感悟。所以宗密曾经说，他是一个禅者，但不修那种像木桩一样枯坐的痴禅；他是一个讲者，但不讲单纯游走于文字之间的狂慧。基于这种立场，宗密对当时教禅之间的隔阂和误解深感痛心。在他看来，禅教本应是一体的。"今时弟子，彼此迷源，修心者以经论为别宗，讲说者以禅门为别法。闻谈因果修证，便推属经论之家，不知修证正是禅门之本事；闻说即心即佛，便推属胸襟之禅，不知心佛正是经论之本意。"即是说教是佛的语言，禅是佛的内心。佛的语言和佛的内心是一致的，互相之间不应该互相违背。这是宗密处理教禅关系的一个基本原则。

在此基础上，他对于禅首先进行了分析。他说，禅是天竺的语言,全称"禅那",翻译过来称为"思维修"、"静虑",是"定慧"的一个通称。因为华梵的语言相隔,许多人错误地认为,禅就是真性、真如本源。宗密认为这种看法是错误的。首先,如果从真正的本体看,它是超言绝相、非真非妄的,根本没有心念活动,自然也就谈不上消除散乱心念的禅定存在了。其次,就真如本体看,它不仅是禅定之源,同时也是万法的源头。而在修行上,万行都可以归结为六度,禅定只是六度中的一种,因此不能把禅定完全等同于真如本体。宗密上述对禅定作用的限定,为禅教之间的融合埋下了伏笔。宗密进一步指出,禅有多种,有不同于佛教信仰的外道禅,有一般信徒所修的厌苦求乐的凡夫禅,有认识到我非真实的小乘禅,有认识到我法皆空的大乘禅。而宗密最为推崇的则是顿悟自心、即心即佛的最上乘禅,即达摩所传的禅法。而这种以心传心的禅法因为直指人的本心,所以师徒相传,代代相授,构成了禅宗的独特传统。从上述的叙述中,我们可以看出,宗密一方面反对夸大禅的作用,另一方面又对禅宗之禅推崇备至。这一点大概是他和其他禅宗的禅师不同的地方。

尔后,宗密对教的作用进行了肯定。他说,经论的重要性如同木匠用来打直线的绳墨,绳墨本身没有什么巧妙的地方,但是木匠手艺再高超,也离不开绳墨。因此,经论不是传禅的目的,但是传禅者必须以经论为标准。举个例子来说,一个禅师说自己证悟成佛,如果他事先没有阅读过佛经,那么他凭什么说他所获得觉悟和佛一样呢?从认识的过程看,佛教说有三种认识的方法:比量、现量、佛言量。所谓量,就是度量,如通过升、斗等量具,来衡量数量的多少。比量,就是通过推理的方式来获得知识;现量,就是不经过推理而直接获得知识。

既包括人的感觉能力,也包括人的直觉能力。而佛言量,就是以各种经论为标准的获取知识。在宗密看来,禅宗本身已经具备了前两种量,如果再加上以经论为标准的佛言量,那么禅宗就具备了全部三种判定人的智慧的方法。

宗密认为禅教各有其重要性,不可偏废。他说,佛教的"至道"和"精义"是一,而不是二,因此,禅教都不过是这种佛教根本精神的表现,会通禅教,克服各自的局限性,实现对佛教根本真理的圆满的把握。为了说明这个观点,他把禅教按深浅层次的差别各分三种,互相对照,然后把它们统一起来。

禅宗的三宗分别是:第一,息妄修心宗,包括北宗的神秀、剑南的智诜、保唐、宣什等。他们基本的主张是虽然众生本有佛性,但是因为被无明所覆盖而不能显现,所以流转于生死中,受尽了轮回之苦。他们主张于静处摄心看净,熄灭妄念,获得净心,证得觉悟,如同把一个粘满灰尘的镜子擦干净,才能重现镜子本身的光明一样。具体而言,就是远离繁华吵闹的都市,在一个僻静的地方,跏趺而坐,舌抵上腭,心念集中一个对象上。第二,泯绝无寄宗,包括石头希迁、牛头慧融和其法系的道钦。主张世俗和出世的世界都如梦幻,都无所有,本来就是空无所有,并非是消灭一个有的世界,才出现了一个空的世界。因此,世界本身就是一个空寂的世界,是一个无事的世界,没有真实的佛法可学,也没有佛可成。他们修行的关键在于不使人的心执著或留恋于任何一个对象上,达到心无所寄的空虚状态,就获得了解脱。第三,直显心性宗。宗密认为,其基本主张是一切诸法,不论是空,还是有,皆是真性的体现。真性本身是非凡非圣、非因非果、非善非恶的超言绝相的绝对本体。此本体用的体现就是种种差别、造作的现象世界。细分的话，直显心性宗又可分为主张"一切皆真"的马祖道一所代表的洪州禅系和主张"空寂之心，灵知不昧"的荷泽宗。

教的三种分别是：第一，密意依性说相教，包括人天因果教、说断惑灭苦乐教、将识破境教。人天因果教只讲善恶报应，修行善行，期望再生于人界或天界。说断惑灭苦乐教，指小乘主张人无我，追求成就阿罗汉果，进入一个寂灭的极乐世界，永远远离痛苦。将识破境教，指法相唯识宗主张的万法唯识，一切唯识所变，通过修行唯识观，转识成智，达到解脱。第二，密意破相显性教，主张"未曾有一法，不从因缘生，是故一切法，无不是空者"。这是般若类经、《中论》、《百论》、《十二门论》等所表达的思想。第三，显示真心即性教，主张一切众生皆有本来真心、佛性、如来藏、心地。但是无始以来，一直被无明所覆盖而不得显现，如同贫穷人家里有宝藏而不自知。如果能够认识自己本有的佛性，如同穷人知道自己家的宝藏，那么就会发现自心与佛心完全等同。宗密认为《华严经》、《圆觉经》、《法华经》、《涅槃经》等四十余部经，以及《起信论》、《宝性论》等十五部论都属于此教的范围。

宗密认为上述的三宗和三教，宗与宗之间、教与教之间、宗与教之间有着很多的区别，但是从总体上看三宗和三教有对应的关系：息妄修心宗和密意依性说相教相应，泯绝无寄宗和密意破相显性教相应，直显心性宗和显示真心即性教相应。"三教三宗，是一味法。"在修行的过程中，先从三种教出发，去印证三种宗，然后禅教双忘，念念皆佛，句句皆禅。然后禅门三宗互相补充，听到泯绝无寄的说法，就知道是破斥执著；

听到息妄修心的说法，即知道是断除我的习气。破除执著、熄灭妄念，自然真性显现。因此不仅禅教可以会通，而且禅门中的南能北秀、荷泽洪州无不能通达。

3. 宗密对空宗、相宗的十种区别的总结

宗密虽然和会三宗三教，但并不认为三宗三教完全相同。三教中密意依性说相教与密意破相显性教之间，空有相对；密意依性说相教和显示真心即性教，性相相对，它们之间的区别显而易见，不容易混淆。但是密意破相显性教和显示真心即性教之间，是"讲者禅者同迷，皆谓同是一宗一教，皆以破相便为真性"。宗密认为，这种看法是错误的。为了正确理解空宗和相宗之间的关系，他从十个方面对这两者的区别进行了分析：

第一，"法义真俗异者"，空宗以一切差别之相为法，为俗谛；而观照诸法无为、无相、无生、无灭、无增、无减等为义，为真谛。性宗则以一真之性为法，为真谛；空有等种种差别为义，为俗谛。

第二，"心性二名异者"，在对诸法之本源的问题上，空宗以诸法之空性为本，性宗则以心为诸法之本源。性宗认为，诸法之本性不但空寂，而且具有了了常知之性，故以心为诸法之本源。

第三，"性字二体异者"，空有二宗虽都是用"性"这个概念，但是空宗以诸法空性为性，性宗以灵明常住不空之体为性，因此用语虽同，而内涵有别。

第四，"真智真知异者"，"空宗以分别为知，无分别为智，智深知浅。性宗以能证圣理之妙慧为智，以该于理智、通于凡圣之灵性为知，知通智局"。

第五，"有我无我异者"，在是否有我的问题上，空宗以有我为假，以无我为真。有宗则正好相反，肯定真我，反对虚无。

第六，"遮诠表诠异者"，"遮"是"遣其所非"，即否定性的表述方法。"表"谓"显其所是"，是肯定性的描述。空宗在表述方法上多用否定，如用"不生不灭"、"不垢不净"、"无因无果"、"无相无为"、"非凡非圣"、"非性非相"来描述诸法之本性。而性宗则多用肯定，在描述灵知之心时，多用"灵鉴光明"、"朗朗昭昭"、"惺惺寂寂"正面的描述方法。就这两种方法而言，一般人都认为"遮言为深，表言为浅"，所以大家都重视"非心非佛，无为无相，乃至一切不可得之言"，但是在宗密看来，这是一种不正确的观点。从表述方法上看，否定性的方法无法确立本体，更不能使修行者亲证本体；只有肯定性的方法，才能在否定的基础上，体认本体，回归本有灵知之心。

第七，"认名认体异者"，佛法本身有一套概念体系，有的表示的是诸法的名称，有的是对诸法本体的指称。例如，对"水"的描述有两种，一个是"水"这个概念，提到这个概念就意味着水的诸种功用，灌溉万物、流动不定等。另一个是"湿"的概念，是对水的本性的描述。所以前者只是名称，后者才是本质。空宗和性宗的区别也是如此，空宗也谈心，但是所谈只是心相、心名；性宗则直示本体，指出心的本质在于知。这是二者的不同所在。

第八，"二谛三谛异者"，空宗以真谛和俗谛二谛来区分真理与虚幻。而性宗则在二谛的基础上又增加一谛，即以缘起之诸法为俗谛，缘起性空为真谛，一真之心为中道第一义谛。比如镜子中所现影像，或青或黄，诸种不同，是为俗谛。镜子中的青黄之相皆虚幻不实，是为真谛。镜体本身明净不染，非青非黄，是为中道第一义谛。

第九，"三性空有异者"，三性即遍计所执性、依他起性、圆成实性。空宗认为假有是遍计所执性和依他起性，真空是圆成实性，三性就是空性。而性宗则认为三性中皆有空有之性，即遍计是情有理无，依他是相有性无，圆成是情无理有、相无性有。

第十，"佛德空有异者"，空宗以诸法皆空为基本立场，认为离一切相即名为佛，所以否定佛的种种真实相状的存在。而性宗则认为诸佛自体之相是真实的，其体常乐我净、光明相好。

宗密通过上述十个方面，判释了空宗和相宗在义理上的区别，应该说这种区分基本上反映了空宗和性宗理论的不同特征。至于宗密站在性宗立场上，对空宗得失的评价，则是宗密思想中华严思想和荷泽思想印记的体现。

4. 宗密的真心观

宗密为了突出灵知心的概念，对心做了不同层次的分析，他说，一般而言，心有四种，在梵语各不相同，翻译过来也有区别。这四种心分别是：肉团心、缘虑心、集起心、真实心。

第一，肉团心。宗密说："纥利陀耶，此云肉团心，此是身中五藏心也。"纥利陀耶是梵语 Hrdaya 的音译。而所谓五藏心，就是物质性的心，也就是生理上的心脏。

第二，缘虑心。宗密认为这就是八识之心。八识是在早期佛教所谓的眼、耳、鼻、舌、身、意等六识的基础上加上末那和阿赖耶识。八识中，前五识相当于人的感觉认识能力，意相当于人的理性的思维能力。而末那和阿赖耶识则是前六识得以产生的基础，是种子识的所藏处。总之，这八识作为人的思想的产生处，有攀援外境、思虑分析的作用，所以称为思虑心。

第三，集起心。宗密认为："质多耶，此云集起心，唯第八识。积集种子，生起现行故。"质多耶，宗密又称为"质多"，是梵文 Citta 的音译，有集起的含义。宗密认为这个所谓集起心就是第八识。第八识有两种功能：一是收藏种子，是各种种子的所藏处；一是生起现行，即生起现实的各种现象。宗密还指出，这种集起心，类似道教所谓的"神"，和外道所执著的"我"也非常相似。

第四，真实心。宗密说："干栗陀耶，此云坚实心，亦云真实心。"这个真实心是宗密所推崇的一个最高的范畴。从真实心这个概念的来源看，宗密显然吸收了《大乘起信论》的思想，从觉和不觉两个层面来说明它的内涵。在一个真实心开出生灭和不生灭二门后，不生不灭的真如心和生灭与不生灭和合的阿赖耶识既说明了现实世界产生的原因，也保证了回归真如心的必然性。

在宗密看来，第四的真实心才是一个真正的本体之心。这个心是"无所从来，亦无所去"的一个永恒之心。这个绝对真实心，从特征上来说是绝对清净的，这就是说绝对真心本身是清净无垢、常住不变的一个不相应心。这种对于心的理解应该说是如来藏系统的一个共同的看法，也是宗密受《大乘起信论》对于真如心理解的一种体现。但是宗密并没有满足《大乘起信论》所提供的对于真心的理解，深受荷泽神会和华严疏主澄观影响的宗密，更加看重这个真心所具有的灵知的特点。他说："空寂之心，灵知不昧"，"知之一字，众妙之门"。在宗密看来，本体的心，是一个空寂之心。这种空寂是指不包括任何妄念和思虑的空，但并非是虚无之空。空掉了妄念和思虑，才能真正体现真实之心所具备的那种实实在在的灵知的特点。宗密强调说："性宗以灵明、常住不空之体为性。"而这其中，灵明两字中以"灵"为主，不昧和光明，同样可以用来表示日月等的光辉，只有加上了"灵"字，才能突出其为"心之明者"，是一种主观意义上的光明，而非如日月等那样的物体所具有的自然光明。由此，这个真心，不仅是个不生不灭、寂静不动的本心，同时也是一个能够生起能知作用的心。"心是名"，"知为真体"，这就说明了"知即是心"，知和心是异名同体的唯一的真正本体。宗密对于这一点，用设问的方式做了说明。他说，假如有人问：每每听到经中说，迷之即垢，悟之即净，纵之即凡，修之即圣，能生世、出世间一切诸法，此是何物？可以这样回答：是心。愚笨的人就此把心当成了识。聪明的人会进一步问：何者是心？正确的回答是：知即是心。在宗密看来，这个回答是最准确的，其他的表述都不如它。假如回答说心是非性、非相、能语言运动者，这个回答同别人的所问有什么区别呢！

"知即是心"，知就是心的本体和内容。我们知道，在通常佛教经典中对于本体意义上的心，往往强调的是它的空寂性和不动心，以区别于日常之心，突出本体之心的特殊性。但这往往会产生另外一个弊端，那就是这个心成为一个孤悬之心，和现实隔绝的心，和我们的日常生活没有关系的心。因此，虽然我们确认了人人都有这样的本心，却很难让它在现实中发挥作用。而宗密通过强调本体之心的知的特点，把本心之用发挥出来了。这就是宗密所说的"寂而能知"，"寂"是其体，是坚固不动的、不变的、非空无的含义。知是体的自觉,起昭昭不昧的照察之用。

在这个意义上,宗密十分注重中国传统哲学中的体用概念。要解决心之体既是超越性的、寂然不动,而同时又起照察之用的矛盾,必须从体用的角度来理解。知的自性用,就是真心的自体之用。"寂是知之自性体,知是寂之自性用","寂是知寂,知是寂知",体和用二者是一致的。这就体现了宗密所说的"知之一字,众妙之门"的思想。众妙是诸种妙用,知之用,正是真心之体诸种妙用的一种体现。

宗密认为在明确了真心的自性用的前提下,要全面理解真如之用,必须分成两层,他说:

> 然此真心,有二种用:一是自性用,二应用。今言知者,即自性用。

这就是说,除了上述所言的知作为真如的自性用外,真如尚有应用的一面。那么这两种用是一种什么样的关系呢?首先,两种用是不同的。自性用,是真如的本体之用,是不依外缘的自然流露;而应用,则是在因缘具备的条件下才能产生,所以又叫作随缘用。举个例子来说,有一颗宝珠,宝珠本身晶莹洁净,光芒四射,这种照射他物的光芒就如同知的自性用。而宝珠本身因为洁净光明,能够映射其他物的映像,这种在宝珠上产生的种种映像,则是真心的应用或者随缘用。宗密认为把握真心的这两种用,是正确修行的前提。依此,他对马祖道一为代表的洪州宗进行了批评。他认为洪州宗的错误正在于没有全面认识真如的这两种用,只把随缘用当成了真如的唯一的一种用。这样在修行上就陷于随缘用的一面,而忽视了真如的自性用。此外,如果只重自性用,只知自性清净,同样会导致轻视经教，不守戒律，不重视打坐、坐禅等偏差的行为。可以说只重随缘用，会有迷失方向而失去本体的危险；而只重自性，则会使人轻视实修，不能脚踏实地。

此外，作为真心之自性用的灵知，是不同于识的，"非分别比量义"。但是人们一谈到知，往往把知看成是识，从识的意义上来理解灵知，这是错误的。灵知是本心之知，和现象意义上人的思虑分别之知是完全不同的。从识的意义上说人的知，只能是基于八识基础上所产生的感觉、思维体系。而这种感觉和思维体系在佛教看来是不真实的，是一种虚幻的认识，并不是一种对真理的认识。而灵知所具有的智慧则超出了分别思虑，是一种直观的知识和真理，是建立在无分别基础上的智慧。所以宗密说："不可识识者，以识属分别，分别即非真知，真知唯无念方见也。"严格地说，灵知是一种智。

总之，在宗密的思想体系里，真心是一个最高的概念。此真心，不是物质和生理意义上的肉团心，也不是分别思虑的八识心，更不是阿赖耶识的集起心。此真心的本性是空寂，但是此空寂不是"虚空木石"，而是具有知的能动性特征的。正是因为它具有知的特征，真心才摆脱的死寂不动的悬隔状态。同时这种知又不是"缘境分别之识"，而是"自然常知"，是无分别之知。

5. 宗密论"迷悟十重"

在《都序》中，宗密以《大乘起信论》一心开二门的理论架构为依据，对众生迷悟之间转换的方式做了探讨。他认为作为本体的灵妙之一心，是恒常不变和没有分别的，因此也就无所谓生灭与变化，无所谓凡夫与成佛之别，"但以此心灵妙自在，不守自性，故随迷悟之缘，造业受报，遂名众生。修道证真，遂名诸佛"。由此本来不具变化的灵妙自心分成了真如、生灭二门。真如体现了不变随缘的特征，生灭体现了随缘不变的特征。由此从本来永恒不变的本体中衍生出了生灭变化，有了六道轮回的众生。而这种衍生的变化并不改变真心之本心，因此生灭中众生又具有转迷为悟、转凡成圣的必然性。

　　在这个框架下，宗密首先以梦为喻，分十个阶段说明了人沉沦于世间的过程。第一，人人皆有本觉真心，如同一个富人端坐在自宅中。第二，但是因为没有善知识的开导，因此不能觉知此真心的存在，如同富人在睡眠中，不知自己本来富足。第三，因为不觉，所以生起种种妄念，如同睡眠中做各种梦。第四，妄念生起，产生种种虚幻的认识冲动，如同梦中，有不同的梦境。第五，在虚幻的认识驱使下，产生了由种种分别的世界，如同梦见自己身处他乡，受种种苦难。第六，不知所有这些分别，都是出于妄念，而把它们执为实有，如同做梦时，不知是梦，而以为是真实之事。第七，由此产生彼此的分别，有了我执，如同在梦中认定受苦的就是自己。第八，由我执，而产生种种的分别、计较，有好恶之情产生，如同梦中所经历之境界有好恶的不同。第九，为了满足自己的欲望，而做各种各样或善或恶的事情，如同梦中或杀人越货，或行善布施一样。第十，或善或恶的业已经形成，按照佛教因果报应的规律，必然要遭受轮回之果。如同梦中或因做善事受奖赏，或因做恶事而被拘押于官府，受到惩罚。宗密认为这十个方面，说明了众生的随染而轮回不断的过程，是众生生存状态的现实写照。在后面的附图中，宗密把这十个方面称为"迷有十重，此是迷真逐妄、从微细顺次生起展转至粗之相"。

　　与迷的十重相对应，宗密还论述了悟的十重，来说明从凡转圣的过程。第一，遇善知识开示众生本有本觉真心。第二，发起悲愿之心，决心要获得证悟解脱。第三，依次修习布施、持戒、忍辱、精进、止观等法门，建立信心。第四，显发三心：一者直心，正念真如之法。二者深心，积累善行。三发大悲心，发愿拔除一切众生之苦。第五，摆脱欲望、嗔恚、懈怠、散乱、愚痴等的束缚。第六，在修六度的基础上，成就定慧的功用，证入无自无他的境界。第七，突破色相束缚，自由自在。第八，心不受外境干扰，自由自在。第九，觉心产生，脱离各种微细之念，进入究竟觉的层次。第十，证悟成佛。宗密把这十个方面称为"悟有十重，此是悟妄归真、从粗重逆次断除展转至细之相"。

  悟的十重和迷的十重之间，除悟的第一重、第十重对应于迷的第一、二重外，其余的八组之间依相反次序一一对应，如悟的第二对应于迷的第十，第三对应于迷的第九，依次类推。那么为什么悟的第一重、第十重对应于迷的第一、二两种呢？宗密认为，众生本具真心，只因迷妄，才自觉知，因此由一分成二。那么经由善知识开导，觉悟此本觉真心，迷的这两重本无区别，所以悟之一对应于迷之一、二。此外，由于宗密十分重视顿悟的立场，众生必须首先顿悟本觉真心，所以本来只对应于迷之第一重的第十，也就自然分别对应于一、二了。下述的图标说明了它们之间的对应关系：

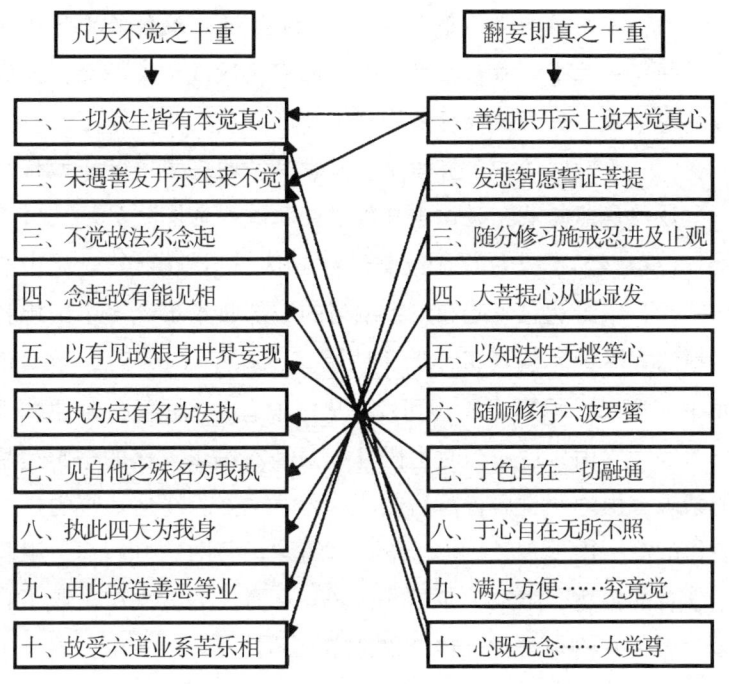

三、《中华传心地禅门师资承袭图》与宗密的禅宗史观

1. 《中华传心地禅门师资承袭图》的版本与形成年代

《中华传心地禅门师资承袭图》有以多种不同名称存在的版本,主要有以下几种:

(1)《续藏经》本,题名为《中华传心地禅门师资承袭图》(以下简称《承袭图》),文后叙述了此版本的由来,文云:

去明治四十三年十二月,《续藏经》编集长中野达慧师曰:此书者希代之书,而于他家无所藏请誊写之,以编入续藏。辰乃速应请求许誊写且记其事实以授焉。

于时明治四十有四年一月吉旦,四海唱道五十四传灯沙门静照日辰,谨识于日莲宗大本山妙显精舍方丈。

《续藏经》,又称《卍续藏经》、《大日本续藏经》,是由前田慧云、中野达慧发起和组织编写的一部收集了众多中国佛教典籍的大藏经。编辑工作始于明治三十八年(1905),至大正元年(1912)编辑完成并刊行。从文中看,《承袭图》原藏于日莲宗大本山,后应当时担任《续藏经》编辑工作的中野达慧的请求,由静照日辰誊写后收入《续藏经》。这是宗密的这一著作的第一次发现。《续藏经》本的《承袭图》刊行后,引起了学者的关注。昭和十四年(1940)一月,岩波文库出版了日本学者宇井伯寿《禅远诸诠集都序》的日译本,其中即附录了《续藏经》版的《承袭图》,作为理解《都序》的补充①。宇井伯寿在校勘中发现《续藏经》本最后部分有阙文,但是因为没有发现其他版本来补足,因此只能付之阙如②。

(2) 真福寺本③,题名《裴休拾遗问》(以下简称《拾遗问》)。此版藏于日本名古屋真言宗寺庙真福寺。早在1936年,黑板胜美所编《真福寺善本目录续辑》,就对《拾遗问》

---

① 宇井伯寿著:《〈禅源诸诠集都序〉译注》,第176~244页。
② 宇井伯寿著:《中华传心地禅门师资承袭图的佚文について》,《第三禅宗史研究》,第477页,岩波书店,昭和四十一年第二次印刷。
③ 本书校勘所用的真福寺底本,乃日本花园大学国际禅学研究所冲本克己教授复制,寄赠予杨曾文教授,杨曾文教授复制后转赠而得,在此对两位教授一并表示感谢。

的书志学情况做了介绍,但直到 1979 年,日本学者石井修道发表论文《洪州宗について——真福寺文库所藏の〈裴休拾遗问〉と〈六祖坛经〉の绍介に因んで》①,确认此书即是《承袭图》的另一名称后,才引起重视。此版文后跋云:

> 仁治二年辛丑神元月四日,越中国新州郡新条庄于戌赵书写了之,道愿房善缘生年卅九岁。南无三宝。

从中可以看出,此书抄写于仁治二年(1241),相当于中国的南宋时期。地点在越中国新州郡。越中国是日本的古国名,相当于现在的富山县。参照石井修道对真福寺版所做的描述②,结合手头的影印本,可以看出真福寺版如下的一些书志学特征:

封外题名:裴休拾遗问一帖

装帧格式:粘叶装

纸张数:共 32 张

行数:1 张纸 16 行

字数:每行 16~18 字

抄写年代:仁治二年(1241)

抄写者:道愿房善缘

封内题名:裴休拾遗问 释萧相公见解、答史山人十问、答温尚书所问("所问"二字原稿无法辨认)、申明复礼法师问、达磨四行观、惟劲觉地颂附。(后三部分内容原稿并未收录)

---

① 石井修道的论文载于《印度学佛教学研究》第 28 卷第 1 号,昭和五十四年十二月。

② 石井修道著:《真福寺文库所藏の〈裴休拾遗问〉の翻刻》,《花园大学禅学研究》第 60 号,第 74 页,1981 年版。

（3）黑水城残卷本。据冉云华教授在《黑水城残卷〈承袭图〉研究》一文中所言，在苏联科学院东方研究所列宁格勒分所中，藏有《承袭图》的残本四页。这是迄今发现的《承袭图》的最早刻本。经过对比，可以确认黑水城残卷和《续藏经》本同属一个来源①。

除了上述三个比较原始的版本外，尚有许多经过校订的版本，如宇井伯寿《禅源诸诠集都序》日译本中的附录本（岩波文库，1939）、镰田茂雄《禅源诸诠集都序》校译本中的附录本（筑摩书房，1971）、石峻等编《中国佛教思想资料选编》第二卷第二册所载的标点本（中华书局，1983），这三个版本都以《续藏经》本为底本，其中镰田茂雄本和选编标点本都根据宇井伯寿的研究，补足了《续藏经》本原缺的内容。

在这些独立成书的版本外，其他书籍中也载有该书中部分内容。如宇井伯寿最早发现高丽僧人知讷所撰《法集别行录节要并入私记》和《承袭图》有很多相类之处。据宇井伯寿研究，该书并非一时完成，大约在1190年以前，先完成了《法集别行录》部分，其后在1290年左右再作节要并加入了自己的评论②。因此，节要前的《法集别行录》很有可能完全收录了《承袭图》的内容。其后镰田茂雄对二书做了详尽对比，发现此书涉及《承袭图》的内容和《续藏经》本基本相符，另有个别文字来自于《禅源诸诠集都序》③。《林间录》中也载有

---

① 冉云华著：《黑水城残卷〈承袭图〉研究》，《庆祝潘石禅先生九秩华诞敦煌学特刊》，文津出版社，1996年版。
② 宇井伯寿著：《中华传心地禅门师资承袭图の佚文について》，《第三禅宗史研究》，第484页。
③ 镰田茂雄著：《宗密教学思想史的研究》，第390~419页。

《承袭图》的部分内容。《祖堂集》载有《拾遗问》中"答史山人十问"的部分,《景德传灯录》中载有《拾遗问》中"释萧相公见解"、"答史山人十问"、"答温尚书所问"三部分内容。这三部分内容是《承袭图》所缺少的。

本书的名称,除上述《承袭图》和《拾遗问》两种外,在宋慧洪(1071~1128)所著的《林间录》中又称"《圭峰答裴相国宗趣状》",或称"《草堂禅师笺要》"等名称①。在《四明尊者教行录》卷第四,四明知礼(960~1028)和天童子凝的几封来往书信中,此书又被称为"《圭峰后集》②",并称当时此书流通于吴地。此外,冉云华先生还根据台北"国家图书馆"所藏第133号敦煌卷子中所载的"圭峰大师所纂集著经律论疏钞集注解文义及图件等",认定此书还有一名称为"《累代祖师血脉图》"③。

本书是因问作答而成,因此各部分形成的时间应当是不同的。《承袭图》本中答裴休问的部分,裴休署官名为"相国"。《拾遗问》本中,所署官名称"拾遗"。裴休担任国相始于唐大中六年(852),此时宗密早已去世,故二人之间的问答不可能形成于这一时期。裴休担任"拾遗"官职不见于史籍,"拾遗"是唐朝的谏官,分属于中书省和门下省。中书省称"右拾遗",门下省称"左拾遗"。据裴休的官场经历看,如果他确实曾任拾遗的话,应当在他刚进入朝廷时。据《旧唐书·裴休传》载:"长庆中,从乡赋登第,又应贤良方正,升甲科。太

---

① 见《林间录》,《新纂续藏经》第47册,第248页。
② 见《四明尊者教行录》卷四,《大藏经》第46卷,第895~896页。
③ 冉云华著:《宗密》,第51~52页。

和初，历诸藩辟召，入为监察御史、右补阙、史馆修撰。"① 又据《唐会要》载："太和二年闰三月，贤良方正能直言极谏科，李郃、裴休、裴素、南卓、李甘、杜牧……及第。"② 裴休在太和二年（828），在"贤良方正能直言极谏"科的考试中，取得了第一名。在《资治通鉴》中更明确地说："贤良方正，裴休、李郃、李甘、杜牧、马植、崔玙、王式、崔慎由等二十二人中第，皆除官。"③ 指出在裴休中第后，都被授予了官职。鉴于他是在"贤良方正能直言极谏"一科的考试中第的，所拜官职很可能是"拾遗"这样的谏官④。此外，冉云华先生在西安碑林中发现了一块刻有"左拾遗裴休"题名的石碑⑤，也旁证裴休确实担任过"拾遗"这一官职。而宗密也恰好在太和二年（828）奉诏入宫，故而裴休问的部分大概形成于宗密在长安停留期间（约828~830）。

"答温造尚书问"中的温造（766~835），在唐文宗时代曾任山南西道节度使、礼部尚书等职。其任礼部尚书的时间在太和九年（835），并卒于是年，故此部分当形成于这一年中。

"释萧相公见解"中的萧相公，即萧俛（？~842），自元

---

① 《旧唐书》卷177。
② 《唐会要》卷76。
③ 《资治通鉴·唐纪》卷243。
④ 比如和宗密相熟的萧俛，就有类似的拜官经历，《旧唐书》云："俛，贞元七年（791）进士擢第。元和初，复登贤良方正制科，拜右拾遗，迁右补阙。"
⑤ 冉云华著：《黑水城残卷〈承袭图〉研究》，《庆祝潘石禅先生九秩华诞敦煌学特刊》，第79页。

和初年（806）任右拾遗开始，曾任御史中丞、中书侍郎、平章事（即国相）等职。唐敬宗宝历二年（826），"复以少保分司东都"，"文宗即位，授检校左仆射、守太子少师。俛称疾笃，不任赴阙，乞罢所授官"①。宗密是自唐文宗即位后，召入宫中，才开始和官僚士大夫有密切交往的。此前萧俛所任官职虽高，但是宗密那时声名尚微，可能无法结识位高权重的萧俛。而自洛阳任后，萧俛称病辞官归隐济源，因此二人相识大概在萧俛任分司东都洛阳期间。而宗密对萧俛见解的解释，可能是通过书信方式完成的。

"答史山人十问"中的"史山人"，名"史制诚"，生平不详，杨曾文先生认为可能是隐栖民间的儒者②。文中称"长庆四年五月日，史制诚谨问"，由此可知，史山人是在长庆四年（824）提出他的十个问题的。从所问的问题看，史制诚对佛学有较深的理解。

本书除"裴休拾遗问"的篇幅稍长，可独立成书外，其他的几个部分都比较短，不足以单独作为一篇文章存在。而从形式上看，又都是宗密和信众之间的佛学问答，因此在宗密去世后，可能由宗密的弟子将这些问答结集成篇。因为"裴休拾遗问"的部分是主干的内容，故或以此为名称。又因为该部分内容是对禅门师资传承的讨论并附有图表，或以《中华传心地禅

---

① 《旧唐书》卷172。
② 杨曾文著：《唐五代禅宗史》，第405页。

门师资承袭图》为名①。

2. 宗密的禅宗史观

在《承袭图》、《圆觉经大疏钞》卷三之下之"第八修证门"和《圆觉经略疏钞》卷四"第八修证门"中，宗密对禅宗的祖统以及禅宗各宗的优劣做了阐述和评论。其中《承袭图》因为是因问作答，内容相对概括和简略。《圆觉经大疏钞》和《圆觉经略疏钞》中的论述则相对比较全面和充实。

（1）西天二十八祖说和此方七祖说

在《圆觉经大疏钞》中，宗密结合《付法藏因缘传》和《达摩多罗禅经》中的有关说法，提出了西土禅宗祖师传承的二十八祖说，这个传承次序是：（一）摩诃迦叶，（二）阿难，（三）商那和修，（四）优婆鞠多，（五）提多迦，（六）弥遮迦，（七）佛陀难提，（八）佛陀密多，（九）胁尊者，（十）富那奢，（十一）马鸣菩萨，（十二）毗罗尊者，（十三）龙树菩萨，（十四）迦那提婆，（十五）罗睺罗，（十六）僧伽难提，（十七）僧迦耶舍，（十八）鸠摩罗驮，（十九）阇夜多，（二十）婆修盘陀，（二十一）摩奴罗，（二十二）鹤勒那夜遮，（二十三）师子比丘，（二十四）舍那婆斯，（二十五）优婆掘，（二十六）婆须密，（二十七）僧迦罗刹，（二十八）菩提达摩。从宗密的求学经历看，宗密对于禅宗传承的了解应当是来自于荷泽神会一系的传说。神会本人曾提出过西天的八祖

---

① 冉云华教授提出了一个不同的解释，他认为，《承袭图》或《拾遗问》所涉及的内容，都应当是已经散佚的宗密著作《道俗酬答文集》十卷中一部分内容。参见《宗密著〈道俗酬答文集〉的研究》，《华冈佛学学报》，第4期。

说①，其后的这个传说大概经神会后人的完善，成为当时比较流行的传说，宗密应当从荷泽后人道圆处继承了这个说法。

在叙述此方七祖时，达摩既是西方第二十八祖，又是中土的第一祖。第二祖慧可，第三祖僧璨，第四祖道信，第五祖弘忍。禅宗内部对前五祖没有争议，有争议的是南北分宗之后。北宗以神秀为第六祖，普寂为第七祖。宗密曾说，"普寂禅师，秀弟子也，谬称七祖，二京法主，三帝门师"（《圆觉经大疏钞》卷三之下）。而南宗则以慧能为第六祖，神会为第七祖。宗密显然认同后一说法，并说这一传承经过了官方的认可，"贞元十二年，敕皇太子集诸禅师楷定禅门宗旨，遂立神会禅师为第七祖"（《圆觉经大疏钞》卷三之下）。

（2）宗密对禅宗各派禅法特征的概括

宗密认为当时存在有十种不同类型的禅法系统，"禅有诸宗互相违反者，今集所述，殆且百家，宗义别者，犹将十室。谓江西、荷泽、北秀、南侁、牛头、石头、保唐、宣什及稠那、天台等，虽皆通达，情无所违，而立宗传法，互相乖阻"（《都序》）。在上述的十家中，宗密重点对除石头、稠那和天台外的其他七家的禅法进行了介绍。

第一家是北宗，从五祖弘忍门下旁出，代表人物为五祖弘忍的弟子神秀、神秀的弟子普寂，禅法特色是"拂尘看净，方便通经"。所谓"拂尘看净"，如神秀偈语"时时勤拂拭，莫使有尘埃"之所言，认为众生本有觉性，但是为烦恼所遮蔽，通过修行去除烦恼，众生本有清净之性即得显现。如同镜子本来明净，但是沾染灰尘后，便不见了明净。只有不断擦拭，扫

---

① 参见杨曾文著：《唐五代禅宗史》，第214页。

除灰尘，才能重现镜子本来面目。所谓"方便通经"，即"五方便"，依据五部佛经所确立的五种修心原则。第一，总彰佛体，依据为《大乘起信论》。该论认为所谓觉，就是"心体离念"，心体无念，就是"如来平等法身"，这就是佛性、佛体的一个根本性特征。第二，开智慧门，依据《法华经》中"开示悟入"佛之知见的说法，通过"身心不动"，达致"从定发慧"。这种从修证所发的智慧，才是自由自在的知见。第三，显不思议解脱，依据为《维摩经》。大乘和二乘的区别在于，二乘之人获得的是乾慧，即在修定的境界中不能说法，而出定只能说世间法。而大乘人则无此限制，于定中或出定后，皆能自在说法，获得了不可思议的解脱境界。第四，明诸法正性，依据《思益梵天所问经》，即以"心不起"、"识不生"、"离欲际"为诸法正性。第五，了无异自然无碍解脱，依据《华严经》中"光明遍照"之理，说明六根与六尘互不相碍、理智相融的道理。

  第二家是净众宗，代表人物是智诜、处寂、无相。智诜是弘忍门下，"根元是五祖下分出"。智诜的弟子是处寂，俗姓唐，人称"唐和尚"。处寂有四个弟子，金无相是其一，住成都净众寺。金无相的弟子则有净众神会、无住等。其禅法的特色是"三句用心，为戒定慧"。所谓"三句"，指"无忆、无念、莫忘"。"无忆"即"不忆外境"，不执著于外境。"无念"即"不念内心"，不为心念活动所扰。"莫忘"即"常与此智相应，不昏不错"。此三句与"戒定慧"三者的修习互相配合，成为这一派禅法的主要原则。在具体方法上，注重传法的仪式，在传法时，多选择在夜间安静之时，持续约三周或五周的时间，然后修行者再一起"息念坐禅"。如果有来自外地不能久留的人，则在一周到两周的时间内授法完毕。

第三家是保唐宗，该派源于弘忍的弟子老安，老安传俗家弟子陈楚章，陈楚章传无住。无住后来又参访于金无相，也是无相的弟子。其禅法特色是"教行不拘而灭识"，和净众宗所传"法意大同"，也主张三句用心，但是把三句中的"莫忘"改为"莫妄"。无住认为，"无忆无念即真，忆念即妄，不许忆念，故云莫妄"（《圆觉经大疏钞》）。在修行方法上，无住所传和金无相完全不同。无相反对一切事相的束缚，主张出家修行，剃法即可，不必礼拜、忏悔，也不必写经、读经、画佛。他所住的寺院也不举办任何佛事活动，不化缘、不乞食。僧人对入寺者，一律不迎送。或饱或饥，或暖或寒，任由供奉随意，这就是"教行不拘"。所谓"灭识"，即不起分别之心，善恶之念。

第四家是洪州宗，源于六祖慧能的旁出弟子南岳怀让，怀让传马祖道一。宗密认为这一派的禅法特色是"触类是道而任心"。所谓"触类是道"，即"起心动念，弹指、磬咳、扬眉，因所作为，皆是佛事"，"贪嗔烦恼，并是佛性"。所谓"任心"，即不起心造恶，也不起心修善，不以心修心，不以心断心，任运自在，因此说"任心即为修也"。

第五家是牛头宗，四祖道信的旁出弟子牛头法融为第一祖，智岩为第二祖，慧方为第三祖，法持为第四祖，智威为第五祖，慧忠为第六祖。其禅法特色为"本无事而忘情"。所谓"本无事"，指该宗从般若空宗的立场出发，认为内心与外境皆为空虚不实，人因为迷失，才会执为实有，生起憎爱等妄情。因此"丧己忘情"，才能本来无事，修行的原则是"一切皆无"、"休心不起"。

第六家是南山念佛宗，由弘忍的旁出弟子宣什、果州未和尚、阆州蕴玉、相如县尼一乘等创立，禅法特色是"藉传香而存佛"。所谓"传香"，就是在信众集会传法时，以传香作为师资相承的信物，即师父持香授弟子，弟子再还给师父，如此三遍，才算完成了一个传法仪式。所谓"存佛"，就是在传法时，先讲授佛法之道理，然后再通过由高至低，乃至无声地念佛，使念佛的声音转变为意想，直至深入内心，渐渐修至无想而得道。

第七家是荷泽宗，即宗密所认为禅宗第七祖、慧能的得法弟子荷泽神会所创立的一派。其传承为神会传磁州智如，智如传成都圣寿寺惟忠，惟忠传遂州大云寺道圆，道圆传东京神照。宗密也从道圆受法，故可以说是荷泽门下，为第五代传人。宗密把荷泽宗的禅法特色概括为"寂知指体，无念为宗"。所谓"寂知指体"，即以一个具有灵动性而不变随缘的"灵知"作为诸法的本源、众生的本心。诸法皆空寂，唯有此灵知真实不虚。所谓"无念为宗"，即"既悟此法本寂本知……但无妄念即是修行"。

（3）宗密对四种主要禅法的评价

宗密从荷泽宗的立场出发，分别对荷泽宗、洪州宗、牛头宗和北宗之间的"言教浅深"进行了评价。

首先，从传承上看，牛头宗是四祖道信的旁出弟子，因而它既非南宗，也非北宗。其他三宗中，神秀所代表的当然是北宗。而荷泽和洪州则大体上都可以看成是南宗。慧能和神秀虽同为五祖弘忍的弟子，但是慧能是正宗，是六祖。而神秀则是旁出。在慧能的众弟子中，荷泽神会是六祖慧能的正传弟子，是第七祖。而洪州宗的马祖道一则是六祖门下的旁出弟子南岳怀让的后人。

其次,从禅法的本质看,宗密认为其根本在于"心法","然达摩西来,唯传心法","此心是一切众生清净本觉,亦名佛性,或云灵觉"。这种具有灵知作用的本心是佛法的根本,觉悟烦恼都不离此心。要想成佛作祖,必须证悟此心。所以,历代祖师所传不过此心。但是佛以一音演说佛法,众生根机、缘分不同,则各有不同的见解。禅宗各宗派的分裂,也就在于这些不同宗派的偏差的理解。

就北宗来讲,宗密认为其核心思想是"伏心灭妄"、"一切皆妄"。北宗主张众生本来具有清净心,如同明镜本具的光明,但是由于烦恼的染污,众生见不到本有的净心,如同明镜为灰尘所染,看不到明镜本具的光明一样。那么,修行的方法就是"息灭妄念",扫除烦恼,重见本心。如同需要把明镜上的灰尘拂拭,才会重新看到明镜照物一样。从顿渐的角度看,北宗的这种思想必然导致一种渐悟的修行方法。

就洪州宗来讲,宗密认为其核心思想则是"一切皆真"、"触类是道而任心"。宗密认为,洪州宗主张人的所有思想、实践活动,一切所作所为,都是佛性全体的体现。如同面可以做成各种饮食,而本质都是面一样。因此,本体就是佛性,本体就体现在现象中,本体与现象是不二的。这里宗密特别强调了洪州宗的一个特点,那就是,洪州认为既然二者是不二的,那两者的重要性是等同的,一切天真自然,不修善,不断恶,无法可学,无佛可做,心性之外无一法可得,所以在修行上就主张任心所做,就是修行。这一点显然宗密是不同意的。

就牛头宗来讲,宗密认为其核心思想是"一切皆无"、"忘情为修"。宗密认为,牛头宗主张一切皆如梦幻,本来无事,但是如果把梦幻当真，就会产生爱恋之情，为苦恼所逼迫。因此修行的核心就在于忘掉妄情，实现本来无事的状态。

就荷泽宗说，宗密认为，它是达摩本意、曹溪法门的直接继承者。其核心思想在于确立了禅宗"以心传心"的空寂心就是"灵知之心"。既突出了心的本源意义，又重视心的作用意义。所以简单地说，荷泽宗的价值就在于突出了"知之一字，众妙之源"。

最后，宗密对各派禅法的得失做了评价，当然这个评价是基于荷泽宗立场的。他说，一个摩尼宝珠，本来是清净光明的，本身并没有颜色的差别。但是当它和外物相对时，因为本身的光明，就会照显出外物的形象。随着外物色相的差别，宝珠也会有不同的颜色显现出来。但是，色相千差万别，并不能改变宝珠本身的清净光明的本相。宗密认为，很多宗派的失误就在于对宝珠所显的色相认识上有误差。比如拿一个极端的例子，宝珠因为所照物为黑色，变成了黑珠。那么各宗对这个黑珠的看法是大相径庭的。法相宗和小乘佛教在见到这个明珠后，根本不相信别人说这是个宝珠的说法，认为是别人欺骗的说法。北宗虽然相信这是颗明珠，但是需要慢慢擦拭，把黑色去掉，才能见到真珠。洪州宗则认为，这个黑色就是真珠，并没有其他所谓的明珠之体。牛头宗听说宝珠的色相都是虚妄，因此便认为明珠是个完全的空体，连明珠本身所具有的光明也否定了。认为如果认为明珠有本体的光明，在牛头宗看来也是错误的。而荷泽宗则主张，宝珠的本体是洁净光明的，而它所现的一切黑色、黄色等色相皆是虚妄的。所以"黑既无黑，黑即是明珠"二者是统一的。因此说来，其他三宗，"皆是未见珠也"，都没有见到真正的明珠。

那么这些宗派为什么会出现这些失误呢？宗密认为主要在于他们对于本体的不变和随缘关系没有搞清楚。作为本体来讲，既有其不变性，又有随缘性。这两个方面既统一又有区别。从统一的角度看，可以说现象就是本体，黑色就是宝珠；从区别的角度看，本体不同于现象，黑色不是宝珠的真实的体相。北宗的失误在于割裂了它们的关系，使二者完全对立，有二元论的倾向。而牛头宗的失误则在于既否定了本体，也否定了现象，有虚无论的倾向。相对说来，洪州宗的思想和荷泽宗最为接近，宗密在《禅源诸诠集都序》中曾把它们都放在"直显心性宗"中加以论述。但是宗密认为二者也有很大的不同，需要细细地分别。宗密认为，真心有两种用，一种是自性用，一种是随缘用。宝珠本身所具有的那种照物的功能就是自性用，其所现的映像是随缘用。而洪州宗的缺陷正在于只看到了随缘用，而以"别无他用"否定了真心的自性用。这种思想在修行上也会导致众生终日体认黑色之相，乃至黄色、青色等作为宝珠的体相，当真正的宝珠出现在面前的时候，反而会认不出来。

宗密所宗的荷泽宗主张顿悟渐修。他认为洪州宗虽然主张顿悟，但是不了解渐修的重要性。如同虽然认识到一切水都不离湿性，但是忽略了风平浪静的水和波浪起伏的水在载舟和覆舟上的区别。牛头宗因为主张本来无事，对于顿悟法门有一半的了解。同时又主张去掉妄情，所以在渐修上是正确的。北宗则完全是渐修，否定了顿悟的可能。

本书的写作断断续续经历了近一年的时间。本书的完成，首先要感谢我的硕士导师杨曾文教授，杨老师不仅为我提供了校释所必须的至关重要的资料，而且提出了许多具体的指导意见，使我能够比较顺利地完成了本书的校释。其次，本书写作时，恰逢我申请到了有关唐代华严思想研究的吉林大学社科基金项目，为我复印资料等提供了便利。最后，本书即将收尾时，有机会到日本创价大学做访问研究，又获得了很多以前没看过的资料，原稿也随之做了不少的修改。本书的校释至此虽然告一段落，但是无论是关于所校释的这四部著作，还是宗密本人的佛学思想，都有许多问题值得进一步研究。限于时间和篇幅，本书不能一一涉及。

2007 年 1 月 28 日
于日本东京都八王子市
创价大学 Guest House 605

目 录

禅源诸诠集都序 ··· 1

中华传心地禅门师资承袭图 ································· 101

圆觉经大疏钞 ··· 149

圆觉经略疏钞 ··· 191

附录一
    法集别行录节要并入私记(部分) ····················· 204

附录二
    宗密生平资料 ··· 215

附录三
    宗密对以马祖道一为代表的洪州禅系的评述 ········ 253

附录四
    宗密年谱 ·· 269

禅源诸诠集都序

校释说明

一、底本为《大正藏》本，即源于元代大德七年（1303）雪堂普仁的刻本。

二、对校版本为镰田茂雄校译本所依据的万历四年（1576）刊本（略称为镰田校译本）。

三、参考的版本有宇井伯寿译注本（岩波文库，1939年第一次印刷，1994年第三次印刷），《中国佛教思想资料选编》中的标点本（底本依金陵刻经处本，略称为选编标点本）、金陵刻经处影印本、《中华大藏经》所依据的永乐北藏刊本。

四、本文的校释主要包括对原文的标点、分段、校勘、文字的注释。底本中错、漏、衍处，在文中予以更正，在校释中加以说明。

重刻禅源诠序

道不能自鸣,假人而鸣。鸣①虽不同,道则未尝不同也。苟不同不足以为道,如仲尼之一贯,老聃之无为,释氏之空寂,人异道同,此其证也。况夫禅教两宗,同出于佛。禅,佛心也。教,佛口也。岂有心口自相矛盾者乎?奈何去圣时遥,师承各异,教者指禅为暗证,禅者目教为渐修。明暗未得其公,顿渐罔知攸定。迭为诋毁,殆若仇雠。非但鼓之空言,抑且笔之简册。世道日下,弊将何如?昔圭峰禅师患之,遂将教禅诸祖著述、章句、旨意相符者,集为一书,名曰《禅源诸诠》,以训于世。将使两家学者知一佛无二道,四河无异味,言归于好,永无败盟。源诠之功,岂易量哉!予每见南方此弊尤甚,安得人有是书,一洗旧习,咸与惟新。兴念至此,未尝不废食而叹也。今雪堂总统大师,若有所契,特捐衣长,复新诸梓,以广流传。千里走书,俾为序引。裴公相国,既述于前,自视何人,敢此凌躐,以贻识者之诮?然而此书平生所爱慕者,何幸挂名其间,故不让也。

大德七年②七月住昆山荐严无外惟大序

【校注】

① "鸣",因繁体的"鳴"和"嗚"字体相近,底本误作"嗚"。

② "大德七年",公元1303年。《大正藏》本所据的雪堂本即刊刻于此年。

重刻禅源诠序

禅源诠者，唐圭峰禅师之所作也。佛之道，广周法界，而细入微尘，非有非空，无内无外。后之学禅者，志穷实相，以言语为苟纤。设教者，务核真诠，以空寂为诞肆。离为异门，莫明统一，岂佛之道本然哉？于是以教三种证禅三宗：谓依性说相，即息妄修心；破相显性，即泯绝无寄；显示真心，即直明心性。江汉殊流，而同归智海。酸咸异调，而共臻禅味。至于空宗、性宗之别，顿修、渐修之殊，莫不会其指归，开示正觉。然又虑末学之易惑而难悟也，则又旁行为图，朱墨以志之。自顿觉至成佛，十重为净。自不觉至受报，十重为染。净染之源，由于圣凡心法，悉具真妄，是名藏识。不觉，则迷真逐妄，历劫轮回。顿觉，则舍妄归真，随顺解脱。虽然学者要知真如阐教，如标月指，若复见月，了知所标毕竟非月，则诠图两忘。愚智通为般若，垢净俱证菩提。南岳天台，南佹北秀，与达磨东来宗旨无有差别，尚何禅与教之分哉？唐大中时，裴相国休为之叙，复手书是图，付金州延昌寺，后传唯劲师，再传玄契①师，而图行闽湘吴越间。国朝至元十二年，世祖御广寒殿，顾问禅教要义。帝师及诸耆德，以禅源诠对。上意悦，命板行于世。后二十有九年为大德癸卯②，嗣法雪堂仁禅师，奉旨之五台，回途过大同。得金时潜庵觉公禅师所书图，益加考订，锓梓③以传诸远。俾圭峰禅师研真显正，化导群迷之意，永久不坠。其为利益，何可称量。文原与师为方外交，乃随喜赞叹，为之次序其说，书诸编首。

是岁闰月朔，应奉翰林文字、将仕佐郎、同知制诰、兼国史院编修官巴西邓文原④书。

【校注】

①"玄契"，镰田校译本"宋版后记"中作"契玄"。

②"大德癸卯"，大德是元成宗年号，癸卯是干支年名，即大德七年（1303）。

③"锓梓"，刻板印刷。原文作"锦粹"，据金陵刻经处本改。

④邓文原（1258～1328），元代著名书法家、文学家、政治家。绵州（今四川绵阳）人，因绵州古属巴西郡，故称"巴西邓文原"。曾任江浙儒学提举、江南浙西道肃政廉访司事、集贤直学士兼国子监祭酒等职。著述有《巴西文集》、《内制集》、《素履斋稿》等，传世的书法作品有《临急就章卷》等。

重刻禅源诠序

　　雪堂禅师，智识雄迈，行解圆通，喜修为，乐施与。一日谓余曰：愚尝患世之学佛者，不究如来设教之因，妄执空有，竞分大小，曰顿曰渐，曰禅曰律，訾訾纷纷，千数百年，如护父足，使具受病。虽遇一二同志，有以启之，恨不能家喻而户晓也。幸得圭峰所述《禅源诠》，其文博雅，其旨切当。悉叙前所患者，道其所以然，且作图示心，一真实谛，含三大义。无明缘染，诸相妄起。依修断法，获证入理。提纲举要，如指诸掌。昔至元十二年春正月，世祖皇帝万机之暇，御琼华岛延请帝师，太保文贞刘公亦在焉。乃召在京耆宿，问诸禅教乖互之义。先师西庵赟公等八人，因以圭峰《禅源诠》文为对，允惬宸衷。当时先师嘱其弟双泉泰公为之记，仍命雪堂镂板流行。愚以参问诸方，未暇及此。向于云中普恩、兴国二寺各获一本。后在京万寿方丈，复得辽朝崇天皇太后清宁八年印造颁行天下定本，与文士较正，拟欲刻梓，以传永久。请叙一言，庸伸先师遗志。余闻之喜曰：今子之心即圭峰师忧世之心也。然不有斯文，无以解其惑。不寿其传，无以利其众。学者睹之，而情不遣、解不生，亦何益矣？古人所谓四难者，今三难不具其一。则在诸方参学者，傥能不负二师弘法利人之念，尽心披玩，情遣解生。如王良总六辔①，驰通衢。阿师②驾般若航，登彼岸。岂有不达者哉？

翰林待制朝列大夫同修国史贾汝舟序

【校注】

① "王良"，春秋战国时期的善御者。"六辔"，古代驾车者所握的六根缰绳。三马驾车，每匹马两辔，共六辔，左右手各握三辔。

② "阿师"，对出家人的尊称。

禅源诸诠集都序叙

唐绵州刺史裴休述[①]

　　圭峰禅师集禅源诸诠为禅藏而都序之。河东裴休曰:"未曾有也!"

　　自如来现世,随机立教。菩萨间生,据病指药。故一代时教,开深浅之三门,一真净心,演性相之别法。马龙二士,皆弘调御之说,而空性异宗。能秀二师,俱传达摩之心,而顿渐殊禀。荷泽直指知见,江西一切皆真,天台专依三观,牛头无有一法。其他空有相破,真妄相收,反夺顺取,密指显说,故天竺中夏,其宗实繁。良以病有千源,药生多品,投机随器,不得一同。虽俱为证悟之门,尽是正真之道,而诸宗门下,通少局多。故数十年来,师法益坏。以承禀为户牖,各自开张;以经论为干戈,互相攻击。情随函矢而迁变,《孟子》曰:矢人岂不仁于函人哉?函人唯恐伤人,矢人唯恐不伤人,盖所习之术然也。[②]今学者但随宗徒,彼此相非耳。函字,唐韵从金。函者,铠甲也。《周礼》:函人为甲,即造甲之人。古字多单为之,故孟子亦单作。**法逐人我以高低,是非纷拏,莫能辨析。则向者世尊菩萨,诸方教宗,适足以起诤后人,增烦恼病,何利益之有哉?**

　　圭峰大师久而叹曰:吾丁此时,不可以默矣。仲尼删诗书,正礼乐,皆不得已而为之,故述而不作,乃圣人贵道不贵迹也。道吾久修,当宗佛法。今忽和会诸宗,岂欲立迹哉?不得已也。丁,当也。正当须和会之时也。于是以如来三种教义,印禅宗三种法门,融瓶盘钗钏为一金,搅酥酪醍醐为一味。振纲领而举者皆顺,《荀子》云:"如振裘领,屈五指而顿之,顺者不可胜数也。"③据会要而来者同趋,趋字平声呼之。《周易略例》云:"据会要以观方来,则六合辐辏,未足多也。"④《都序》据圆教以印诸宗,虽百家亦无所不统也。尚恐学者之难明也。又复直示宗源之本末,真妄之和合,空性之隐显,法义之差殊,顿渐之异同,遮表之回互,权实之深浅,通局之是非,此下叹叙述显明,而丁宁欲人悟也。莫不提耳而告之,《毛诗》云:"匪面命之,言提其耳。"⑤当时疾彼人不修德荒乱,言我不对面向汝说,又提起其耳⑥,就耳边告汝,汝终不改也。意说丁宁之甚。指掌而示之,《论语》云:"'知其说者之于天下也,其如视诸斯乎?'指其掌。"⑦言夫子语了,指自手掌示弟子。言见此事分明,如掌中之物易了。频呻以吼之,爱软以诱之。此不下叹慈悲忧念,如养赤子也。乳而药之,忧佛种之夭伤也。无少善根而作阐提,是夭伤也。腹而拥之,《毛诗》云:"腹我顾我。"言慈母念幼子,腹中抱我,暂起去,又回头顾我。念惜之深也。念水火之漂焚也;欲是水火。挈而导之,惧邪小之迷陷也;既有善根,又离五欲,复恐不入于大乘也。挥而散之,悲斗争之牢固也。大明不能破长夜之昏,慈母不能保身后之子。此下叹悲智与佛同也。佛日虽盛,得吾师然后回光曲照。佛慈悲虽普,得吾师然后弘益弥多。若吾师者,捧佛日而委曲回照,疑曀尽除。顺佛心而横亘大悲,穷劫蒙益。则世尊为阐教之主,吾师为会教之人。本末相扶,远近相照,可谓毕一代时教之能事矣。自世尊演教至今日,会而通之,能事方毕。

或曰:自如来未尝大都而通之,今一旦违宗趣而不守,废关防而不据,无乃乖秘藏密契之道乎?答曰:佛于法华涅槃会中,亦已融为一味,但昧者不觉。故《涅槃经》迦叶菩萨曰:诸佛有密语无密藏。世尊赞之曰:如来之言,开发显露,清净无翳。愚人不解，为之秘藏。智者了达，则不名藏。此其证也。故王道兴则外户不闭，而守在戎夷；佛道备，则诸法总持，防在魔外。涅槃圆教和会诸法，唯简别魔说及外道邪宗耳。不当复执情攘臂于其间也。呜呼！后之学者，当取信于佛，无取信于人；当取证于本法，无取证于末习。《都序》以佛语印诸宗，以本法照偏说，故丁宁劝其深信。能如是，则不孤圭峰劬劳之德矣。"哀哀父母，生我劬劳。"⑤吾师之德，过于是矣。后之人观其法，而不生悲感，木石无异。且须保重也⑥。

【校注】

① "唐绵州刺史裴休述"，镰田校译本作 "洪州刺史兼御史中丞裴休述"。杨曾文先生认为裴休一生并没有在绵州任职，因此"绵州刺史"之说不能成立（参见《唐五代禅宗史》第404页）。冉云华则认为："裴休为绵州刺史一事，为《唐书》所未载，佛典记录，可补正史，此为一例。"（参见《宗密》第38页脚注）《全唐文》卷743中所载的序言题为《释宗密禅源诸诠序》，且没有小字注释的部分。

② 语出《孟子·公孙丑上》，原文为："孟子曰：矢人岂不仁于函人哉？矢人唯恐不伤人，函人唯恐伤人。巫匠亦然，故术不可不慎也。"

③ 语出《荀子·劝学篇》，原文为："若挈裘领，诎五指而顿之，顺者不可胜数也。"

④ 语出《周易略例·明象》。

⑤ 语出《诗经·大雅·抑》。

⑥ "提起其耳"，原文作"提耳起耳"。依金陵刻经处本改。

⑦语出《论语·八佾》,原文为:"子曰:'不知也,知其说者之于天下也,其如示诸斯乎!'指其掌。"

⑧语出《诗经·小雅·蓼莪》。

⑨镰田校译本无"且须保重也"。

禅源诸诠集都序 卷上之一

（亦名禅那理行诸诠集）

唐圭峰山沙门宗密述

禅源诸诠集者，写录诸家所述，诠表禅门根源道理、文字句偈，集为一藏，以贻后代，故都题此名也。禅是天竺之语，具云禅那，中华翻为①思惟修，亦名静虑，皆定慧之通称也。源者是一切众生本觉真性，亦名佛性，亦名心地。悟之名慧，修之名定，定慧通称②为禅那。此性是禅之本源，故云禅源，亦名禅那理行③者。此之本源是禅理，忘情契之是禅行，故云理行。然今所集诸家述作，多谈禅理少谈禅行，故且以禅源题之。

【校注】

① "翻为"，镰田校译本作"翻名"。

② "通称"，镰田校译本作"通名"。

③ "禅那理行"句，选编标点本将"禅那"和"理行"分别断成了两句，依上下文看不妥。

今时有但目真性为禅者，是不达理行之旨，又不辨华竺之音也。然亦非离真性别有禅体①。但众生迷真合尘，即名散乱，背尘合真，方名禅定②。若直论本性，即非真非妄、无背无合、无定无乱，谁言禅乎？况此真性非唯是禅门之源，亦是万法之源，故名法性。亦是众生迷悟之源，故名如来藏藏识。出《楞伽经》。亦是诸佛万德之源，故名佛性。《涅槃》等经。亦是菩萨万行之源，故名心地。《梵网经心地法门品》云："是诸佛之本源，是菩萨道之根本，是大众诸佛子之根本。"③万行不出六波罗蜜，禅门但是六中之一，当其第五，岂可都目真性为一禅行哉？

【校注】

① "然亦非离真性别有禅体"，镰田校译本作"然非离真性别有禅体"，无"亦"字。

② "方名禅定"，镰田校译本作"名为禅定"。

③ "《梵网经心地法门品》"，即《梵网经卢舍那佛说菩萨心地戒品第十》，相传为鸠摩罗什所译，共上下两卷。文中的引文出自下卷。

然禅定一行最为神妙，能发起性上无漏智慧，一切妙用，万德万行，乃至神通光明，皆从定发。故三乘学人，欲求圣道，必须修禅，离此无门，离此无路。至于念佛求生净土，亦须修十六观禅①，及念佛三昧②、般舟三昧③。

【校注】

① "十六观禅"，即《观无量寿经》中所说的十六种观想，即日想观、水想观、地想观、宝树观、宝池观、宝楼观、华座观、像想、真身观、观音观、势至观、普观、杂观、上辈观、中辈观、下辈观。

② "念佛三昧"，指以念佛为观想内容的一种禅定。分为因行、果成二种：第一，因行念佛三昧，指观想念佛和称名念佛。第二，果成念佛三昧，由因行念佛三昧所获得结果，如心

入禅定，或佛身现前。

③ "般舟三昧"，又称佛现前三昧、佛立三昧、常行三昧。指在一个特定时间内（七天至一百天），不坐不卧，时时刻刻，称念阿弥陀佛的名号。修这种禅定的结果，就是能使十方诸佛出现在面前。

又真性则不垢不净，凡圣无差。禅则有浅有深，阶级殊等。谓带异计，欣上厌下①而修者，是外道禅②。正信因果，亦以欣厌而修者，是凡夫禅③。悟我空偏真之理而修者，是小乘禅④。悟我法二空，所显真理而修者，是大乘禅⑤。上四类，皆有四色四空之异也。若顿悟自心本来清净，元无烦恼，无漏智性本自具足，此心即佛，毕竟无异。依此而修者，是最上乘禅，亦名如来清净禅，亦名一行三昧⑥，亦名真如三昧⑦。此是一切三昧根本，若能念念修习，自然渐得百千三昧。达摩⑧门下展转相传者，是此禅也。达摩未到，古来诸家所解，皆是前四禅八定⑨。诸高僧修之，皆得功用。南岳天台⑩，令依三谛⑪之理，修三止三观⑫，教义虽最圆妙，然其趣入门户次第，亦只是前之诸禅行相。唯达摩所传者，顿同佛体，迥异诸门。故宗习者难得其旨，得即成圣，疾证菩提。失即成邪，速入涂炭。

【校注】

① "欣上厌下"，原作"欣上压下"，依金陵刻经处本改。

② "外道禅"，指释迦牟尼时代流行于印度的禅法，特别指六种外道的禅法。

③ "凡夫禅"，指相信因果，为追求幸福而修的禅法。

④ "小乘禅"，指觉悟我空道理的人所修行的禅法，为脱

离因果报应，证得阿罗汉果而修行的禅法。安世高所传的禅法即属于小乘禅。

⑤ "大乘禅"，也称菩萨禅。指主张我法二空的人所修的禅法，以观想念佛为主要内容。

⑥ "一行三昧"，指修行者将心集中于一种行相上的一种禅定法门。此处指修习自心本来清净、即心即佛的禅法。

⑦ "真如三昧"，观察真如无相之理而破除妄惑的禅定，原出于《大乘起信论》："真如三昧者，不住见相不住得相，乃至出定亦无懈慢，所有烦恼渐渐微薄。"

⑧ 镰田校译本中，"达摩"皆作"达磨"。

⑨ "四禅八定"，四禅，即四静虑，是色界中所修的初禅、二禅、三禅、四禅。无色界所修的四种禅定分别是空无边处定、识无边处定、无所有处定、非想非非想定。色界四禅与无色界四定合起来称为八定。

⑩ "南岳天台"，南岳指天台宗的第二祖慧思（515~577），天台指天台宗的第三祖智𫖮（538~592）。

⑪ "三谛"，即天台宗所说的空、假、中三种真理。天台宗主张三谛圆融的观法。

⑫ "三止三观"，天台宗的重要修持方法。三观，指对应于三谛的空、假、中三种观法。三止，指体真止、方便缘起止、息二边分别止。

先祖革昧①防失，故且人传一人，后代已有所凭，故任千灯千照。洎乎②法久成弊，错谬者多，故经论学人，疑谤亦众。原夫佛说顿教、渐教，禅开顿门、渐门，二教二门，各相符契。今讲者偏彰渐义，禅者偏播顿宗，禅讲相逢，胡越之隔。

宗密不知宿生何作，熏得此心，自未解脱，欲解他缚，为法亡于躯命，愍人切于神情。亦如《净名》云："若自有缚，能解他缚，无有是处。"然欲罢不能，验是宿习③难改。每叹人与法差，法为人病，故别撰经律论疏，大开戒定慧门，显顿悟资于渐修，证师说符于佛意。意既本末而委示，文乃浩博而难寻。泛学虽多，秉志者少。况迹涉名相，谁辨金鍮④，徒自疲劳，未见机感。虽佛说悲增是行，而自虑爱见难防，遂舍⑤众入山，习定均慧，前后息虑，相计十年⑥。云前后者，中间被敕追入内，住城三年⑦，方却表请⑧归山也。微细习情，起灭彰于静慧；差别法义，罗列见于空心。虚隙日光，纤埃扰扰。清潭水底，影像昭昭。岂比夫空守默之痴禅，但寻文之狂慧者也⑨？然本因了自心而辨诸教，故恳情于心宗。又因辨诸教而解修心，故虔诚于教义。

【校注】

① "革昧"，革除愚昧。

② "洎乎"，等到、待及。底本和金陵刻经处本皆作"暨乎"，依镰田校译本改。

③ "宿习"，底本和金陵刻经处本皆作"宿世"，依镰田校译本改。

④ "鍮"，指黄铜或黄铜矿石。"金鍮"，比喻两种看似相近但不同的东西。

⑤ "舍"，原作"拾"。据金陵刻经处本和镰田校译本改。

⑥ "相计十年"，镰田校译本作"相继十年"。

⑦ "住城三年"，镰田校译本作"住城二年"。

⑧ "表请",镰田校译本作"来请"。

⑨ "但寻文之狂慧者也",原文无"也"字,据镰田校译本补。

教也者,诸佛菩萨所留经论也。禅也者,诸善知识所述句偈也。但佛经开张,罗大千八部之众①;禅偈撮略,就此方一类之机。罗众则漭荡②难依,就机即指的易用。今之纂集,意在斯焉。

【校注】

①"八部之众",守护佛法的八种天神,分别是天、龙、夜叉、乾闼婆(香神或乐神)、阿修罗、迦楼罗(金翅鸟)、紧那罗(歌人)、摩侯罗伽(大蟒神)。这八类天神,以天、龙为首,故称天龙八部。

②"漭荡",广大无际的样子。原本作"渀荡",据镰田校译本、选编标点本改。

问:夫言撮略者,文须简约①,义须周足,理应撮束多义在少文中。且诸佛说经,皆具法、法体。义、义理。因、三贤②、十地③、三十七品④、十波罗蜜⑤。果、佛之妙用。信、信法。解、解义。修、历位修因。证、证果。虽世界各异,化仪不同,其所立教,无不备此。故华严每会每位,皆结云⑥十方世界,悉同此说。今览所集诸家禅述,多是随问反质,旋立旋破,无斯伦绪⑦,不见始终,岂得名为撮略佛教?

答:佛出世立教,与师随处度人,事体各别。佛教万代依凭⑧,理须委示;师训在即时度脱,意使玄通。玄通必在忘言,故言下不留⑨其迹。迹绝于意地，理现于心源。即信、解、修、证，不为而自然成就。经、律、疏、论，不习而自然冥通。故有问修道，即答以无修⑩。有求解脱，即反质谁缚⑪。有问成佛之路，即云本无凡夫。有问临终安心，即云本来无事。或亦云此是妄，此是真，如是用心，如是息业。举要而言，但是随当时事，应当时机，何有定法名阿耨菩提⑫？岂有定行名摩诃般若⑬？但得情无所念，意无所为，心无所生，慧无所住，即真信、真解、真修、真证也，若不了自心，但执名教，欲求佛道者，岂不现见识字看经，元不证悟？销文释义，唯炽贪嗔耶⑭？况阿难多闻总持，积岁不登圣果；息缘反照，暂时即证无生。即知乘教之益，度人之方，各有其由，不应于文字而责也。

【校注】

① "文须简约"，镰田校译本作"文虽简约"。

② "三贤"，菩萨修行进入十地阶段之前的三个阶段，即十住、十行和十回向。

③ "十地"，具体分为欢喜地、离垢地、发光地、焰慧地、极难胜地、现前地、远行地、不动地、善慧地、法云地。此十地是菩萨五十二位修行中的第五个十位，证见法身，成就一切种智，属于圣位，和地前的三贤位有所区别。菩萨修行进入这一阶段称为地上菩萨。

④ "三十七品"，即三十七种证道的方法，分别是四念处、四正勤、四如意足、五根、五力、七觉支、八正道。

⑤ "十波罗蜜"，即十度，十种到彼岸的方法，分别是布施、持戒、忍辱、精进、静虑、般若、方便善巧、愿、力、智。

⑥ "结云",底本作"结",据镰田校译本改。

⑦ "伦绪",条理、头绪。原本作"纶绪",据镰田校译本改。

⑧ "依凭",底本误作"依冯",据镰田校译本改。

⑨ "留",选编标点本作"畱",为"留"的异体字。

⑩ "无修",语出《景德传灯录》卷五:"又有法空禅师者,问曰:佛之与道俱是假名,十二分教亦应不实,何以从前尊宿皆言修道?师(本净禅师)曰:大德错会经意,道本无修,大德强修;道本无作,大德强作;道本无事,强生多事;道本无知,于中强知。如此见解与道相违。"

⑪ "谁缚",语出《景德传灯录》卷三:"有沙弥道信,年始十四,来礼师曰:愿和尚慈悲,乞与解脱法门。师曰:谁缚汝?曰:无人缚。师曰:何更求解脱乎?信于言下大悟。"

⑫ "阿耨菩提",全译为阿耨多罗三藐三菩提,意译为无上正等正觉。

⑬ "摩诃般若",即大般若、大智慧。

⑭ "唯炽贪嗔耶",镰田校译本作"唯炽贪嗔邪见"。

问:既重得意,不贵专文,即何必纂集此诸句偈?

答:集有二意:一,有虽经师授而悟不决究①,又不逢诸善知识处处勘契者,今览之,遍见诸师言意,以通其心,以绝余念。二,为悟解了者,欲为人师,令广其见闻,增其善巧,依解摄众②,答问教授也。即上云"罗千界即浩荡难依,就一方即指的易用"也。然又非直资忘言之门,亦兼垂禅教之益。非但令意符于佛,亦欲使文合于经。既文似乖,而令合实为不易。须判一藏经大小乘、权实理、了义不了义,方可印定诸宗禅门，各有旨趣，不乖佛意也。谓一藏经论，统唯三种；禅门言教，亦统唯三宗。各在下文③别释。配对相符，方成圆见。

【校注】

① "有虽经师授而悟不决究"，镰田校译本作"虽有师授而悟不决究"。

② "依解摄众"，镰田校译本作"解摄众"。

③ "下文"，底本误作"丁文"，依镰田校译本及选编标点本改。

问：今习禅诠，何关经论？

答：有十所以。须知经论权实，方辨诸禅是非。又须识禅心性相，方解经论理事。一，师有本末，凭①本印末故。二，禅有诸宗，互相违阻故。三，经如绳墨，楷定邪正故。四，经有权实，须依了义故。五，量有三种，勘契须同故。六，疑有多般，须具通决故。七，法义不同，善须辨识故。八，心通性相，名同义别故。九，悟修顿渐，言似违反故。十，师授方便，须识药病故。

【校注】

① "凭"，因繁体的"憑"和"馮"相近，原本误作"冯"，据镰田校译本和选编标点本改。

初，言师有本末者，谓诸宗始祖即是释迦，经是佛语，禅是佛意，诸佛心口，必不相违。诸祖相承，根本是佛亲付；菩萨造论，始末唯弘佛经。况迦叶①乃至毱多②，弘传皆兼三藏③。提多迦④已下，因僧诤⑤，律教别行。罽宾国已来，因王难，经论分化。中间马鸣、龙树，悉是祖师，造论释经，数千万偈，观风化物，无定事仪。未有讲者毁禅，禅者毁讲。达摩受法天竺，躬至中华，见此方学人多未得法，唯以名数为解，事相为行，欲令知月不在指，法是我心，故但以心传心，不立文字。显宗破执，故有斯言，非离文字说解脱也。故教授得意之者，即频赞《金刚》、《楞伽》，云此二经是我心要。今时弟子，彼此迷源，修心者以经论为别宗，讲说者以禅门为别法。闻谈因果修证，便推属经论之家，不知修证正是禅门之本事；闻说即心即佛，便推属胸襟之禅⑥，不知心佛正是经论之本意。前叙⑦有人难云：禅师何得讲说？余今以此答也⑧。今若不以权实之经论⑨，对配深浅禅宗，焉得以教照心，以心解教。

【校注】

①"迦叶"，即摩诃迦叶，大迦叶。释迦牟尼的十大弟子之一，号称头陀第一。禅宗以"捻花微笑"的传说，把迦叶尊为初祖。

②"毱多"，全称优婆毱多，禅宗二十八祖说的第四祖。

③"三藏"，即佛教经典的三种主要表现形式：经、律、论。

④"提多迦"，相传是优婆毱多的弟子，禅宗二十八祖说的第五祖。

⑤"因僧诤"，镰田校译本作"因僧起诤"。

⑥"胸襟之禅"，指主观臆测的禅法，这里是对禅宗的贬称。

⑦ "前叙",镰田校译本无此二字。
⑧ "余今以此答也",镰田校译本作"余今此答也"。
⑨ "权实之经论",镰田校译本作"权实经论"。

二,禅有诸宗互相违反者,今集所述,殆且百家,宗义别者,犹将十室。谓江西①、荷泽②、北秀③、南侁④、牛头⑤、石头⑥、保唐⑦、宣什⑧及稠那⑨、天台⑩等,虽皆通达,情无所违,⑪而立宗传法⑫,互相乖阻。有以空为本,有以知为源,有云寂默方真,有云行坐皆是。有云见今朝暮分别为作,一切皆妄;有云分别为作,一切皆真。有万行悉存,有兼佛亦泯;有放任其志,有拘束其心;有以经律为所依,有以经律为障道。非唯泛语,而乃确⑬言。确弘其宗,确毁余类,后学执言迷意,情见乖张,争不和会也。⑭问:是者即收,非者即拣,何须委曲和会?答:或空或有,或性或相,悉非邪僻,但缘各皆党已为是,斥彼为非,彼此确定,故须和会。问:既皆非邪,即各任确定,何必会之?答:至道归一,精义无二,不应两存。至道非边,了义不偏,不应单取。故必须会之为一,令皆圆妙。问:以冰杂火,势不俱全;将矛刺盾,功不双胜。诸宗所执⑮,既互相违,一是则有一非,如何会令皆妙?答:俱存其法,俱遣其病,即皆妙也。谓以法就人即难,以人就法即易。人多随情互执,执即相违,诚如冰火相和,矛盾相敌,故难也。法本称理互通,通即互顺,自然凝流皆水,钗钏皆金,故易也。举要而言,局之则皆非,会之则皆是。若不以佛语,各示其意,各收其长,统为三宗,对于三教,则何以会为一代善巧,俱成要妙法门,各忘其情,同归智海?唯佛所说,即异而同,故约佛经,会三为一。

【校注】

①"江西",指活跃于江西的马祖道一禅师(709~788)。马祖道一是南岳怀让的弟子,主张"平常心是道",其所代表的禅宗派别被称为洪州宗。

②"荷泽",指曾长期在洛阳荷泽寺弘法的六祖慧能的弟子神会(668或686~760)。他因在河南滑台大云寺召开无遮大会,指责神秀一系是"师承是傍,法门是渐",从而确立了慧能的正统地位。

③"北秀",指禅宗北宗的神秀(约606~706)。其禅法以"拂尘看净,方便通经"为特点,长期在洛阳、长安一带弘法,被称为"两京法主,三帝门师"。

④"南侁",指四川净众系的开创者智侁禅师(609~702)。"侁"又写作"诜"。

⑤"牛头",指牛头宗的开创者法融禅师(594~657)。

⑥"石头",指青原行思的弟子石头希迁(700~790)。

⑦"保唐",指唐代成都府保唐寺的无住(714~774)。

⑧"宣什",即在四川果阆传法的宣什,生卒年月不详。

⑨"稠那",指承继佛陀跋陀罗禅法的慧稠和求那跋陀罗两位禅师。

⑩"天台",指天台宗的禅法。

⑪"虽皆通达,情无所违",底本无此句话,据镰田校译本加。

⑫"而立宗传法",底本无"而"字,据镰田校译本加。

⑬"确",底本作"礭",镰田校译本和选编标点本均作"確",二者皆是"确"的异体字。

⑭ "后学执言迷意,情见乖张,争不和会也",此句话据镰田校译本添改,原本仅有"争得和会也"一句话。

⑮ "诸宗所执",镰田校译本作"诸宗所集"。

三,经如绳墨,楷①定邪正者,绳墨非巧,工巧者必以绳墨为凭;经论非禅,传禅者必以经论为准。中下根者,但可依师。师自观根,随分指授。上根之辈,悟须圆通,未究佛言,何同佛见?问:所在皆有佛经,任学者转读勘会。今集禅要,何必辨经?答:此意即其次之文,便是答此问也。

【校注】

① "楷",底本作"揩",据镰田校译本和选编标点本改。

四,经有权实,须依了义者,谓佛说诸经,有随自意语,有随他意语,有称毕竟之理,有随当时之机,有诠性相,有顿渐大小,有了义不了义。文或敌体相违,义必圆通无碍。龙藏浩瀚①,何见旨归?故今但以十余纸②都决择之,令一时圆见佛意。见佛意后,即备寻一藏,即句句知宗。

【校注】

① "龙藏浩瀚",底本和选编标点本均作"龙藏浩汗",今据镰田校译本改。龙藏,相传龙宫中所藏的佛教经典,数量极其庞大。

② "十余纸",镰田校译本作"二十余纸"。

五,量有三种,勘契①须同者,西域诸贤圣所解法义,皆以三量为定：一比量，二现量，三佛言量。量者，如度量升斗②，量物知定也。比量者，以因由譬喻比度也。如远见烟，必知有火，虽不见火，亦非虚妄。现量者，亲自现见，不假推度，自然定也。佛言量者，以诸经为定也。勘契须同者，若但凭佛语，不自比度证悟自心者③，只是泛信，于己未益。若但取现量，自见为定，不勘佛语，焉知邪正？外道六师④，亲见所执之理⑤，修之亦得功用，自谓为正，岂知是邪？若但用比量者，既无圣教及自所见，约何比度？比度何法？故须三量勘同，方为决定。禅宗已多有现比二量，今更以经论印之，则三量备矣。

【校注】

① "勘契"，验对鱼契。唐宋时代采取的一种城门开启的验证制度。具体的方法为先以檀木刻鱼形，分为左右，出外的人和守门的人各持其一，二者相合，城门方能开启。

② "如度量升斗"，镰田校译本作"量度如升斗量物"。

③ "不自比度证悟自心者"，镰田校译本作"不自比度证悟者"，少"自心"二字。

④ "外道六师"，镰田校译本作"外道"，少"六师"二字。外道六师，指在释迦牟尼创立佛教时，在印度存在的六种非佛教的反婆罗门思潮。

⑤ "亲见所执之理"，镰田校译本作"亦亲见所执之理"。

六，疑有多般，须具通决者，数十年中，频有经论大德问余曰：四禅八定，皆在上界①，此界无禅。凡修禅者，须依经论，引取上界禅定，而于此界修习。修习成者，皆是彼禅。诸教具明，无出此者，如何离此别说禅门？既不依经②，即是邪道。又有问曰：经云渐修，祇劫③方证菩提，禅称顿悟，刹那便成正觉。经是佛语，禅是僧言，违佛遵僧，窃疑未可。又有问曰：禅门要旨，无是无非，涂割怨亲，不嗔不喜，何以南能北秀，水火之嫌？荷泽洪州④，参商⑤之隙？又有问曰：六代禅宗师资⑥，传授禅法，皆云内授密语，外传信衣，衣法相资，以为符印。曹溪已后，不闻此事，未审今时开禅、化人说密语否⑦？不说，则所传者非达摩之法；说，则闻者尽合得衣。又有禅德问曰：达摩传心，不立文字，汝何违背先祖，讲论传经？近复问曰：《净名》⑧已呵宴坐⑨，荷泽每斥凝心，曹溪见人结跏，曾自将杖打起。今问汝，每因教诫，即劝坐禅。禅庵罗列，遍于岩壑。乖宗违祖，吾窃疑焉。余虽随时各已酬对，然疑者千万，愍其未闻。况所难之者，情皆遍执，所执各异，彼此互违，因决申疑，复增己病，故须开三门义，评一藏经，总答前疑，无不通彻。下随相当文义，一一脚注指之，答此诸难。欲见答处，须检注文也。

【校注】

① "上界"，指三界中的色界和无色界，因为此二界相对于欲界的众生而言，是在其之上，故称上界。在色界中的有四禅，在无色界中有四无色定。

② "既不依经"，镰田校译本作"既不依经论"。

③ "祇劫"，即阿僧祇劫的简写，佛教中用来指无量的时间。

④ "荷泽洪州"，指荷泽宗和洪州宗。

⑤ "参商"，参星在天空的西边，商星在天空的东边，常

用来比喻两种差别或不同的事物。

⑥ "六代禅宗师资",镰田校译本作"六代师资",没有"禅宗"二字。六代指从中土初祖菩提达摩开始,到慧能为六代。

⑦ "未审今时开禅、化人说密语否",底本作"未审今时化人说密语否",据镰田校译本改。

⑧ "《净名》",即《维摩诘经》。

⑨ "宴坐",端身静坐,坐禅的别称。《维摩诘经·弟子品》中说:"舍利弗白佛言:世尊,我不堪任诣彼问疾,所以者何?忆念我昔曾于林中宴坐树下,时维摩诘来谓我言:唯,舍利弗!不必是坐为宴坐也。夫宴坐者,不于三界现身意,是为宴坐;不起灭定而现诸威仪,是为宴坐;不舍道法而现凡夫事,是为宴坐;心不住内亦不在外,是为宴坐;于诸见不动而修行三十七品,是为宴坐;不断烦恼而入涅槃,是为宴坐。若能如是坐者,佛所印可。"

七、法义不同,善须辨识者,凡欲明解诸法性相,先须辨得法义。依法解义,义即分明;以义诠法,法即显著。今且约世物明之,如真金随工匠等缘,作镮钏碗①盏种种器物,金性必不变为铜铁。金即是法,不变随缘是义。设有人问,说何物不变?何物随缘?只合答云金也。以喻一藏经论义理,只是说心。心即是法,一切是义。故经云:"无量义者,从一法生。"②然无量义,统唯二种:一不变,二随缘。诸经只说此心随迷悟缘,成垢净凡圣、烦恼菩提、有漏无漏等。亦只说此心垢净等时,元来不变,常自寂灭,真实如如等。设有人问,说何法不变?何法随缘?只合答云心也。不变是性,随缘是相,当知性相皆是一心上义。今性相二宗③互相非者，良由不识真心。每闻心字，将谓只是八识，不知八识但是真心上随缘之义。故马鸣菩萨以一心为法，以真如生灭二门为义。论云："依于此心，显示摩诃衍义。"④心真如是体，心生灭是相用。只说此心不虚妄，故云真。不变易，故云如。是以论中一一云心真如、心生灭。今时禅者多不识义，故但呼心为禅；讲者多不识法，故但约名说义，随名生执，难可会通。闻心为浅，闻性谓深，或却以性为法，以心为义，故须约三宗经论相对照之。法义既显，但归一心，自然无诤。

【校注】

①"碗"，底本和镰田校译本均作"椀"，选编标点本作"盌"，二者都是"碗"的异体字。

②此段经文出自《无量义经》，原文为："无量义者，从一法生。其一法者，即无相也。如是无相，无相不相。不相无相，名为实相。"

③"性相二宗"，性宗指三论宗、天台宗、华严宗等强调法性为唯一之理的宗派，相宗指注重诸法差别的法相宗。

④此段经文出自梁译《大乘起信论》，原文为："所言法者，谓众生心，是心则摄一切世间法、出世间法。依于此心，显示摩诃衍义。"

八，心通性相，名同义别者，诸经或毁心是贼，制令断除。或赞心是佛，劝令修习。或云善心恶心、净心垢心、贪心嗔心、慈心悲心。或云托境心生①，或云心生于境，或云寂灭为心，或云缘虑为心，乃至种种相违。若不以诸宗相对显示，则看经者何以辨之？为当有多种心，为复只是一般心耶？今且略示名体。泛言心者，略有四种，梵语各别，翻译亦殊。一，纥利陀耶②，此云肉团心，此是身中五藏心也。具如《黄庭经》五藏论③说也。二，缘虑心，此是八识，能缘虑自分境故。色是眼识境，乃至根身种子器世界是阿赖耶识之境，各缘一分，故云自分。此八各有心所，于中或唯无记，或通善恶之殊④。诸经之中，目诸心所，总名心也，谓善心恶心等。三，质多耶⑤，此云集起心，唯第八识，积集种子，生起现行故。《黄庭经》五藏论目之为神，西国外道计之为我，皆是此识⑥。四，乾栗陀耶⑦，此云坚实心，亦云真实心⑧，此是真心⑨也。然第八识无别自体，但是真心，以不觉故，与诸妄想有和合不和合义。和合义者，能含染净，目为藏识；不和合者，体常不变，目为真如，都是如来藏。故《楞伽》云："寂灭者名为一心，一心者即如来藏。"⑩如来藏亦是在缠法身，如《胜鬘经》说。故知四种心，本同一体，故《密严经》云："佛说如来藏，法身在缠之名。以为阿赖耶，藏识。恶慧不能知，藏即赖耶识。有执真如与赖耶体别者。是恶慧。如来清净藏，世间阿赖耶，如金与指环，展转无差别。指环等喻赖耶，金喻真如，都名如来藏。⑪"然虽同体，真妄义别，本末亦殊。前三是相，后一是性，依性起相，盖有因由。会相归性，非无所以，性相无碍，都是一心。迷之即触面向墙，悟之即万法临镜，若空寻文句，或信胸襟，于此一心性相，如何了会？

【校注】

① "托境心生"，镰田校译本作"心托境生"。

② "纥利陀耶"，梵文 hrdaya 的音译，意为心脏。

③《黄庭经》分《黄庭内景玉经》、《黄庭外景玉经》和《黄庭中景玉经》三种。《中景经》系晚出道书，通常不列于《黄庭经》之内。五藏论，此处指《黄庭经》中论及五藏的部分。

④"于中或唯无记，或通善恶之殊"，底本和选编标点本仅有"善恶之殊"四字，据镰田校译本添改。

⑤"质多耶"，梵文 Citta 的音译，又译为质多。

⑥"皆是此识"，镰田校译本作"皆是此识也"。

⑦"乾栗陀耶"，梵文 hrdaya 的音译，与"纥利陀耶"的梵文相同。宗密将此一梵语解释成两种不同的心，或是对梵语的误解。

⑧"真实心"，原本作"贞实心"，据镰田校译本改。

⑨"真心"，镰田校译本作"真实心"。

⑩此段引文出自北魏菩提流支翻译的《入楞伽经》。

⑪此段引文出自唐天竺三藏地婆诃罗所译的《密严经》，原文为："佛说如来藏，以为阿赖耶，恶慧不能知，藏即赖耶识。如来清净藏，世间阿赖耶，如金与指环，展转无差别。"

九，悟修顿渐，似反而符者，谓①诸经论及诸禅门，或云先因渐修功成，豁然顿悟。或云先因顿悟②，方可渐修。或云由顿修故渐悟，或云悟修皆渐，或云皆顿，或云法无顿渐，顿渐在机。如上等说，各有意义，言似③反者。谓既悟即成佛，本无烦恼，名为顿者，即不应修断，何得复云渐修？渐修即是烦恼未尽，因行未圆，果德未满，何名为顿？顿即非渐，渐即非顿，故云相反。如下对会，即顿渐非唯不相乖反，而乃互相资也。

【校注】

①镰田校译本无"谓"字。

②底本作"或云须顿悟",据镰田校译本改。

③底本作"以",镰田校译本和金陵刻经处本皆作"似"。据上文中"似反而符"的语句改。

十,师资传授,须识药病者,谓承上传授方便,皆先开示本性,方令依性修禅。性不易悟,多由执相,故欲显性,先须破执。破执方便,须凡圣俱泯,功过齐祛①。戒即无犯无持,禅即无定无乱,三十二相都是空花,三十七品皆为梦幻。意使心无所著,方可修禅。后学浅识,便但只执此言为究竟道。又以修习之门,人②多放逸,故复广说欣厌,毁责贪恚,赞叹勤俭,调身调息,粗细③次第。后人闻此,又迷本觉④之用,便一向执相。唯根利志坚者,始终事师,方得悟修之旨。其有性浮浅者,才闻一意,即谓已足,仍恃小慧,便为人师,未穷本末,多成偏执。故顿渐门下,相见如仇雠;南北宗中,相敌如楚汉。洗足之诲⑤,摸象之喻⑥,验于此矣。今之所述,岂欲别为一本?集而会之,务在伊圆三点⑦。三点各别,既不成伊,三宗若乖,焉能作佛?故知欲识传授药病,须见三宗不乖,须解三种佛教。前叙有人难云:禅师何得讲说?余今总以此十意答也。故初已叙西域祖师,皆弘经论耳也。

【校注】

①"祛",通"祛"。

②选编标点本误作"入"。

③ "粗细",《大乘起信论》中将人的妄染之心分成粗细两个部分。粗的部分指六种染心的前三种,即执相应染、不断相应染、分别智相应染;细的部分指现色不相应染、能见心不相应染和根本业不相应染。

④ "本觉",众生先天本有的觉悟。《大乘起信论》对这一概念做了如下的说明:"所言觉义者,谓心体离念。离念相者,等虚空界,无所不遍,法界一相,即是如来平等法身。依此法身,说名本觉。"

⑤ "洗足之诲",佛经中有关洗足的描述很多。印度天气炎热,僧人往往赤脚,容易沾染不洁净的东西,故而洗足就是一个极为常见的行为。而佛陀在说法之前通常要先洗足,故而洗足之诲可以用来比喻传授佛法。

⑥ "摸象之喻",即盲人摸象的故事。原出于四十卷本《大般涅槃经》之《师子吼菩萨品》:"譬如有王告一大臣,汝牵一象以示盲者。尔时大臣受王敕已,多集众盲以象示之。时彼众盲各以手触……尔时大王即唤众盲各各问言:汝见象耶?众盲各言:我已得见。王言:象为何类?其触牙者即言象形如芦菔根,其触耳者言象如箕,其触头者言象如石,其触鼻者言象如杵,其触脚者言象如木臼,其触脊者言象如床,其触腹者言象如瓮,其触尾者言象如绳。"此处指南北顿渐的争论都是以偏概全,如同盲人。

⑦ "伊圆三点",又作"以字三点"、"圆伊三点"。梵语的伊字由三点组合而成,类似一个三角形。由于其特殊的形状,佛典常用此来比喻三者之间互相依存的关系。三十六卷本《大般涅槃经》卷二中曾说:"犹如伊字三点,若并则不成伊,纵亦不成。如摩醯首罗面上三目,乃得成伊。三点若

别,亦不得成。我亦如是,解脱之法亦非涅槃,如来之身亦非涅槃,摩诃般若亦非涅槃,三法各异亦非涅槃。我今安住如是三法。"

禅源诸诠集都序 卷上之二

唐圭峰山沙门宗密述

上来①十意,理例昭然,但细对详,禅之三宗,教之三种,如经斗称,足定浅深。先叙禅门,后以教证。禅三宗者,一,息妄修心宗。二,泯绝无寄宗。三,直显心性宗。教三种者,一,密意依性说相教。二,密意破相显性教。三,显示真心即性教。右此三教,如次同前三宗相对,一一证之,然后总会为一味。

【校注】

①"来",镰田校译本作"之"。

今且先叙禅宗。初,息妄修心宗者,说众生虽本有佛性,而无始无明①覆之不见,故轮回生死。诸佛已断妄想,故见性了了,出离生死,神通自在。当知凡圣功用不同,外境内心各有分限,故须依师言教,背境观心,息灭妄念。念尽即觉悟,无所不知。如镜昏尘②,须勤勤拂拭,尘尽明现,即无所不照。又须明解趣入禅境方便,远离愦闹,住闲静处,调身调息,跏趺宴默③,舌拄上腭,心注一境。南侁、北秀、保唐、宣什等门下皆此类也。牛头、天台、惠稠④、求那⑤等,进趣方便,迹即大同,见解即别。

【校注】

① "无始无明",没有开端的不了解佛教道理的一切思想、意识活动,是一切烦恼产生及障碍成佛的根本原因,所以又称为"根本无明"。《大乘起信论》认为这种根本无明就是心从静态过渡到活动状态的最初时刻,但这一时刻尚没有对对象的具体分别。论中说:"是故一切众生,不名为觉,以从本以来,念念相续,未曾离念,故说无始无明。"又说:"以不达一法界故,心不相应,忽然念起,名为无明。"法藏的《起信论义记》进一步解释说:"唯此无明为染法之源,最极微细,更无染法能为此本,故云忽然念起也。"

② "如镜昏尘",参见敦煌本《坛经》中神秀的偈语:"身是菩提树,心如明镜台,时时勤拂拭,莫使有尘埃。"

③ "跏趺宴默",默默地静坐。

④ "惠裯",即僧裯禅师。北魏、北齐间之禅僧。俗姓孙,昌黎(今河北)人。先跟随佛陀禅师弟子道房修习止观,又从道明禅师受十六特胜等小乘禅观,再在少林寺受佛陀禅师直接教诲。曾受北齐文宣帝之尊崇,被召至邺都说四念处法,并奉敕住云门寺,兼石窟大寺之主。《续高僧传》卷十六载有其传。

⑤ "求那",即求那跋陀罗。南北朝时期在中国传法的中印度僧人。他是四卷《楞伽经》的翻译者,该经对中国禅宗影响很大,据说菩提达摩曾以四卷《楞伽经》授慧可说:"我观汉地,唯有此经,仁者依行,自得度世。"因此在《楞伽师资记》的记载中就认为求那跋陀罗和禅宗初祖菩提达摩有承继关系,"魏朝三藏法师菩提达摩,承求那跋陀罗三藏后"。但后来随着西天二十八祖说法的流行,求那跋陀罗在禅宗中的地位被

完全忽略。

二，泯绝无寄宗者，说凡圣等法，皆如梦幻，都无所有，本来空寂，非今始无。即此达无之智，亦不可得。平等法界，无佛无众生，法界亦是假名。心既不有，谁言法界①？无修不修，无佛不佛。设有一法，胜过涅槃，我说亦如梦幻。无法可拘，无佛可作，凡有所作，皆是迷妄。如此了达，本来无事，心无所寄，方免颠倒，始名解脱。石头、牛头，下至径山②，皆示此理。便③令心行，与此相应，不令滞情于一法上。日久功至，尘习自亡，则于怨亲苦乐一切无碍④。因此便有一类道士、儒生、闲僧泛参禅理者，皆说此言，便为臻极，不知此宗不但以此言为法，荷泽、江西、天台等门下亦说此理，然非所宗。

【校注】

①"法界"，法界主要有两种含义：一是指一切万有。法，即诸法。界，即边际。穷极诸法的边际，包罗一切万有，故称法界。一是指真如之理。此处的界，就是性的含义。诸法在外相上虽千差万别，但皆同一性，故称法界。

②"径山"，即道钦禅师，又名法钦，牛头宗著名僧人。俗姓朱，吴郡昆山（今江苏）人。先从玄素出家，并按照玄素的启示，到余杭西部的径山修行，名声大振。大历三年（768）入大内为代宗说法，帝赐"国一大师"号与"径山寺"额。

③"便"，镰田校译本作"使"。

④"无碍"，镰田校译本作"无事"。

三，直显心性宗者，说一切诸法，若有若空，皆唯真性。真性无相①无为，体非一切，谓非凡非圣，非因非果，非善非恶等。然即体之用，而能造作种种，谓能凡能圣，现色现相等。于中指示心性，复有二类：一云，②即今能语言动作，贪嗔慈忍，造善恶受苦乐等，即汝佛性，即此本来是佛，除此无别佛也。了此天真自然，故不可起心修道。道即是心，不可将心还修于心；恶亦是心，不可将心还断于心。不断不修，任运自在，方名解脱。性如虚空，不增不减，何假添补？但随时随处，息业养神，圣胎增长，显发自然神妙。此即是为真悟、真修、真证也。二云，③诸法如梦，诸圣同说，故妄念本寂，尘境本空，空寂之心，灵知不昧。即此空寂之知，是汝真性。任迷任悟，心本自知。不藉缘生，不因境起。知之一字，众妙之门。由无始迷之故，妄执身心为我，起贪嗔等念，若得善友开示，顿悟空寂之知，知且无念无形，谁为我相人相？觉诸相空，心自无念，念起即觉，觉之即无，修行妙门，唯在此也。故虽备修万行，唯以无念为宗。但得无念知见，则爱恶自然淡泊，悲智自然增明，罪业自然断除，功行自然增进。既了诸相非相，自然无修之修④。烦恼尽时，生死即绝，生灭灭已，寂照现前，应用无穷，名之为佛。然此两家皆会相归性，故同一宗。

【校注】

① "无相"，镰田校译本无此二字。

② "一云……"指以马祖道一为代表的洪州宗思想。

③ "二云……"指荷泽宗的思想。

④"自然无修之修",镰田校译本作"自然修而无修"。

然上三宗中,复有尊教慢教①,随相毁相,拒外难之门户,接外众之善巧,教弟子之仪轨,种种不同。皆是二利行门,各随其便,亦无所失。但所宗之理,即不合有二,故须约佛和会也。

【校注】
①"尊教慢教",北宗重视经典,故称尊教;南宗号称"教外别传,不立文字",故称慢教。

次下判佛教总为三种者:一,密意依性说相教。佛见三界六道①,悉是真性之相,但是众生迷性而起,无别自体,故云依性。然根钝者卒难开悟,故且②随他所见境相,说法渐度③,故云说相。说未彰显,故云密意也。此一教中自有三类:一,人天因果教④。说善恶业报,令知因果不差,惧三途苦,求人天乐,修施戒禅定等一切善行,得生人道、天道,乃至色界、无色界,此⑤名人天教。二,说断惑灭苦乐教⑥。说三界不安,皆如火宅之苦,令断业惑之集,修道证灭。以随机故,所说法数,一向差别,以拣邪正,以辨凡圣,以分忻厌,以明因果。说众生五蕴,都无我主,俱是形骸之色,思虑之心。从无始来,因缘力故,念念生灭,相续无穷,如水涓涓,如灯焰焰。身心假合,似一似常,凡愚不觉,执之为我。宝⑦此我故,即起贪贪名利荣我⑧。嗔嗔违情境,恐侵损我⑨。痴触向错解,非理计校。等三毒。三毒击于意识,发动身口,造一切业。业成难逃,影随形,响应声。故受五道苦乐等身,此是别业所感。三界胜劣等处。所居处此,是共业⑩所感。于所受身，还执为我，还起贪等，造业受报。身则生老病死，死而还⑪生。界则成住坏空，空而复成。劫劫生生，轮回不绝，无始无终，如汲⑫井轮，都由不了此身本不是我。此上皆是前人天教中世间⑬因果也。前但令厌下欣⑭上，未说三界皆可厌患。又未破我，今具说之，即苦、集二谛也。下破我执，令修灭道二谛，明出世因果，故名四谛教。不是我者，此身本因色心和合为相，今推寻分析，色有地水火风之四类，心有受、领纳好恶之事。想、取像。行、造作一切。识——了别。之四类。此四与色都名五蕴。若皆是我，即成八我。况色中复有三百六十段骨，段段各别，皮毛筋肉，肝心肺⑮肾，各不相是，皮不是毛等。诸心数等，亦各不同，见不是闻，喜不是怒，既有此众多之物，不知定取何者为我？若皆是我，我即百千，一身之中，多主纷乱。离此之外，复无别法，翻覆推我，皆不可得。便悟此身心等，俱⑯是众缘，似和合相，元非一体，似我人相，元非我人。为谁贪嗔？为谁杀盗？谁修戒施⑰？谁生人天？知苦集也。遂不滞心于三界有漏善恶，断集谛也。但修无我观智，道谛。以断贪等，止息诸业，证得我空真如，得须陀洹果，乃至灭尽患累，得阿罗汉果。灭谛。灰身灭智，永离诸苦。诸《阿含》等六百一十八卷经，《婆沙》、《俱舍》等六百九十八卷论，皆唯说此小乘及前人天因果，部帙虽多，理不出此也。⑱三，将识破境教。说前所说境相，若起若灭，非唯无我，亦无如上等法，但是情识虚妄变起。故云将识破境也。说上生灭等法，不关真如，但各是众生无始已来，法尔有八种识，于中第八藏识，是其根本，顿变根身器界种子，转生七识，各能变现自分所缘。眼缘色，乃至七缘八⑲见，八缘根种器界。此八识外，都无实法。问：如何变耶？答：我法分别，熏习力故，诸识生时，变似我法。六七二识，无明覆故，缘此执为实我实法，如患、病重心昏见异色人物。梦梦相所见可知。者，患梦力故，心似种种外境相现。梦时执为实有外物，寤来方知唯梦所变。我此身相，及于外境㉑，亦复如是，唯识所变。迷故执有我及诸境，既悟本无我法，唯有心识，遂依此二空之智，修唯识观及六度四摄等行，渐渐伏断烦恼、所知二障，证二空所显真如，十地圆满，转八识成四智㉒菩提也。真如障尽，成法性身大涅槃也。《解深密》等数十本经，《瑜伽》、《唯识》数百卷论，所说之理不出此也。此上三类，都为第一密意依性说相教。

【校注】

① "三界六道"，佛教认为人轮回的三种空间和六种类型。三界，即色界、欲界和无色界。六道，指地狱、饿鬼、畜生、阿修罗、人、天。

② 底本作"目"，据金陵刻经处本和镰田校译本改。

③ 镰田校译本作"说法渐渐度"，衍"渐"字。

④ "人天因果教"，这种判教的提法最早始于南北朝时期的刘虬。据净影慧远的《大乘义章》说，刘虬把一代教法判为顿、渐二教，《华严》等经是顿教，其余是渐教。渐教当中有五时七阶，其中的第一时为佛初成道为提谓等说的以五戒十善为中心的人天教法。

⑤ "此"，在镰田校译本中作"故"。

⑥ 底本和金陵刻经处本皆作"说断惑灭苦乐教"，而镰田校译本作"断惑灭苦教"。

⑦ 镰田校译本作"保"。

⑧ 镰田校译本作"贪名利以荣我"。

⑨镰田校译本作"恐侵害我"。

⑩"别业"、"共业",佛教中所指的导致两种不同报应结果的业因。别业指那些能够造成个体身体的独特性原因。共业则指那些造成山河大地等众生共同依住的环境的原因。

⑪镰田校译本"还"字作"复"。

⑫底本原作"级"。

⑬底本作"世界",据镰田校译本改。

⑭底本作"忻",为"欣"的通假字,据镰田校译本改。

⑮镰田校译本作"脾"。

⑯镰田校译本作"但"。

⑰镰田校译本作"施戒"。

⑱此一段小字的注,在镰田校译本中为正文。

⑲镰田校译本中无"八"字。

⑳镰田校译本中"外境"作"世界"。

㉑"转八识成四智",即转识成智,唯识宗的基本理论之一。即转凡夫有漏的八识成为佛的四智:转第八识为大圆镜智,转第七识为平等性智,转第六识为妙观察智,转前五识为成所作智。

然唯第三将识破境教,与禅门息妄修心宗而相扶会。以知外境皆空,故不修外境事相,唯息妄修心也。息妄者,息我法之妄;修心者,修唯识之心。故同唯识之教,既与佛同,如何毁他渐门息妄看净,时时拂拭,凝心住心,专注一境及跏趺调身调息等也?此等种种方便,悉是佛所劝赞。《净名》①云:不必坐,不必不坐,坐与不坐,任逐机宜,凝心运心,各量习性。当高宗大帝,乃至玄宗朝时,圆顿本宗,未行北地,唯神秀禅师大扬渐教，为二京法主、三帝门师②，全称达摩之宗，又不显即佛之旨。曹溪荷泽，恐圆宗灭绝，遂呵毁住心伏心③等事，但是除病，非除法也。况此之方便，本是五祖大师教授，各皆印可，为一方师。达摩以壁观教人安心，外止诸缘④，内心无喘，心如墙壁，可以入道，岂不正是坐禅之法？又庐山远公与佛陀、耶舍二梵僧所译《达摩禅经》⑤两卷，具明坐禅门户，渐次方便，与天台及侁⑥、秀门下意趣无殊。故四祖数十年中，胁不至席，即知了与不了之宗，各由见解深浅，不以调与不调之行，而定法义偏圆。但自随病对治，不须赞此毁彼。此注通前叙⑦。有人问难余云：何以劝坐禅者？余今以此答也。

【校注】

① "《净名》"，即《维摩诘所说经》，文中引文不是经中原文。

② "二京法主、三帝门师"，此说出于张说的《大通禅师碑铭》，文中说："有圣德者不北面，有圣德者无臣礼，遂推为两京法主、三帝国师。"两京，指长安和洛阳。唐显庆二年（657），以洛阳为东都，因此称长安为西京，合称"两京"。三帝，指武则天、中宗和睿宗。

③ "伏心"，在镰田校译本中作"调伏"。

④ 镰田校译本作"云外止诸缘"。

⑤ "《达摩禅经》"，全称《达摩多罗禅经》，又称《修行道地经》、《修行地不净观经》等，共两卷。宗密认为此经为庐山慧远、佛陀跋陀罗、佛陀耶舍共译，此说不确。此经是佛陀跋陀罗应慧远的请求约在公元413年翻译出来的。至于佛陀耶舍虽然也在义熙八年（412）到达庐山，但是并没有有关他

参与译事的记载。镰田茂雄先生认为，宗密是受到了《历代三宝记》相关记载的影响。在《历代三宝记》中，将"菩提达摩"和"达摩多罗"合并成为"菩提达摩多罗"或"达摩多罗"，作为中国禅宗的初祖，并说："（菩提达摩多罗）乃遣弟子佛陀、耶舍二人往秦地。"并且还说此二人在庐山和慧远一起译出了《禅门经》一卷。出身于四川的宗密可能读到了四川保唐派僧人之手的《历代三宝记》，受此影响，有了文中的说法。

⑥底本作"佚"，误。据镰田校译本和金陵刻经处本改。

⑦镰田校译本作"前叙"，无"此注通"三字。

二，**密意破相显性教**。据真实了义，即妄执本空，更无可破。无漏诸法，本是真性，随缘妙用，永不断绝，又不应破。但为一类众生，执虚妄相，障真实性，难得玄悟，故佛且不拣善恶垢净性相，一切呵破，以真性及妙用不无，而且云无，故云密意。又意在显性，语乃破相，意不形于言中，故云密也。说前教中所变之境既皆虚妄，此教①能变之识岂独真实？心境互依，空而似有故也。且心不孤起，托境方生；境不自生，由心故现。心空即境谢，境灭即心空。未有无境之心，曾无无心之境。如梦见物，似能见所见之殊，其实同一虚妄，都无所有。诸识诸境，亦复如是。以皆假托众缘，无自性故。"未曾有一法，不从因缘生，是故一切法，无不是空者。"②"凡所有相，皆是虚妄"③，是故空中无色，无眼、耳、鼻、舌、身、意，无十八界，无十二因缘，无四谛，无智亦无得，无业无报，无修无证，生死涅槃，平等如幻。但以不住一切，无执无著，而为道行。诸部般若千余卷经，及《中》、《百》、《门》④等三论，《广百论》⑤等，皆说此也。《智度论》百卷，亦说此理，但论主通达不执，故该收大小乘法相，潜⑥同后一真性宗。

【校注】

①底本无"此教"二字，据镰田校译本补。

②"未曾有一法，不从因缘生，是故一切法，无不是空者。"这句偈语出于《中论·观四谛品》。

③"凡所有相，皆是虚妄"，出自《金刚经》，原文为："佛告须菩提：凡所有相，皆是虚妄。若见诸相非相，则见如来。"

④《中》、《百》、《门》"，即《中论》、《百论》和《十二门论》三论，是中观学派的三个重要论著。《中论》，四卷，龙树造，青目释，姚秦鸠摩罗什译。《百论》，上下两卷，提婆造，鸠摩罗什翻译。《十二门论》，一卷，龙树造，鸠摩罗什翻译。

⑤"《广百论》"，又称《广百论本》，一卷，提婆造，玄奘翻译。

⑥据镰田校译本改，底本作"渭"，金陵刻经处本作"渭"。

此教与禅门泯绝无寄宗全同。既同世尊所说，菩萨所弘，云何渐门禅主及讲习之徒，每闻此说，即谤云拨无因果①。佛自云：无业无报，岂邪见乎？若云佛说此言自有深意者，岂禅门此说无深意耶？若云我曾推征觉无深意者，自是汝遇不解之流，但可嫌人，岂可斥法？此上二②教，据佛本意，虽不相违，然后学所传，多执文迷旨。或各执一见，彼此相非。或二皆泛信，浑沌③不晓。故龙树、提婆等菩萨，依破相教广说空义，破其执有，令洞然解于真空。真空者，是不违有之空也。无著、天亲④等菩萨，依唯识教，广说名相，分析性相不同，染净各别，破其执空，令历然解于妙有。妙有者是⑤不违空之有也，虽各述一义，而举体圆具，故无违也。问：若尔，何故已后有清辨、护法⑥等诸论师互相破耶？答：此乃是⑦相成，不是相破。何者？以末学人根器渐钝，互执空有故。清辨等破定有之相，令尽彻至毕竟真空，方乃成彼缘起妙有。护法等破断灭偏空，意存⑧妙有。妙有存故，方乃是彼无性真空。文即相破，意即相成。叙前⑨疑南北禅门相竞，今于此决也。由妙有真空有二义故：一，极相违义，谓互相害，全夺永尽。二，极相顺义，谓冥合一相，举体全摄。若不相夺全尽，无以举体全收，故极相违⑩方极顺也。龙树、无著等，就极顺门故相成；清辨、护法等，据极违门故相破。违顺自在，成破无碍，即于诸法无不和会耳。哀哉！此方两宗后学经论之者，相非相斥，不异仇雠，何时得证无生法忍？今顿渐禅者，亦复如是，努力通鉴，勿偏局也。问：西域先贤，相破既是相成，岂可此方相非便成相嫉？答：如人饮水，冷暖自知。各各观心，各各察念。留药防病，不为健人。立法防奸，不为贤士。

【校注】

①"拨无因果"，即否定、不相信因果报应理论，是佛教认为的邪见之一，能导致断灭善根，轮回至恶道之中。

②底本作"一"，据镰田校译本改。

③"浑沌"，镰田校译本作"混钝"。

④"无著、天亲"，是瑜伽行派的创始人。

⑤镰田校译本无"是"。

⑥"清辨、护法"，清辨是印度中观学派的著名论师，护

法是瑜伽行派的著名论师，一个主张"空"，一个主张"有"。

⑦镰田校译本无"是"。

⑧"存"，镰田校译本作"在"。

⑨"叙前"，镰田校译本作"前叙"。

⑩"极相违"，镰田校译本作"极违"，无"相"字。

三，**显示真心即性教**。直指自心即是真性，不约事相而示，亦不约心相而示，故云即性。不是方便隐密之意，故云显示也。此教说一切众生，皆有空寂真心，无始本来，性自清净。不因断惑成净，故云性净。《宝性论》云："清净有二：一自性清净，二离垢清净。"①《胜鬘》云："自性清净心，难可了知。此心为烦恼所染，亦难可了知。"②释云：此心超出前空有二宗之理，故难可了知也。明明不昧，了了常知。下引佛说。尽未来际，常住不灭，名为佛性，亦名如来藏，亦名心地。达摩所传是此心也。从无始际，妄想翳之，不自证得，耽着生死。大觉愍之，出现于世，为说生死等法，一切皆空，开示此心，全同诸佛。如《华严经·出现品》云："佛子，无一众生而不具有如来智慧，但③以妄想执著而不证得。若离妄想，一切智、自然智、无碍智，即得现前。譬如有大经卷，喻佛智慧。量等三千大千世界，经体无边，廓周法界。书写三千大千世界中事一切皆尽，喻体上本有恒沙功德、恒沙妙用也。此大经卷，虽复量等大千世界，而全住在一微尘中。喻佛智全在众生身中，圆满具足也。如一微尘，举一众生为例。一切微尘皆亦如是。时有一人，智慧明达，喻世尊也。具足成就清净天眼，见此经卷，在微尘内，天眼力④隔障见色，喻佛眼力⑤隔烦恼见佛智也。于诸众生，无少利益，喻迷时都不得其用，与无别。⑥即起方便，破彼微尘，喻说法除障，出此大经卷⑦，令诸众生普得饶益。云云乃至⑧。如来智慧亦复如是，无量无碍，普能利益一切众生，合书写三千世界事。具足在于众生身中，合微尘中。但诸凡愚妄想执著，不知不觉，不得利益。尔时如来以无障碍清净智眼，普观法界一切众生，而作是言：奇哉！奇哉！此诸众生，云何具有如来智慧，愚痴迷惑，不知不见？我当教以圣道，令其永离妄想执著，自于身中得见如来广大智慧，与佛无异。即教彼众生修习圣道，六波罗蜜三十七道品等。令离妄想。离妄想已，证得如来无量智慧，利益安乐一切众生。"⑨问：上既云性自了了常知，何须诸佛开示？答：此言知者，不是证知。意说真性不同虚空木石，故云知也。非如缘境分别之识，非如照体了达之智，直是一⑩真如之性，自然常知。故马鸣菩萨云："真如者，自体真实识知。"⑪《华严·回向品》亦云，真如照明为性。又据《问明品》，说智与知异⑫，智局于圣，不通于凡。知即凡圣皆有，通于理智，故觉首等九菩萨⑬问文殊师利言：云何佛境界智？证悟之智。云何佛境界知？本有真心。文殊答智云：诸佛智，自在三世无所碍，过去未来现在事，无不了达，故自在无碍。答知云：非识所能识，不可识识者，以识属分别，分别即非真知，真知唯无念，方见也。亦非心境界，不可以智知，谓若以智证之，即属所证之境，真知非境界，故不可以智证。瞥起照心，即非真知也。故经云：自心取自心，非幻成幻法。论云：心不见心。荷泽大师云：拟心即差，故北宗看心，是失真旨。心若可看，即是境界，故此云非心境界。**其性本清净**，不待离垢惑方净，不待断疑浊方清，故云本清净也。就《宝性论》中，即拣非离垢之净，是彼性净。故云：其性本清净。**开示诸群生**⑭既云本净，不待断障，即知群生本来皆有。但以惑翳，而不自悟⑮，故佛开示皆令悟入。即《法华》中开示悟入佛之知见，如上所引。佛本出世只为此事也，彼云使得清净者，即《宝性》中离垢清净也。此心虽自性清净，终须悟修方得性相圆净。故数十本经论，皆说二种清净、二种解脱。今时学浅之人，或只知离垢清净、离障解脱[16]，故毁禅门即心即佛。或只知自性清净，性净解脱，故轻于教相，斥于持律，坐禅调伏等行，不知必须顿悟自性清净，自性解脱[17]。渐修令得离垢清净，离障解脱，成圆满清净，究竟解脱。若身若心，无所壅滞，同释迦佛也。《宝藏论》亦云："知有有坏，知无无败。此皆能知有无之智。真知之知，有无不计。既不计有无即自性无分别之知。"[18]如是开示灵知之心即是真性，与佛无异，故显示真心即性教也。《华严》、《密严》、《圆觉》、《佛顶》、《胜鬘》、《如来藏》、《法华》、《涅槃》等四十余部经，《宝性》、《佛性》、《起信》、《十地》、《法界》、《涅槃》[19]等十五部论，虽或顿或渐[20]同，据所显法体皆属此教，全同禅门第三直显心性之宗。

【校注】

① "《宝性论》"，全称《究竟一乘宝性论》，此处所引经文出自该论第四卷"无量烦恼所缠品"第六，原文为："又清净者，略有二种，何等为二？一者自性清净，二者离垢清净。自性清净者，谓性解脱无所舍离，以彼自性清净心体不舍一切客尘烦恼，以彼本来不相应故。离垢清净者，谓得解脱，又彼解脱不离一切法，如水不离诸尘垢等而言清净。"

② "《胜鬘》"，全称《胜鬘师子吼一乘大方便方广经》，此处所引经文原为："有二法难可了知：谓自性清净心难可了知；彼心为烦恼所染亦难了知。如此二法，汝及成就大法菩萨摩诃萨乃能听受。"

③ "但"，底本作"俱"。据新译《华严经》及镰田校译本改。

④⑤"力",镰田校译本作"方",当为"力"之误写。

⑥镰田校译本此处多"云云乃至"四字。

⑦"大经卷",镰田校译本作"大经",据新译《华严经》应为"大经卷"。

⑧镰田校译本作"云云",无"乃至"二字。

⑨此一段引文从"佛子,无一众生"开始,到"利益安乐一切众生",出自新译《华严经》卷五十一"如来出现品"三十七之二。

⑩镰田校译本无"一"字。

⑪出自梁译《大乘起信论》,原文为:"复次真如自体相者,一切凡夫声闻缘觉菩萨诸佛无有增减,非前际生,非后际灭,毕竟常恒,从本已来,性自满足一切功德。所谓自体有大智慧光明义故,遍照法界义故,真实识知义故,自性清净心义故,常乐我净义故,清凉不变自在义故,具足如是过于恒沙不离不断不异不思议佛法,乃至满足,无有所少义故,名为如来藏,亦名如来法身。"

⑫底本作"知与智异",据镰田校译本改。

⑬"觉首等九菩萨",《华严经·问明品》中所说的向文殊问法的九个菩萨,即觉首菩萨、财首菩萨、宝首菩萨、德首菩萨、目首菩萨、勤首菩萨、法首菩萨、智首菩萨、贤首菩萨等。

⑭此段引文经过作者的改动,原文出自新译《华严经》卷十三"菩萨问明品"。

⑮"而不自悟",镰田校译本作"而不自知"。

⑯"离障解脱",底本作"离垢净解脱",据镰田校译本改。

⑰"自性解脱",底本作"性自解脱",据镰田校译本改。

⑱此段引文出自《宝藏论》之"广照空有品"。该论题名为僧肇所撰,此论与《肇论》中其他诸论的文风很不相同,且刘宋·陆澄《法论目录》、《梁高僧传》之《僧肇传》等书,都没有著录此论,因此被认为是伪作。镰田茂雄先生认为,宗密是最早引用此论的学者,并且该论受道教经典《太玄真一本际经》的影响很深。

⑲"《涅槃》",是《大般涅槃经论》的简称,一卷,婆薮盘豆菩萨造,元魏达磨菩提译。

⑳"或顿或渐",镰田校译本作"或顿渐"。

既马鸣标心为本源,文殊拣知为真体,如何破相之党,但云寂灭,不许真知?说相之家,执凡异圣,不许即佛?今约佛教判定,正为斯人,故前叙西域传心多兼经论,无二途也。但以此方迷心执文,以名为体故,达摩善巧,拣文传心,标举其名,心是名也。默示其体,知是心也。喻以壁观,如上所叙。令绝诸缘。问:诸缘绝时,有断灭否?①答:虽绝诸念,亦不断灭。问:以何证验,云不断灭?答:了了自知,言不可及。师即印云:只此是自性清净心,更勿疑也。若所答不契,即但遮诸非,更令观察,毕竟不与他先言知字。直待自悟②,方验实是③,亲证其体,然后印之,令绝余疑,故云默传心印。所言默者,唯默知字,非总不言,六代相传,皆如此也。至荷泽时,他宗竞播,欲求默契,不遇机缘。又思惟达摩悬丝之记④,达摩云:我法第六代后,命如悬丝。恐宗旨灭绝,遂明言知之一字,众妙之门。任学者悟之浅深⑤,且务图宗教不断。亦是此国大法运数所至,一类道俗合得普闻,故感应如是。其默传者,余人不知，故以袈裟为信。其显传者，学徒易辨，但以言说除疑。况既形言，足可引经论等为证。前叙外难云，今时传法者说密语否？今以此答也。法是达摩之法，故闻者浅深⑥皆益。但昔密而今显，故不名密语，岂可名别法亦别耶？

【校注】

①此句镰田校译本作"绝诸缘时，问：断灭否？"

②"直待自悟"，镰田校译本作"直待他自悟"。

③"方验实是"，镰田校译本作"方验真实是"。

④"悬丝之记"，即后文"达摩云：我法第六代后，命如悬丝"的简略说法。

⑤⑥据镰田校译本作"深浅"。

问：悟此心已，如何修之？还依初说相教中令坐禅否？答：此有二意，谓昏沉厚重，难可策发，掉举猛利，不可抑伏，贪嗔炽盛，触境难制者，即用前教中种种方便，随病调伏。若烦恼微薄①，慧解明利，即依本宗本教一行三昧。如《起信》云："若修止者，住于静处，端身正意，不依气息形色，乃至唯心无外境界。"②《金刚三昧经》云："禅即是动，不动不禅，是无生禅。"③《法句经》云："若学诸三昧，是动非坐禅。心随境界流，云何名为定？"④《净名》云："不起灭定，现诸威仪，行住坐卧。不于三界现身意，是为宴坐，佛所印可⑤。"⑥据此，即以达⑦三界空花，四生梦寐，依体起行，修而无修，尚不住佛不住心⑧，谁论上界下界？前叙难云：据教须引上界定者，以管窥天，但执权宗⑨之说，见此了教，理应怀惭而退。

【校注】

① "微薄",底本作"微溥",据镰田校译本与金陵刻经处本改。

② 引文出自梁译《大乘起信论》,原文为:"若修止者,住于静处,端坐正意,不依气息,不依形色,不依于空,不依地水火风,乃至不依见闻觉知。一切诸想随念皆除,亦遣除想,以一切法本来无相。念念不生,念念不灭。亦不得随心外念境界后以心除心,心若驰散,即当摄来住于正念。是正念者,当知唯心无外境界。"

③ 引文出自北凉时所译的《金刚三昧经》,原文为:"菩萨禅即是动,不动不禅是无生禅。"

④《法句经》乃辑录佛所说偈语所成的经典,汉译本共二卷,题名法救尊者造,吴维祇难等译。文中所引语句不见于现存汉译本。

⑤ "印可",底本作"印身",据镰田校译本与金陵刻经处本改。

⑥ "《净名》",即《维摩诘所说经》,引文出自鸠摩罗什译本,原文为:"夫宴坐者,不于三界现身意,是为宴坐。不起灭定而现诸威仪,是为宴坐。不舍道法而现凡夫事,是为宴坐。心不住内亦不在外,是为宴坐。于诸见不动而修行三十七品,是为宴坐。不断烦恼而入涅槃,是为宴坐。若能如是坐者,佛所印可。"

⑦ "达",底本作"答",据镰田校译本改。

⑧ "尚不住佛不住心",镰田校译本作"尚不住佛、住心"。

⑨ "权宗",镰田校译本和金陵刻经处本皆作"一宗"。

然此教中，以一真心性，对染净诸法，全拣全收。全拣者，如上所说，但①克体直指灵知，即是心性，余皆虚妄。故云非识所识，非心境等，乃至非性非相，非佛非众生，离四句绝百非也。全收者，染净诸法，无不是心。心迷故，妄起惑业，乃至四生六道，杂秽国界。心悟故，从体起用，四等六度②，乃至四辩③十力④，妙身净刹，无所不现。既是此心现起诸法，诸法全即真心⑤。如人梦所现事，事事皆人。如金作器，器器皆金。如镜现影，影影皆镜。梦对妄想业报，器喻修行，影喻应化。故《华严》云："知一切法即心自性，成就慧身，不由他悟。"⑥《起信论》云："三界虚伪，唯心所作，离心则无六尘境界。乃至一切分别，即分别自心，心不见心，无相可得，故一切法如镜中相。"⑦《楞伽》云："寂灭者名为一心，一心者名如来藏，能遍兴造一切趣生。造善造恶，受苦受乐，与因俱，故知一切无非心也。"⑧全拣门，摄前第二破相教；全收门，摄前第一说相教。将前望此，此则迥异于前。将此摄前，前则全同于此。深必该浅，浅不至深。深者直显出真心之体，方于中拣一切收一切也。如是收拣自在，性相无碍，方能于一切法悉无所住，唯此名为了义。更有心性同异，顿渐违妨，及所排诸家言教，部帙次第，述作大意，悉在下卷。

【校注】

①"但"，原文作"俱"，据镰田校译本与金陵刻经处本改。

②"四等"，四平等心，即慈、悲、喜、舍之四无量心。"六度"，即六波罗蜜：一布施，二持戒，三忍辱，四精进，五

禅定，六智慧。

③底本作"四辨"，据镰田校译本改。又名四无碍解，或四无碍辩，即法无碍智、义无碍智、词无碍智、乐说无碍。法无碍智是对名词、概念能够领悟了解；义无碍智是对一切法的义理，通达无碍；词无碍智是通晓各种言语，能随意演说；乐说无碍是善于讲说佛法，圆融无碍。

④"十力"，指佛所具有的十种神通能力。

⑤"诸法全即真心"，镰田校译本作"故法法全即真心"。

⑥引文出自唐译《华严经》第十七卷"梵行品"结尾处。

⑦引文出自梁译《大乘起信论》，原文为："是故三界虚伪，唯心所作，离心则无六尘境界，此义云何？以一切法皆从心起妄念而生，一切分别即分别自心，心不见心，无相可得。当知世间一切境界，皆依众生无明妄心而得住持。是故一切法，如镜中像无体可得。"

⑧"《楞伽》"，镰田校译本作"《楞伽经》"。该经汉译本有三种，分别是：刘宋时期求那跋陀罗所译的《楞伽阿跋多罗宝经》，北魏时期菩提流支所译《入楞伽经》十卷，唐代实叉难陀所译《大乘入楞伽经》七卷。三种汉译本中，四卷《楞伽经》最受禅宗僧人重视。此处引文不是引自一个译本，其中"寂灭者名为一心，一心者名如来藏"出自十卷本《楞伽经》第一卷"请佛品"，后面的引文出自四卷本《楞伽经》第一卷"一切佛语心品"。

禅源诸诠集都序 卷下之一

唐圭峰山沙门宗密述

上之三教，摄尽佛①一代所说之经，及诸菩萨所造之论。细寻法义，便见三义全殊，一法无别。就三义中，第一第二，空有相对；第三第一，性相相对，皆条②然易见。唯第二第三，破相与显性相对，讲者禅者同迷，皆谓同是一宗一教，皆以破相便为真性。故今广辨空宗、性宗有其十异：一，法义真俗异，二，心性二名异，三，性字二体异，四，真智真知异，五，有我无我异，六，遮诠表诠异，七，认名认体异，八，二谛三谛异，九，三性空有异，十，佛德空有异。

【校注】

①"佛"，镰田校译本作"如来"。

②"条"，镰田校译本作"迢"。

初，法义真俗异者，空宗缘未显真灵之性故，但以一切差别之相为法。法是俗谛，照此诸法无为、无相、无生、无灭、无增、无减等为义。义是真谛，故《智度论》以俗谛为法无碍辩，以真谛为义无碍辩。①性宗则以一真之性为法，空有等种种差别为义。故经云："无量义者，从一法生。"②《华严·十地》亦云：法者知自性，义者知生灭；法者知真谛，义者知俗谛；法者知一乘，义者知诸乘。③如是十番，释法义二无碍义，皆以法为真谛，以义为俗谛④。

【校注】

①参见《大智度论》卷二十五："问曰：摩诃衍中，有菩萨四无碍智不？答曰：有。何者是？义无碍智者，义名诸法实相不可言说。……法无碍智者，法名一切义。"

②此处所谓"经"指《无量义经》，引文出自"说法品第二"。

③出自新译《华严经》卷三十八，所引文字为作者的概括，并非原文。经中原文在说到四无碍智时，分十个方面阐述了这四者的不同，作者只关注法、义两个方面。

④镰田校译本无"皆以法为真谛，以义为俗谛"这句话。

二，心性二名异者，空宗一向目诸法本源为性，性宗多目诸法本源为心。目为性者，诸论多同，不必叙述。目为心者，《胜鬘》云："自性清净心。"①《起信》云："一切法从本以来，离言说、名字、心缘等相，乃至唯是一心。"②《楞伽》云："坚实心。"③良由此宗所说本性，不但空寂，而乃自然常知，故应目为心也。

【校注】

①"《胜鬘》"，全称《胜鬘狮子吼一乘大方便方广经》，又称《狮子吼经》，南朝宋求那跋陀罗译，共一卷。该经"自性清净章第十三"中提出了"自性清净心"的概念。

②《起信论》中的原文为："是故一切法从本已来，离言说相、离名字相、离心缘相，毕竟平等，无有变异，不可破

坏，唯是一心，故名真如。"

③出自四卷本《楞伽经·一切佛语心品》中对"诸佛心第一"这一偈颂的说明，原文为："此心如树木坚实心，非念虑心。"

三，性字二体异者，空宗以诸法无性为性，性宗以灵明常住不空之体为性，故性字虽同，而①体异也。

【校注】
①"而"，镰田校译本作"其"。

四，真智真知异者，空宗以分别为知，无分别为智，智深知浅。性宗以能证圣理之妙慧为智，以该于理智、通于凡圣之灵性①为知，知通智局。上引《问明品》已自分别，况《十回向品》说真如云"照明为性"②，《起信》说真如"自体真实识知"。

【校注】
①"灵性"，镰田校译本作"真性"。
②上述提到的《问明品》、《十回向品》系《华严经》品名。这里所涉及的经文在"显示真心即性教"一节中已引用过。

五，有我无我异者①，空宗以有我为妄，无我为真。性宗以无我为妄，有我为真，故《涅槃经》云："无我者名为生死，有我者名为如来。"又云："我计无我，是颠倒法。"②乃至广破二乘无常、无我之见，如春池执砾为宝③；广赞常乐我净而为究竟，乃至云无我法中有真我。良由众生迷自真我，妄执五蕴为我，故佛于大小乘法相及破相教中破之云无。今于性宗直明实体，故显之云有也。

【校注】

① "有我无我异者"，镰田校译本作"我法有无异者"。

② 两段引文都出自《大般涅槃经》卷二"哀叹品"。原文分别为："何等为义？无我者即生死，我者即如来。""苦者计乐，乐者计苦，是颠倒法；无常计常，常计无常，是颠倒法；无我计我，我计无我，是颠倒法；不净计净，净计不净，是颠倒法。有如是等四颠倒法。"

③ "如春池执砾为宝"，此喻出自《大般涅槃经》卷二"哀叹品"："譬如春时有诸人等在大池浴乘船游戏，失琉璃宝没深水中，是时诸人悉共入水，求觅是宝，竞捉瓦石草木沙砾，各各自谓得琉璃珠。欢喜持出，乃知非真。是时宝珠犹在水中，以珠力故，水皆澄清。于是大众乃见宝珠故在水下，犹如仰观虚空月形。是时众中有一智人，以方便力，安徐入水，即便得珠。汝等比丘，不应如是修习无常、苦、无我想、不净想等以为实义，如彼诸人各以瓦石草木沙砾而为宝珠。"

六，遮诠表诠异者，遮谓遣其所非，表谓显其所是。又遮者拣却诸余，表者直示当体。如诸经所说真妙理性。每云不生不灭，不垢不净，无因无果，无相无为，非凡非圣，非性非相等，皆是遮诠。诸经论中每以非字非却诸法，动即有三十、五十个非字也，不字、无字亦尔，故云绝百非①。若云知见觉照，灵鉴光明，朗朗昭昭，惺惺寂寂等，皆是表诠。若无知见等体，显何法为性？说何法不生灭等？必须认得见今了然而知，即是心性，方说此知不生不灭等。如说盐，云不淡是遮，云咸是表。说水，云不干是遮，云湿是表。诸教每云绝百非者，皆是遮词，直显一真，方为表语。空宗之言，但是遮诠，性宗之言，有遮有表。但遮者未了，兼表者乃的。今时学人皆谓遮言为深，表言为浅，故唯重非心非佛，无为无相，乃至一切不可得之言。良由但以遮非之词为妙，不欲亲自证认法体，故如此也。悟息后即任遮表临时。

【校注】

①镰田校译本此处有"也"字。

七，认名认体异者，谓佛法世法一一皆有名体。且如世间称大不过四物，如《智论》云：地水火风是四物名，坚湿暖动是四物体。①今且说水，设有人问：每闻澄之即清，混之即浊，堰之即止，决之即流，而能溉灌万物，洗涤万秽，此是何物？举功能义用而问也。答云：是水。举名答也。愚者认名，便谓已解。智者应更问云：何者是水？征其体也。答云：湿即是水。克体指也，此一言便定，更无别字可替也。若云水波、清沖、凝流是水，何异他所问之词？佛法亦尔，设有人问：每闻诸经云，迷之即垢，悟之即净，纵之即凡，修之即圣，能生世间出世间一切诸法，此是何物？举功能义用而问也。答云：是心。举名答也。愚者认名，便谓已识，智者应更问：何者是心？征其体也。答：知即是心。指其体也，此言最的，余字不如。若云非性、非相，能语言、运动等是心者，何异他所问词也？以此而推，水之名体，各唯一字，余皆义用，心之名体亦然。湿之一字，贯于清浊等万用万义之中；知之一字，亦贯于贪嗔慈忍、善恶苦乐②万用万义之处。今时学禅人多疑云：达摩但说心，荷泽何以说知？如此疑者，岂不似疑云比只闻井中有水，云何今日忽觉井中湿耶？思之思之③。直须悟得水是名，不是湿；湿是水，不是名，即清浊、水波、凝流，无义不通也。以例心是名，不是知④；知是心，不是名，即真妄垢净善恶，无义不通也。空宗相宗，为对初学及浅机，恐随言生执，故但标名而遮其非。唯广义用，而引其意，性宗对久学及上根，令忘言认体，故一言直示。达摩云：指一言以直示，后人意不解，寻思何者是一言。若云即心是佛是一言者，此是四言，何为名一也？认得体已，方于体上照察义用，故无不通矣。

【校注】

①此处所引非《大智度论》中原文。

②镰田校译本此处有"等"字。

③镰田校译本无"思之思之"四字。

④"不是知"，镰田校译本作"不知心"，结合上下文看，不妥。

八，二谛三谛异者，空宗所说世、出世间一切诸法，不出二谛，学者皆知，不必引释。性宗则摄一切性相及自体，总为三谛：以缘起色等诸法为俗谛。缘无自性诸法即空为真谛。此与空宗相宗一谛，义无别也。一真心体，非空非色，能空能色，为中道第一义谛。其犹明镜，亦具三义：镜中影像，不得呼青为黄，妍媸各别，如俗谛。影无自性，一一全空，如真谛。其体常明，非空非青黄，能空能青黄，如第一义谛。具如《璎珞》、

《大品》、《本业》①等经所说，故天台宗依此三谛修三止三观②，成就三德③也。

【校注】

①"《璎珞》"，即姚秦竺佛念所译《菩萨璎珞本业经》的略称。《大品》，即鸠摩罗什所译的《摩诃般若波罗蜜经》。《本业》，即吴支谦所译《菩萨本业经》。

②"三止三观"，三止即天台宗针对空、假、中三观所立的三种法门：第一，体真止，针对空观而立，方法为体悟无明颠倒之妄，即是实相之真，称为体真止。第二，方便随缘止，针对假观而立，随缘而安，心住于俗谛而不动，称为方便随缘止。第三，息二边分别止，又作制心止。指不分别生死与涅槃、有与无等二边之相。三观即天台宗所立的空、假、中三观。

③"三德"，即《涅槃经》中所说的涅槃所具有的三德：法身德、般若德、解脱德。法身德是佛常住不灭的法性，般若德是佛的智慧无量无边，解脱德是佛所证得的最胜妙法，能够化度一切众生而自在无碍。

九，三性空有异者，三性谓遍计所执性、妄情了我及一切法，周遍计度，一一执为实有，如痴孩镜中见人面像，执为有命、质碍、骨肉①等。依他起性②、此所执法，依他众缘，相因而起，都无自性，唯是虚相，如镜中影像③也。圆成实性。本觉真心，始觉显现，圆满成就，真实常住，如镜之明④。空宗云，诸经每说有者，即约遍计、依他；每说空者，即是圆成实性，三法皆无性也。性宗即三法皆具空有之义，谓遍计情有理无、依他相有性无、圆成情无理有、相无性有。⑤

【校注】

①"骨肉",镰田校译本作"肉骨"。

②"依他起性",底本误作"依地起性"。

③"影像",镰田校译本作"影"。

④镰田校译本此处有"也"字。

⑤这里所说的性宗的三性理论主要来自法藏。法藏在《华严一乘教义分齐章》卷四"义理分齐"中说:"前中三性各有二义:真中二义者:一不变,二随缘义。依他二义者:一似有义,二无性义。所执中二义者:一情有义,二理无义。由真中不变,依他无性,所执理无,由此三义故,三性一际同无异也。"

十,佛德空有异者,空宗说佛以空为德,无有少法,是名菩提。色见声求,皆行邪道。①《中论》云:"非阴不离阴,此彼不相在,如来不有阴,何处有如来。"②离一切相,即名诸佛。性宗则一切诸佛自体,皆有常乐我净、十身十智③、真实功德、相好通光,一一无尽,性自本有,不待机缘。

【校注】

①"色见声求,皆行邪道",语出鸠摩罗什译《金刚般若经》:"尔时世尊而说偈言:若以色见我,以音声求我,是人行邪道,不能见如来。"

②语出《中论》卷四"观如来品"。

③"十身十智",《华严经》对佛所具有功德的表述。"十身",《华严经》所说的十身有两种:第一种是融于三世间的十

身：众生身、国土身、业报身、一闻身、独觉身、菩萨身、如来身、智身、法身、虚空身。第二种是佛具之十身：菩提身、愿身、化身、住持身、相好庄严身、势力身、如意身、福德身、智身、法身。"十智"，据《华严经》卷十六所载，为三世智、佛法智、法界无碍智、法界无边智、充满一切世界智、普照一切世间智、住持一切世界智、知一切众生智、知一切法智、知无边诸佛智。

十异历然，二门焕矣。虽分教相，亦勿①滞情。三教三宗是一味法，故须先约三种佛教，证三宗禅心，然后禅教双忘，心佛俱寂。俱寂即念念皆佛，无一念而非佛心；双忘即句句皆禅，无一句而非禅教。如此则自然闻泯绝无寄之说，知是破我执情。闻息妄修心之言，知是断我习气。执情破而真性显，即泯绝是显性之宗。习气尽而佛道成，即修心是成佛之行。顿渐空有，既无所乖，荷泽江西秀能②岂不相契。若能如是通达，则为他人说无非妙方，闻他人说无非妙药。药之与病，只在执之与通。故先德云：执则字字疮疣，通则文文妙药。通者，了三宗不相违也。

【校注】

① "勿"，镰田校译本作"无"。

② "荷泽江西秀能"，镰田校译本作"洪荷能秀"。荷泽指神会，江西指洪州马祖道一，能指慧能，秀指神秀。

问：前云佛说顿教渐教，禅开顿门渐门，未审三种教中，何顿何渐？答：法义深浅，已备尽于三种。但以世尊说教①仪式不同，有称理顿说，有随机渐说，故复名顿教渐教，非三教外别有顿渐。渐者为中下根，即时未能信悟圆觉妙理者，且说前人天小乘，乃至法相、上皆第一教也。破相，第二教也。待其根器成熟，方为说于了义，即《法华》、《涅槃》等经是也。此及下逐机顿教，合为第三教也。其化仪顿，即总摄三般。西域此方、古今诸德所判教为三时五时者，但是渐教一类，不摄《华严经》等②。顿者复二：一逐机顿，二化仪顿。逐机顿者，遇凡夫上根利智，直示真法，闻即顿悟，全同佛果。如《华严》中初发心时，即得阿耨菩提。《圆觉经》③中观行成时④，即成佛道。然始同前二教中行门，渐⑤除凡习，渐显圣德。如风激动大海，不能现像。风若顿息，则波浪渐停，影像渐显也。风喻迷情，海喻心性，波喻烦恼，影喻功用，《起信论》中一一配合。即《华严》一分，及《圆觉》、《佛顶》、《密严》、《胜鬘》、《如来藏》之类，二十余部经是也。遇机即说，不定初后，与禅门第三直显心性宗全相同也。二化仪顿，谓佛初成道。为宿世缘熟上根之流，一时顿说性相理事⑥，众生万惑，菩萨万行，贤圣地位，诸佛万德。因该果海，初心即得菩提；果彻因源，位满犹称菩萨。此唯《华严》一经及《十地论》，名为圆顿教⑦，余皆不备。前叙外难云：顿悟成佛是违经者，余今于此通了⑧。其中所说诸法，是全一心之诸⑨法；一心，是全诸法之一心。性相圆融，一多自在。故诸佛与众生交彻，净土与秽土融通，法法皆彼此互收，尘尘悉包含世界，相入相即，无碍熔融，具十玄门⑩重重无尽，名为无障碍法界。

【校注】

① "说教"，金陵刻经处本作"说时"。

② "不摄《华严经》等",镰田校译本作"不摄《华严》等经"。

③ "《圆觉经》",镰田校译本无"经"字。

④ "观行成时",镰田校译本无"成时"二字。

⑤ "渐",底本作"惭",据镰田校译本与金陵刻经处本改。

⑥ "理事",镰田校译本作"事理"。

⑦ "圆顿教",指圆满顿悟之教法,原为天台宗用语,指《法华经》是会三归一、开权显实的圆教顿说。这里特指《华严经》。

⑧ 镰田校译本此处多一"也"字。

⑨ "诸",底本作"证",据镰田校译本和金陵刻经处改。

⑩ "十玄门",华严宗用来说明诸法圆融无碍、互相缘起的概念。最早由智俨在《华严一乘十玄门》中提出,法藏在《华严一乘教义分齐章》和《探玄记》做了进一步论述。在这些著作中,十玄门的名称并不完全一致。其中《华严一乘教义分齐章》继承了《华严一乘十玄门》的说法,被称为"古十玄"。而《探玄记》的说法被称为"新十玄",由澄观和宗密继承,新十玄是:同时具足相应门、广狭自在无碍门、一多相容不同门、诸法相即自在门、隐密显了俱成门、微细相容安立门、因陀罗网法界门、托事显法生解门、十世隔法异成门、主伴圆明具德门。

此上顿渐,皆就佛约教而说。若就机约悟修说者,意又不同。如前所叙诸家,有云,先因渐修功成,而豁然顿悟。犹如伐木①,片片渐斫,一时顿倒,亦如远诣都城,步步渐行,一日顿到也。

有云，因顿修而渐悟，如人学射，顿者箭箭直注意在中②，渐者日久③方始渐亲渐中。此说运心顿修，不言功行顿毕④。有云，因渐修而渐悟如登九层之台，足履渐高，所见渐远，故有人云：欲穷千里目，更上一层楼⑤。等者，皆说证悟也。有云，先须顿悟，方可渐修者，此约解悟也。约断障说，如日顿出，霜露渐消。约成德说，如孩子生，即顿具四肢六根，长即渐成志气功业⑥。故《华严》说，初发心时即成正觉⑦，然后三贤十圣⑧，次第修证。若未悟而修，非真修也。良以非真流之行，无以称真，何有修真之行，不从真起？故彼经说，若未闻说此法，多劫修六度行，毕竟不能证真也。有云，顿悟顿修者，此说上上智根性，乐欲俱胜，根胜故悟，欲胜故修⑨。一闻千悟，得大总持⑩。一念不生，前后际断。断障如斩一缍丝，万条顿断；修德如染一缍丝，万条顿色也。荷泽云：见无念体，不逐物生。又云：一念与本性相应，便具河沙功德⑪，八万四千波罗蜜门⑫，一时齐用也。此人三业唯独自明了，余人所不见，《金刚三昧经》云："空心不动，具六波罗蜜。"⑬《法华》亦说："父母所生眼耳，彻见三千界等也。"⑭且就事迹而言之，如牛头融大师之类也。此门有二意：若因悟而修，即是解悟。若因修而悟，即是证悟。然上皆只约今生而论。若远推宿世，则唯渐无顿。今顿见者，已是多生渐熏而发现也。有云，法无顿渐，顿渐在机者，诚哉此理！固不在言，本只论机，谁言法体？顿渐义意，有此多门，门门有意，非强穿凿，况《楞伽》四渐四顿⑮，义与渐修顿悟相类⑯。此犹不敢繁云。比见时辈论者，但有顿渐之言，都不分析。就教有化仪之顿渐，应机之顿渐；就人有教授方便之顿渐，根性悟入之顿渐，发意修行之顿渐。于中唯云先顿悟后渐修，似违反也。欲绝疑者，岂不见日光顿出，霜露渐消，孩子顿生，四肢六根即具。志气渐立，肌肤、人物⑰、业艺，皆渐⑱成也。猛风顿息，波浪渐停，明良顿成，礼乐渐学。如高贵子孙，于小时乱，没落为奴，生来自不知贵。时清，父母访得⑲，当日全身是贵人。而行去就，不可顿改，故须渐学⑳。是知顿渐之义，甚为要矣。

【校注】

①"犹如伐木"，镰田校译本缺"犹"字。

②"注意在中的"，镰田校译本作"注意在于的"。

③"日久"，镰田校译本作"久久"。

④镰田校译本有"也"字。

⑤出自唐代诗人王之涣的《登鹳雀楼》，诗云："白日依山尽，黄河入海流。欲穷千里目，更上一层楼。"

⑥"功业"，镰田校译本作"功用也"。

⑦晋译《华严经》卷八《梵行品》结尾处说："初发心时，便成正觉。"唐译《华严经》卷十七《梵行品》作："初发心时，即得阿耨多罗三藐三菩提。"

⑧"三贤十圣"，指菩萨修行的阶位。三贤有多种说法，依《璎珞经》及《华严经》，则以十住、十行、十回向为三贤，此三种阶位被称为三贤位。相对于外凡，又称为内凡。十圣，指十地位的圣哲。

⑨镰田校译本这两句注释是分开的，"根胜故悟"的注释放在"此说上上智根性"后，"欲胜故修"放在"乐欲"后。

⑩"大总持"，保存和持有一切法的意思，是"陀罗尼"的意译。

⑪镰田校译本无此句话。

⑫"八万四千波罗蜜门"，镰田校译本作"八万波罗蜜行"。

⑬出自《金刚三昧经》之"无相法品第二"。

⑭出自《法华经》卷六之"法师功德品",原文为:"父母所生清净肉眼,见于三千大千世界。"

⑮"《楞伽》四渐四顿",语出四卷《楞伽经》卷一"一切佛语心品":"尔时大慧菩萨,为净自心现流故,复请如来。白佛言:世尊,云何净除一切众生自心现流,为顿为渐耶?佛告大慧:渐净非顿,如庵罗果渐熟非顿,如来净除一切众生自心现流,亦复如是。渐净非顿,譬如陶家造作诸器,渐成非顿,如来净除一切众生自心现流,亦复如是,渐净非顿,譬如大地渐生万物非顿生也,如来净除一切众生自心现流,亦复如是。渐净非顿,譬如人学音乐书画种种技术,渐成非顿,如来净除一切众生自心现流,亦复如是,渐净非顿。譬如明镜顿现一切无相色像,如来净除一切众生自心现流,亦复如是,顿现无相无有所有清净境界。如日月轮顿照显示一切色像,如来为离自心现习气、过患众生,亦复如是,顿为显示不思议智最胜境界。譬如藏识顿分别知自心现及身安立受用境界,彼诸依佛亦复如是,依者胡本云津腻,谓化佛是真佛气分也。顿熟众生所处境界,以修行者安处于彼色究竟天。譬如法佛所作依佛光明照曜,自觉圣趣,亦复如是,彼于法相有性无性,恶见妄想,照令除灭。"此四渐四顿说在华严四祖澄观所著的《华严经演义钞》卷二十一中做了明确的说明,把四渐理解成:第一,如庵罗果渐熟非顿比喻十信。第二,如陶家作器,渐成非顿,比喻十住。第三,如大地渐生非顿,比喻十行。第四,如习艺,渐就非顿,比喻十向。四顿分别是:第一,明镜顿现喻,比喻从初地至七地。第二,日月顿照喻,比喻八地已上。第三,藏识顿知喻,比喻报佛。第四,佛光顿照喻,比喻法报。

⑯镰田校译本此处有"也"字。

⑰"人物",镰田校译本误作"八物"。
⑱"渐",镰田校译本作"渐渐"。
⑲"访得",镰田校译本误作"论得"。
⑳镰田校译本此处有"也"字。

然此文本意,虽但叙禅诠,缘达摩一宗,是佛法通体,诸家所述,又各不同,今集为一藏,都成理事具足。至于悟解修证门户,亦始终周圆。故所叙之顿渐①,须备尽其意,令血脉连续,本末有绪。欲见本末纶绪,先须推穷此上三种顿说渐说,教中所诠②之法,本从何来,见在何处?又须仰观诸佛说此教意,本为何事?即一大藏经始终本末,一时洞然明了也。且推穷教法从何来者,本从世尊一真心体流出,展转至于当时人之耳,今时人之目。其所说义,亦只是凡圣所依一真心体,随缘流出,展转遍一切处,遍一切众生身心之中。但各于自心静念,如理思惟,即如是如是而显现也。《华严》云:"如是如是思惟,如是如是显现也。"③

【校注】
①镰田校译本无"顿渐"二字。
②"诠",镰田校译本作"论"。
③出自八十卷本《华严经》第五十二卷"如来出现品",原文为:"以如是如是思惟分别,如是如是无量显现故。"

次观佛说经本意者,世尊自云:我本意唯为一大事因缘,故出现于世①。一大事者,欲令众生开佛知见,乃至入佛知见道,故诸有所作,常为一事。唯以佛之知见示悟众生②,无有余乘若二若三，三世十方诸佛法亦如是。虽以无量无数方便、种种因缘、譬喻言词而为众生演说诸法，是法皆为一佛乘故。故我于菩提树下，初成正觉，普见一切众生皆成正觉，乃至普见一切众生皆般涅槃。《华严·妙严品》云："佛在摩竭提国菩提场中，始成正觉，其地坚固金刚所成，其菩提树高广严显。"③《出现品》云："如来成正觉时，普见众生。"④等，一一如文。普见一切众生，贪恚痴诸烦恼中，有如来身智，常无染污，德相备足，如来藏经文⑤也。无一众生而不具有如来智慧，但以妄想执著而不证得。我欲教以圣道，令其永离妄想，自于身中⑥，得见如来广大智慧，如我无异。《华严·出现品》文⑦也，唯改当字为欲字，令顺语势也。《法华》亦云："我本立誓愿，欲令一切众，如我等无异。"⑧遂为此等众生于菩提场，称⑨于大方广法界，敷演万德⑩因华，以严本性，令成万德佛果。其有往劫与我同种善根，曾得我于劫海中，以四摄法⑪而摄受者，亦《妙严品》文⑫也。始见我身，频呻三昧⑬，卢舍那身⑭。闻我所说，说上《华严》。即皆信受，入如来慧，乃至逝多林⑮。我入师子频呻三昧，大众皆证法界，除先修习学小乘者，佛在法华会说，昔在华严会中，五百声闻如聋如盲，不见佛境界，不闻圆融法是也。次云，我今亦令得闻此经，入于佛慧，即直至四十年后，法华会中皆得授记是也。及溺贪爱之水等者。亦《出现品》云：如来智慧，唯于二处不能为作生长利益。所谓二乘，堕于无为广大深坑，及坏善根非器众生，溺大邪见贪爱之水，然亦于彼曾无厌舍⑯。释曰：即《华严》所说学小乘者，法华会中还得授记，及不在此会，亦展转令与授记，是此云不厌舍也。如是众生，诸根钝著，乐痴所盲，难可度脱。我于三七日，思惟如是事，我若但为赞于佛乘，彼即没在苦，毁谤不信故，疾入于恶道。若以小乘化，乃至于一人，我即堕悭贪。此事为不可，进退难为遂，寻念过去佛⑰，所行方便力，方知过去诸佛，皆以小乘引诱，然后令入⑱究竟一乘。故我今所得道，亦应说三乘。我如是思惟时，十方佛皆现，梵音慰喻我，善哉释迦文，第一之导师⑲，得是无上法，随诸一切佛，而用方便力。我闻慰喻音⑳，随顺诸佛意故，方往波罗奈国转四谛法轮，度憍陈如等五人，渐渐诸处乃至千万。如羊车也。亦为求缘觉者㉑，说十二因缘。如鹿车也。亦为求大乘者，说六波罗蜜。如牛车也，此上皆当第一密意依性说相教。此上三车，皆是宅中，指云在门外者，以喻权教三乘云云。中间又为说甚深般若波罗蜜，陶汰如上声闻、进趣诸小菩萨。此当第二密意破相显性教也。渐渐见其根熟，遂于灵鹫山，开示如来知见，普皆与授阿耨多罗三藐三菩提记。究竟一乘，如四衢道中白牛车也，权教牛车大乘，与实教白牛车一乘不同者，三十余本经论，俱有明文㉒。显示三乘法身平等，入一乘道。乃至我临欲灭度，在拘尸那城娑罗双树间，作大师子吼，显常住法，决定说言：一切众生，皆有佛性。㉓凡是有心，定当作佛，究竟涅槃，常乐我净，皆令安住秘密藏中。《法华》且收三乘㉔，至《涅槃经》方普收六道，会权入实，须渐次故也。即与华严海会，师子频呻，大众顿证，无有别异。《法华》、《涅槃》，是渐教中之终极，与《华严》等顿教，深浅无异，都为第三显示真心即性教也。我既所应度者，皆以度讫㉕。未得度者，已为作得度因缘。故于双树间入大寂灭定，反本还源，与十方三世一切诸佛，常住法界，常寂常照也。

【校注】

①"一大事因缘，故出现于世"，典出《法华经》第一卷"方便品"："诸佛世尊，唯以一大事因缘故出现于世。舍利弗，云何名诸佛世尊唯以一大事因缘故出现于世？诸佛世尊欲令众

生开佛知见,使得清净,故出现于世;欲示众生佛之知见,故出现于世;欲令众生悟佛知见,故出现于世;欲令众生入佛知见道,故出现于世。舍利弗,是为诸佛以一大事因缘故出现于世。"

②镰田校译本此句后有"云云"的小字注释。

③引文出自八十卷本《华严经》卷首"世主妙严品"开篇的几句话,原文为:"如是我闻。一时佛在摩竭提国阿兰若法菩提场中,始成正觉。其地坚固,金刚所成……其菩提树高显殊特,金刚为身,琉璃为干,众杂妙宝以为枝条,宝叶扶疏,垂荫如云,宝华杂色,分枝布影,复以摩尼而为其果,含辉发焰,与华间列,其树周圆,咸放光明。"

④引文出自八十卷本《华严经》第五十二卷"如来出现品",原文为:"佛子,如来成正觉时,于其身中,普见一切众生成正觉,乃至普见一切众生入涅槃,皆同一性。"

⑤所谓"如来藏经文",指注释之前的文字系出自东晋佛陀跋陀罗所译《大方等如来藏经》,原文为:"我以佛眼观一切众生,贪欲恚痴诸烦恼中,有如来智、如来眼、如来身,结加趺坐,俨然不动。善男子,一切众生,虽在诸趣烦恼身中,有如来藏常无染污,德相备足,如我无异。"

⑥"自于身中",镰田校译本作"于自身中"。

⑦所谓"《华严·出现品》"文,指前述文字出自《华严经》。原为:"无一众生,而不具有如来智慧,但以妄想颠倒执著,而不证得;若离妄想,一切智、自然智、无碍智,则得现前……我当教以圣道,令其永离妄想执著,自于身中,得见如来广大智慧,与佛无异。"

⑧引文出自《法华经》卷一"方便品"。

⑨镰田校译本"称"后有小字"去声",标明音调。

⑩"万德",镰田校译本作"万行"。

⑪"四摄法",即大乘佛教所主张的四种摄受众生、引导众生信仰的方法,分别是:布施、爱语、利行、同事。

⑫"《妙严品》文",指前述文字出自《华严经·妙严品》,原文为:"如是皆以毗卢遮那如来往昔之时,于劫海中修菩萨行,以四摄事而曾摄受。"

⑬"频呻三昧",又称师子奋迅三摩地、师子奋迅定、师子威三昧,佛所表现的一种似狮子般勇猛无敌、奋勇迅捷的禅定。华严三祖法藏在《华严经探玄记》卷十八中说:"谓如师子奋迅之时,诸根开张,身毛皆竖,现其威势,哮吼之相,令余兽类失威窜伏,令师子儿增其雄猛,身得长大。今佛亦尔,一奋大悲法界之身,二开大悲之根门,三竖悲毛之先导,四现应机之威,吼法界之法门,令二乘诸兽藏窜聋盲,菩萨佛子增长百千诸三昧海及陀罗尼海,如是相似故以为喻。"

⑭"卢舍那身",底本误作"卢含那身",据镰田校译本和金陵刻经处本改。"卢舍那",意为"光明遍照",此为晋译《华严经》的译名,新译《华严经》译为"毗卢舍那"。法藏说:"卢舍那者,古来译或云三业满,或云净满,或云广博严净。今更勘梵本,具言毗卢舍那。卢舍那者,此翻名光明照。毗者,此云遍,是谓光明遍照也。"(《华严经探玄记》卷三)

⑮"逝多林",又称祇园精舍、祇洹精舍、祇树给孤独园等,位于中印度憍萨罗国舍卫城之南,佛陀曾多次在此说法。

⑯引文出自《华严经》第五十一卷"如来出现品",原文为:"佛子,如来智慧,大药王树,唯于二处,不能为作,生长利益。所谓二乘堕于无为,广大深坑,及坏善根,非器众

生，溺大邪见、贪爱之水，然亦于彼，曾无厌舍。"

⑰"过去佛"，底本误作"过云佛"，据镰田校译本和金陵刻经处本改。

⑱"令入"，底本误作"令人"，据镰田校译本和金陵刻经处本改。

⑲"导师"，镰田校译本作"道师"。

⑳"我闻慰喻音"，底本作"我闻慰喻"，据镰田校译本补。

㉑"求缘觉者"，底本作"求缘觉"，据镰田校译本补。

㉒"俱有明文"，底本作"具有明文"，据镰田校译本改。

㉓"一切众生，皆有佛性"，是《涅槃经》的中心思想。

㉔"三乘"，底本作"二乘"，据镰田校译本改。

㉕"皆已度讫"，镰田校译本作"当已度讫"。

评曰：上来三纸①，全是于诸经中，录佛自言也。但以抄录之故，不免于连续缀合之处，或加减改换三字两字而已。唯叙《华严》处一行半②，是以经题显佛意，非佛本语也。便请将佛此自述本意，判前三种教宗。岂得言权实一般？岂得言始终二法？禅宗例教，谁谓不然？窃欲和会，良由此也。谁闻此说，而不除疑！若犹执迷，则吾不复也。

【校注】

①"上来三纸"，指从"次观佛说经本意者"至"常寂常照也"的一段文字。

②"唯叙《华严》处一行半"，指"遂为此等众生于菩提场，称于大方广法界，敷演万德因华，以严本性，令成万德佛

果"一段文字。

然上所引佛自云：①我见众生，皆成正觉。②又云：根钝痴盲。语似相违。便欲于其中次第通释③，恐间杂佛语，文相交加。今于此后，方始全依上代祖师马鸣菩萨，具明众生一心④迷悟，本末始终，悉令显现，自然见全佛之众生，扰扰生死；全众生之佛，寂寂涅槃。全顿悟之习气，念念攀缘；全习气之顿悟，心心寂照⑤。即于佛语相违之处，自见无所违也。谓六道凡夫、三乘贤圣根本悉是灵明清净一法界心，性觉宝光，各各圆满，本不名诸佛，亦不名众生，但以此心灵妙自在，不守自性，故随迷悟之缘，造业受报，遂名众生。修道证真，遂名诸佛。又虽随缘而不失自性，故常非虚妄，常无变异，不可破坏，唯是一心，遂名真如。故此一心，常具真如、生灭二门⑥，未曾暂阙。但随缘门中，凡圣无定，谓本来未曾觉悟，故说烦恼无始。若悟修证⑦即烦恼断尽，故说有终。然实无别始觉，亦无不觉，毕竟平等，故此一心法尔有真妄二义，二义复各二义，故常具真如生灭二门。各二义者，真有不变随缘二义，妄有体空成事二义。谓由真不变，故妄体空⑧，为真如门。由真随缘，故妄成事⑨，为生灭门。以生灭即真如，故诸经说：无佛无众生，本来涅槃，常寂灭相，又以真如即生灭，故经云：法身流转五道，名曰众生。

【校注】

①金陵刻经处本自"然上所引佛自云"开始列为第四卷，底本仍放在第三卷，镰田校译本全篇分为上、下两卷，故此处未分节。

② "我见众生,皆成正觉",出自《华严经·世主妙严品》。
③ "其中次第通释",镰田校译本作"其次通释"。
④ "一心",镰田校译本作"心",无"一"字。
⑤ "心心寂照",镰田校译本作"心心觉照"。
⑥ "常具真如、生灭二门",镰田校译本作"常具二门"。
⑦ "若悟修证",镰田校译本作"若修证"。
⑧ "妄体空",镰田校译本作"妄体本空"。
⑨ "妄成事",镰田校译本作"往识成事"。

既知迷悟凡圣在生灭门,今于此门具彰凡圣二相,即真妄和合、非一非异,名为阿赖耶识。此识在凡,本来常有觉与不觉二义。觉是三乘贤圣之本,不觉是六道凡夫之本。今且示凡夫本末,总有十重:今每重以梦喻侧脚注①,一一合之。一,谓一切众生,虽②皆有本觉真心。如一富贵人,端正多智,自在宅中住③。二,未遇善友开示,法尔本来不觉。如宅中入睡,自不知也。论云:"依本觉故,而有不觉也"④。三,不觉故,法尔念起。如睡法尔有梦。论云:"依不觉故,生三种相。"⑤此是初一。四,念起故,有能见相⑥。如梦中之想。五,以有见故,根身世界妄现⑦。梦中别见,有身在他乡贫苦,及见种种好恶事境。六,不知此等从自念起,执为定有,名为法执。正梦时,法尔必执所见⑧物为实有也。七,执法定故,便见自他之殊,名为我执。梦时必认他乡贫苦身为己本身。八,执此四大,为我身故,法尔贪爱顺情诸境,欲以润我,嗔嫌违情诸境,恐损恼我,愚痴之情,种种计校。此是三毒,如梦在他乡,所见违顺等事,亦贪嗔也。九,由此故造善恶等业⑨。梦中或偷夺打骂,或行恩布德。十,业成难逃,如影响应于形声,故受六道业系苦乐相⑩。如梦因偷夺打骂，彼捉枷禁决罚；或因行恩得报，举荐拜官署职。此上十重生起次第，血脉连接，行相甚明，但约理观心而推照，即历然可见。

【校注】

①底本作"侧注"，据镰田校译本补。

②镰田校译本缺"虽"字。

③镰田校译本缺"住"字，多"也"字。

④"论云"，指《大乘起信论》中所言，原文为："始觉义者，依本觉故而有不觉，以不觉故说有始觉。"

⑤引文出自《大乘起信论》，原文为："依不觉故生三种相，与彼不觉相应不离。云何谓三？一者无明业相，以依不觉，故心动，说名为业。觉则不动，动则有苦，果不离因故。二者能见相，以依动，故能见，不动则无见。三者境界相，以依能见，故境界妄现，离见则无境界。"此三相系一切妄念中的细微之相，与此相对，还有从境界相分出的六种粗相，即智相、相续相、执取相、计名字相、起业相、业系苦相。

⑥此一重相当于《大乘起信论》所说的"能见相"。

⑦此一重相当于《大乘起信论》所说的"境界相"。

⑧镰田校译本此处有"之"字。

⑨此一重相当于《大乘起信论》中所说的六粗相的"起业相"。

⑩"苦乐相"，镰田校译本作"苦相"，从下文的注释看，"苦乐相"更合文义。此一重相当于《大乘起信论》中六粗相的"业系苦相"。

次辨悟后修证，还有十重，翻妄即真，无别法故。然迷悟义别，顺逆次殊。前是迷真逐妄，从微细顺次生起，展转至粗。后乃①悟妄归真，从粗重逆次断除，展转至细，以能翻之智，自浅之深。粗障易遣，浅智即能翻故。细惑难除，深智方能断故。故后十从末逆次翻破前十②，唯后一前二③，有少参差。下当显示十重者。④

【校注】

①"后乃"，镰田校译本作"此是"，从与前文中"前是"对应的角度看，"后乃"在语气上更恰当。

②此句在镰田校译本中作"故此十从后逆次翻破前十"，二者含义无别。文中，"前十"指上一节中的凡夫"迷"的十重。"后十"指下一节中"悟"的"十重"。

③此句在镰田校译本中作"唯此一前二"。文中，"前二"指迷十重中的"一，谓一切众生，虽皆有本觉真心"和"二，未遇善友开示，法尔本来不觉"。"后一"指悟十重中的第一重"一，谓有众生，遇善知识……"

④底本此处为第三卷结束，但从行文的连贯性的角度看，此处所论和下文紧密相承，故于此处分成两节并不妥当。但为了保持底本的完整性，校释中对分卷未做改动。

禅源诸诠集都序卷下之二

唐圭峰山沙门宗密述

一,谓有众生,遇善知识,开示上说本觉真心,宿世曾闻,今得解悟。若宿生未闻①,今闻必不信,或信而不解,虽人人等②有佛性,今现有不信不悟者,是此类也。四大非我,五蕴皆空,信自真如及三宝德。信自心本不虚妄,本不变异,故曰真如。故论云:自信己性,知心妄动,无前境界③。又云:信心有四种:一信根本,乐念真如。二信佛有无量功德,常念亲近供养。三信法有大利益,常念修行。四信僧能修正行,自利利他,常乐亲近④。悟此一⑤、翻前二、成此⑥第一重也。

【校注】

①"未闻",镰田校译本作"未曾闻"。

②镰田校译本缺"等"字。

③引文出自《大乘起信论》。文中"无前境界",底本原作"无别境界",据《大乘起信论》和镰田校译本改。

④引文出自《大乘起信论》,原文为:"略说信心有四种,云何为四?一者信根本,所谓乐念真如法故。二者信佛有无量功德,常念亲近供养恭敬,发起善根,愿求一切智故。三者信法有大利益,常念修行诸波罗蜜故。四者信僧能正修行自利利他,常乐亲近诸菩萨众,求学如实行故。"

⑤"此一",底本作"前一"。参见上一节中的注释。

⑥镰田校译本无"此"字。

二，**发悲智愿，誓证菩提**。发悲心者，欲度众生；发智心者，欲了达一切法；发愿心者，欲修万行以资悲智。

三，**随分修习施戒忍进及止观等**①，**增长信根**。论云：修行有五，能成此信。②止观合为一行，故六度唯成五也。

四，**大菩提心从此显发**。以上③三心开发。论云：信成就发心者有三种：一者直心，正念真如法故。二者深心，乐集诸善行故。三发大悲心，欲拔一切众生苦故。④

五，**以知法性无悭等心**。等者贪欲、嗔恚、懈怠、散乱、愚痴。

六，**随顺修行六波罗蜜，定慧力用**。初修名止观，成就名定慧。我法双亡，初发心时，已约教理，观二执空，今即约⑤定慧力，观自觉空也。无自无他，证我空五⑥。常空常幻。证法空六⑦，色不异空，空不异色，故常空常幻也。

【校注】

①镰田校译本无"等"字。

②"论云"，即《大乘起信论》所说："修行有五门，能成此信，云何为五？一者施门，二者戒门，三者忍门，四者进门，五者止观门。"

③"以上"，镰田校译本作"即上"。

④"论云"出自《大乘起信论》，原文为："信成就发心者，发何等心？略说有三种。云何为三？一者直心，正念真如法故。二者深心，乐集一切诸善行故。三者大悲心，欲拔一切众生苦故。"镰田校译本"乐集"作"乐习"。

⑤底本缺"约"，据镰田校译本补。

⑥"证我空五","我"即《大乘起信论》所述的"人我见"五种,"空"即指五种对治之法。详见该论的"对治邪执"部分。

⑦"证法空六",即《大乘起信论》所述的"非色、非心、非智、非识、非有、非无"。

七,于色自在,一切融通。迷时不知从自心变,故不自在。今因二空智达之,故融通也。

八,于心自在,无所不照。既不见心外别有境界,境界唯心,故自在也。

九,满足方便,一念相应,觉心初起,心无初相,离微细念,心即常住。直觉于迷源,名究竟觉。①从初发心即修无念,至此方得成就,成就故即入佛位也。

十,心既无念,则无别始觉之殊,本来平等,同一觉故②,冥于根本真净心源,应用尘沙,尽未来际,常住法界,感而即通,名大觉尊。佛无异佛,是本佛,无别新成故。普见一切众生,皆同成等正觉。

【校注】

①此段文字出自《大乘起信论》,原文为:"如菩萨地尽,满足方便,一念相应,觉心初起,心无初相,以远离微细念故,得见心性,心即常住,名究竟觉。"文中"直觉于迷源",出自"又以觉心源故名究竟觉,不觉心源故非究竟觉"。镰田校译本作"觉于迷源",无"直"。

②此段文字出自《大乘起信论》,原文为:"若得无念者,则知心相生住异灭,以无念等故,而实无有始觉之异。以四相

俱时而有，皆无自立，本来平等同一觉故。"

故迷与悟各有十重，顺逆相翻，行相甚显。此之第一对前一二，此十合前第一，余八皆从后逆次，翻破前八。①一中悟前第一本觉，翻前第二不觉。前以不觉，乖于本觉，真妄相违，故开为两重。今以悟即冥符，冥符相顺，无别始悟，故合之为一。又若据逆顺之次，此一合翻前十。今以顿悟门中，理须直认本体，翻前本迷，故对前一二。上云参差，即是此也。二中由怖生死之苦，发三心自度度他，故对前第十六道生死。三修五行②，翻前第九造业。四三心③开发，翻前第八三毒。悲心翻嗔、智心翻痴、愿心翻贪。五证我空，翻前第七我执。六证法空，翻前第六法执。七色自在，翻前第五境界。八心自在，翻前第四能见。九离念，翻前第三念起。故十成佛，佛无别体，但是始觉，翻前第二不觉，合前第一本觉，始本不二，唯是真如显现，名为法身大觉，故与初悟无二体也。顺逆之次参差正由此矣。一即因该果海，十即果彻因源。《涅槃经》云："发心毕竟二不别。"④《华严经》云："初发心时，即得⑤阿耨菩提。"⑥正是此意。

【校注】

①"此之第一对前一二……翻破前八。"所云的对应次序见下图：

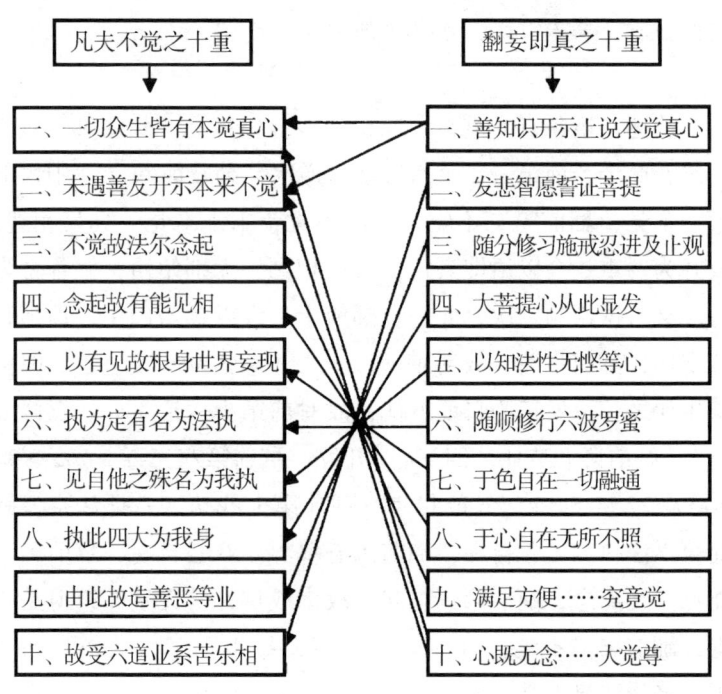

②"修五行",即布施、持戒、忍辱、精进、止观。

③"三心",即直心、悲心、深心。但在此处宗密将三心说成是悲心、智心、愿心。

④出自南本《涅槃经》卷三十四"迦叶菩萨品"中最后迦叶赞佛的偈颂:"发心毕竟二不别,如是二心先心难。自未得度先度他,是故我礼初发心。初发已为人天师,胜出声闻及缘觉。如是发心过三界,是故得名最无上。"

⑤"即得",底本缺"即",据《华严经》原文及镰田校译本补。

⑥出自新译《华严经》卷十七"梵行品",原文为:"初

发心时,即得阿耨多罗三藐三菩提。"

然虽顺逆相对,前后相照,法义昭彰,犹恐文不顿书,意不并显,首尾相隔,不得齐睹。今更画之为图,令凡圣本末,大藏经宗,一时现于心镜。此图头在中心①,云众生心三字是也。从此三字读之,分向两畔。朱画表净妙之法,墨画表垢染之法,一一寻血脉详之。朱为此〇号,记净法十重之次。墨为此●号,记染法十重之次。此号是本论之文,此点是义说论文尔。

【校注】
①镰田校译本作"此图头在中间"。

迷有十重　　此是迷真逐妄，从微细顺次生起，展转至粗之相①。

一本觉	二不觉	三念起	四见起	五境现	六执法	七执我	八烦恼	九造业	十受报
○	◐	◐	◐	◐	◐	◐	◐	◐	●
谓一切众生皆有本觉真心。如富贵人，端正多智，在自宅中住也。	未遇善友开示，法尔本来不觉。如宅中人，迷真，睡不自知也。	不觉故，法尔念起。论云：以依不觉故，心动，说名为业。此其第一也。	念起故，有能见相。如睡中之想也。论云：以依动故能见，不动则无见。	以有见故，根身世界妄现。如梦中所见种种好恶事境。	不知境从自心起，执为实有，名为法执。如梦时，必认他乡所见之物为实有身也。	执法定故，见自他之殊，计自为我。如梦中别见己身也。	执四大为我身故，贪爱顺情境，嗔违情境，愚痴情境等也。亦贪嗔痴也。	由三毒击发故，造善恶等业。如梦中或偷夺打骂，或行恩布德等事。	业系之苦，如影响应于形声，已受之身，非可断法。如梦因偷夺打骂，被捉枷禁，决罚，或因行恩得报，举荐拜官署职也。

● 不觉 —— 六道凡夫之本
◑ 阿梨耶识 —— 顿悟
○ 觉 —— 三乘贤圣之本

谓有众生，遇善知识，开示上说本觉真心，宿世曾闻，今得悟解。四大非我，五蕴皆空，发起四种信心：一，信根本，乐念真如法故；二，信佛有无量功德，常念供养；三，信法有大利益，常念修行；四，信僧能正修行，常乐亲近，精进无怠②。

一悟本觉	二发悲智愿	三修五行	四开发	五我法双亡	六色自在	七心自在	八离念	九成佛	十十重本末究竟，皆齐同时，顿也①
○	◐	◐	◐	◐	◐	◐	◐	●	

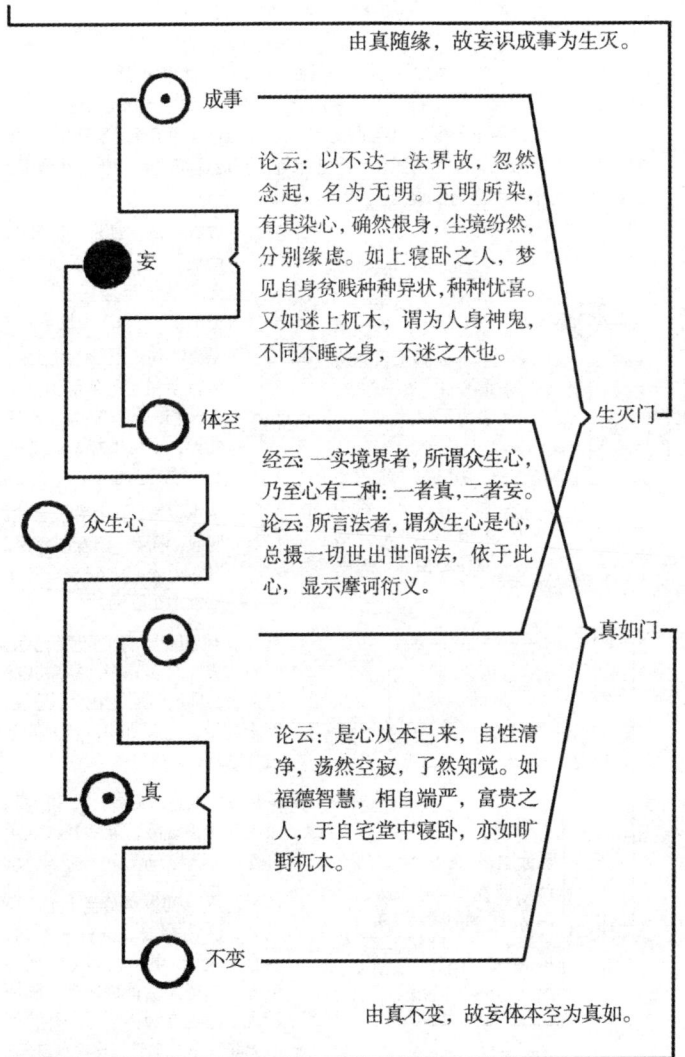

此上是标位,标此图中之位也。云众生心者,是在缠佛性,本论及经皆目为如来藏。及义门,真妄下各二义,是真如门及梨耶识根本义理。两畔是所标心中性、真如、相、梨耶、染、不觉位中诸法。净、觉中诸法。法、体也。迷时无漏,净妙德用,但隐而不灭,故真如本觉,在有漏识中。一切众生,皆由佛性,是此义也。悟时有漏,染相必无,故无明识相妄念业果等,不在真如门也。唯净妙德用,独在真如心中,名之为佛也。

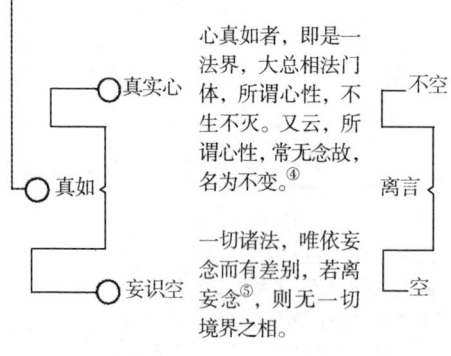

心真如者,即是一法界,大总相法门体,所谓心性,不生不灭。又云,所谓心性,常无念故,名为不变。④

一切诸法,唯依妄念而有差别,若离妄念⑤,则无一切境界之相。

以有自体,具足无漏性功德故。又云:已显法体空无妄故,即是真心⑥,常恒不变⑦,净法满足。

是故一切法⑧,从本以来,离言说相,离名字相,离心缘相,毕竟平等,无有变异,不可破坏,唯是一心,故名真如。

从本以来,一切染法不相应故,谓离一切差别之相,以无虚妄心念故,妄念分别皆不相应也。

真如自体相者,有大智慧光明,遍照法界,真实知识,常乐我净等义故,具足如是过恒沙不思议,佛法满足,无有所少,名为如来法身也。

依凡夫二乘心所见者,名为应身。以不知转识现故,见从外来取色分齐,不能尽知故。

依诸菩萨从初发意乃至十地心所见者,名为报身。身有无量色,色有无量相,相有无量好。所住依界,亦有无量种种庄严,随所示现,即无有边,不可穷尽,皆由无漏行熏及本觉,熏之所成就,具足无量乐相,故名为报也。

【校注】

①此下的几张图表是宗密结合法藏的《起信论义记》,对《大乘起信论》思想的一种概括。底本所用的图和镰田校译本,以及底本所附录的图都有区别。此图是位于"不觉"分支下的图表。镰田校译本无此图表上面的"迷有十重……"这句话,而是作"此上八位是真妄两军战敌之处"。镰田校译本中此图如下:

一觉	二不觉	三念起	四见起	五境现	六执法	七执我	八烦恼	九造业	十受报
觉心初起,心无初相,离微细念,常住。	断,一觉故,至如来地,究竟离离念地,一念相应,心得	证而实无有始觉,断不了一法界义者,从初发心学以生灭本来平等,同	迷真也,不如实知真如之法。	念起故,法尔念起。	不觉故,有能见相。	以有见故,根身世界妄现。	不知境从自心起,执为实有。	执法定故,见自他之殊,计自为我。	执四大为我身故,贪爱顺情境,嗔违情境,愚痴计校。	由三毒击发故,造善恶等业。	业成难逃,故受六道业系苦。已受之身,非可断法故,无对治之法。

②此图中"觉"下面的两个分支和镰田校译本的内容不同。镰田校译本在"觉"下分为"顿悟"和"渐修"两支,但底本只列"顿悟"一支的名称,而另一支没有列名。镰田校译本"顿悟"下的说明为:

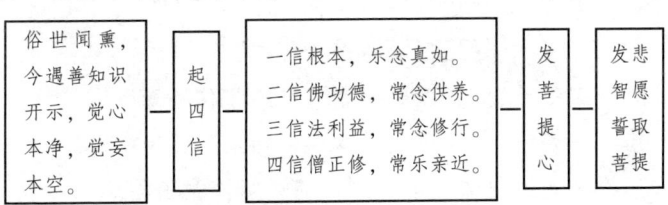

③镰田校译本无此"悟有十重"图,而列"渐悟"一支,图如下:

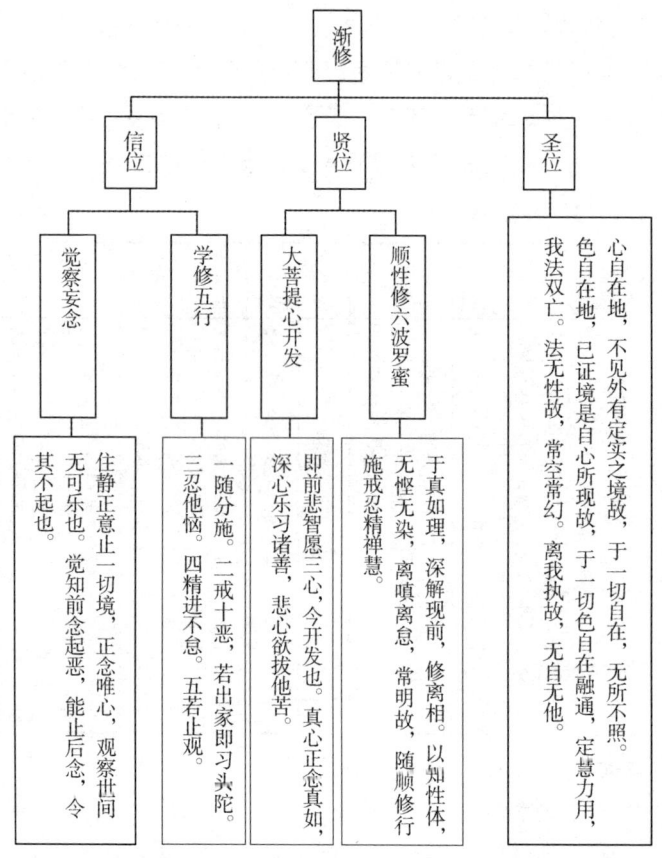

④"名为不变",镰田校译本作"名不变"。

⑤"妄念",镰田校译本作"心念"。

⑥"真心",镰田校译本作"一心"。

⑦"常恒不变",镰田校译本作"常住不变"。

⑧"一切法",镰田校译本作"诸法"。

⑨关于佛的"体相用"三大的说明,镰田校译本和底本有

诸多不同，参见镰田校译本的此图：

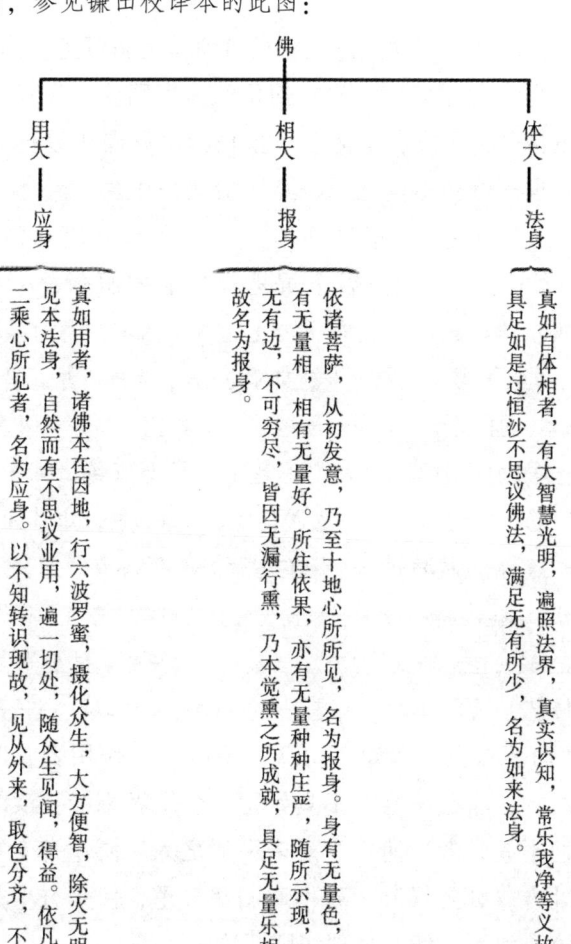

详究前述，谛观此图，对勘自他，及想贤圣，为同为异，为真为妄？我在何门，佛在何位？为当别体，为复同源？即自然不执著于凡夫，不僭滥于圣位，不耽滞于爱见，不推让于佛心也。然初十重是一藏经所治法身中第一重。烦恼之病，生起元由，次三重。渐渐加增，我法二执。乃至粗重，三毒造业。慧灭受报。之状。后十重是法身信方服药，前三重汗出。汗出病差，菩提心开发。将理方法，六波罗蜜。渐渐减退，从六至九。乃至平复。成佛之状。如有一人，在缠法身。诸根具足，恒沙功德。强壮常住不变，妄不能染。多艺，恒沙妙用。忽然得病，无始无明。渐渐加增，其次七重。乃至气绝。第十重。唯心头暖，赖耶识中无漏智种。忽遇良医，大善知识。知其命在，见凡夫人即心是佛。强灌神药，初闻不信，频就①不舍。忽然苏醒，悟解。初未能言，初悟之人，未能说法答他问难，皆悉未得。②乃至渐语，能③说法也。渐能行履④，十地、十波罗蜜。直至平复，成佛。所解伎艺，无所不为，神通光明，一切种智。以法一一对合，何有疑⑤而不除也？即知一切众生不能神变作用者，但以业识惑病所拘，非已法身，不具妙德。今愚者难云：汝既顿悟即佛，何不放光者？何殊令病未平复之人，便作身上本艺！然世医处方，必先候脉，若不对病状轻重，何辨方书是非？若不约痊愈浅深，何论将理法则？法医亦尔。

【校注】

①"就"，镰田校译本作"说"。

②镰田校译本此句作"初悟人说法，答他问难，悉未的也"。

③ "能",镰田校译本作"解"。
④ "行履",镰田校译本误作"行李"。
⑤ 镰田校译本作"疑事"。

故今具述迷悟各十重之本末,将前经论,统三种之浅深相对照之,如指其掌,劝诸学者,善自安心,行即任随寄一门,解即须通达无碍。又,不得虑其偏局,便漭荡无所指归,须洞鉴源流,令分菽麦,必使同中见异,异处而同。镜像千差,莫执好丑,镜明一相,莫忌青黄。千器一金,虽无阻隔。一珠千影,元不混和。建志运心,等虚空界,防非察念,在毫厘间。见色闻声,自思如影响否?动身举意,自料为佛法否?美膳粝餐,自想无嫌爱否?炎凉冻暖,自看免避就否?乃至利衰、毁誉、称讥、苦乐,一一审自反照,实得情意一种否?必若自料,未得如此,即色未似影,声未似响也。设实顿悟,终须渐修,莫如贫穷人,终日数他宝,自无半钱分。六祖大师云:佛说一切法,为度一切心。我无一切心,何须一切法。今时人但将此语,轻于听学,都不自观实无心否。若①无心者,八风不能动②也。设习气未尽,嗔念任运起时,无打骂雠他心。贪念任运起时,无营求令得心。见他荣盛时,无嫉妒求胜心。一切时中,于自己无忧饥冻心,无恐人轻贱心,乃至种种此等,亦得名为无一切心也。此名修道,若得对违顺等境,都无贪嗔爱恶,此名得道。各各反照,有病即治,无病勿③药。问:贪嗔等即空,便名无一切心,何必对治?答:若尔,汝今忽遭重病痛苦,痛苦即空,便名无病,何必药治?须知贪嗔空④,而能发业,业亦空,而能招苦,苦亦空,只么难忍,故前图中云体空成事。如杌木上鬼全空,只么惊人得奔走倒地,头破额裂。若以业即空，空只么造业，即须知地狱烧煮痛楚亦空，空只么楚痛。若云亦任楚痛者，即现今设有人以火烧刀斫，汝何得不任？今观学道者，闻一句违情语，犹不能任，岂肯任烧斫乎！如此者，十中有九也。

【校注】

①镰田校译本缺"若"字。

②"八风不能动"，八风，即利、衰、毁、誉、称、讥、苦、乐。

③"勿"，镰田校译本作"不"。

④"贪嗔空"，镰田校译本作"贪嗔常空"。

问：上来所叙三种教，三宗禅，十所以，十别异，轮回及修证，又各十重，理无不穷，事无不备，研寻玩味，足可修心，何必更读藏经及集诸禅偈，数过百卷①。答：众生惑病，各各不同，数等尘沙，何唯八万。诸圣方便有无量门，一心性相有无量义，上来所述，但是提纲，虽统之不出所陈，而用之千变万势。况先哲后俊各有所长，古圣今贤各有所利，故集诸家之善，记其宗徒，有不安者亦不改易。但遗阙意义②者，注而圆之；文字繁重者注而辨之。仍于每一家之首，注评大意。提纲意在张网，不可去网存纲；《华严》云：张大教网，滤人天鱼，置涅槃岸③。举领意在着衣，不可弃衣取领。若但集而不叙，如无纲之网；若但叙而不集，如无网之纲。思而悉之，不烦设难。然克己独善之辈，不必遍寻。若欲为人之师，直须备通本末。好学之士，披阅之时，必须一一详之，是何宗何教之义。用之不错，皆成妙药；用之差互，皆成反恶④。

【校注】

①镰田校译本作"何必更读藏经及诸禅偈",缺"集"与"数过百卷"等字。

②"意义",镰田校译本作"意势"。

③此段所引并非《华严经》原文,新译《华严经》卷五十九"离世间品"有"搏撮天人龙,安置涅槃岸"的说法,中唐时期波罗颇蜜多罗译《般若灯论释》卷十一有更类似于此处的说法:"张大教网,捞漉天人,置涅槃岸。"

④镰田校译本在"恶"后,有小字"音污"二字的注音。

然结集次第,不易排伦①。据入道方便,即合先开本心,次通理事,次赞法胜妙,呵世过患,次劝诫修习,后示以对治方便,渐次门户。今欲②依此编之,乃觉师资昭穆③颠倒,交不稳便。且如六代之后,多述一真。达摩④大师却教四行,不可孙为部首,祖为末篇。数日之中,思惟此事,欲将达摩宗枝之外为首,又以彼诸家所教之禅,所述之理,非代代可师。通方之常道,或因以彼修炼,功至证得,即以之示人。求那、慧稠、卧轮⑤之类。或因听读圣教⑥生解,即⑦以之摄众。慧闻禅师⑧之类。或降其迹而适性,一时间警策群迷。志公⑨、傅大士⑩、王梵志⑪之类。或高其节而守法,一国中轨范僧侣。庐山远公之类。其所制作,或咏歌至道,或嗟叹迷凡,或但释义,或唯励行,或笼罗诸教,竟不指南,或偏赞一门,事不通众,虽皆禅门影响,佛法笙簧,若始终依之为释迦法,即未可也。天台言教广大⑫,虽备有始终,又不在此集之内。以心传嗣,唯达摩宗。心是法源,何法不备?所修禅行,似局一门。所传心宗,实通三学。

况覆寻其始，始者，迦叶、阿难。亲禀释迦，代代相承，一一面授，三十七世⑬，云，西国已有二十八祖者。六祖传序⑭中，即具分析。至于吾师⑮。缅思何幸得⑯为释迦三十八代嫡孙也。故今所集之次者，先录达摩一宗，次编诸家杂述，后写印一⑰宗圣教。圣教居后者，如世上官司文案，曹判为先，尊官判后也。唯写文剋⑱的者，十余卷也。就当宗之中，以尊卑昭穆，展转纶绪，而为次第。其中顿渐相间，理行相参，递相解缚，自然心无所住。《净名》云：贪着禅味⑲是菩萨缚，以方便生是菩萨解⑳。又《瑜伽》说悲增智增，互相解缚。悟修之道既备，解行于是圆通。次傍览诸家以广闻见，然后捧读㉑圣教，以印始终，岂不因此正法久住。在余之志，虽无所求，然护法之心，神理不应屈我；继袭之功，先祖不应舍我；法施之恩，后学不应辜我。如不辜、不屈、不舍，即愿共诸同缘，速会诸佛会也。

【校注】

① "伦"，镰田校译本作"纶"，二者为通假字。

② "今欲"，镰田校译本作"欲令"。

③ "昭穆"，古代宗庙排列的次序，始祖居中，二世、四世、六世位于始祖之左方，称"昭"；三世、五世、七世位于右方，称"穆"。

④ "达摩"，镰田校译本作"达磨"。

⑤ "卧轮"，禅师名，有《卧轮禅师看心法》（敦煌写本，斯坦因 1494）传世，生平不详。据吴其昱先生考证，唐初有昙伦禅师，以卧禅闻名，时人称他为"卧伦"。《续高僧传》卷二十"习禅篇"卷六有卧伦传，传云："释昙伦，姓孙氏，汴州浚仪人，十三出家住修福寺依端禅师……进具已后读经礼佛

都所不为,但闭房不出,行住坐卧唯离念心,以终其志。"卒于武德末年(626),享年八十。卧轮和卧伦二人生活年代相同,所传禅法相近,故二者可能为同一人。参见吴其昱著《卧轮禅师出家安心十功德吐蕃本考释》(增订本),《敦煌学》第五辑,敦煌学会编印,1981年版。

⑥镰田校译本"圣教"作"经教"。

⑦"即",镰田校译本作"而"。

⑧"慧闻禅师",即天台宗的初祖慧文。

⑨"志公",又称宝志、保志,齐梁时高僧。

⑩"傅大士",南朝梁代修禅者,东阳乌伤(今浙江义乌)人,字玄风,号善慧。又称善慧大士、鱼行大士、傅大士等,与宝志共称为梁代二大士。

⑪"王梵志",隋唐时期的诗人。

⑫底本作"广本",据镰田校译本改。

⑬"三十七世",即西天二十八祖说,加上中土至慧能的六祖说,再加上荷泽系的神会、智如、道圆,一共三十七世。

⑭底本作"下祖传序",据镰田校译本改。

⑮"吾师",即宗密的出家师,遂州大云寺道圆禅师。

⑯镰田校译本无"得"字。

⑰镰田校译本缺"一"字。

⑱"剋"与"克"为通假字。

⑲底本误作"禅昧",据镰田校译本改。

⑳出自《维摩诘所说经》卷中《文殊师利问疾品》,原文为:"何谓缚?何谓解?贪著禅味是菩萨缚,以方便生是菩萨解。"

㉑底本作"諄读",据镰田校译本改。

附图一①

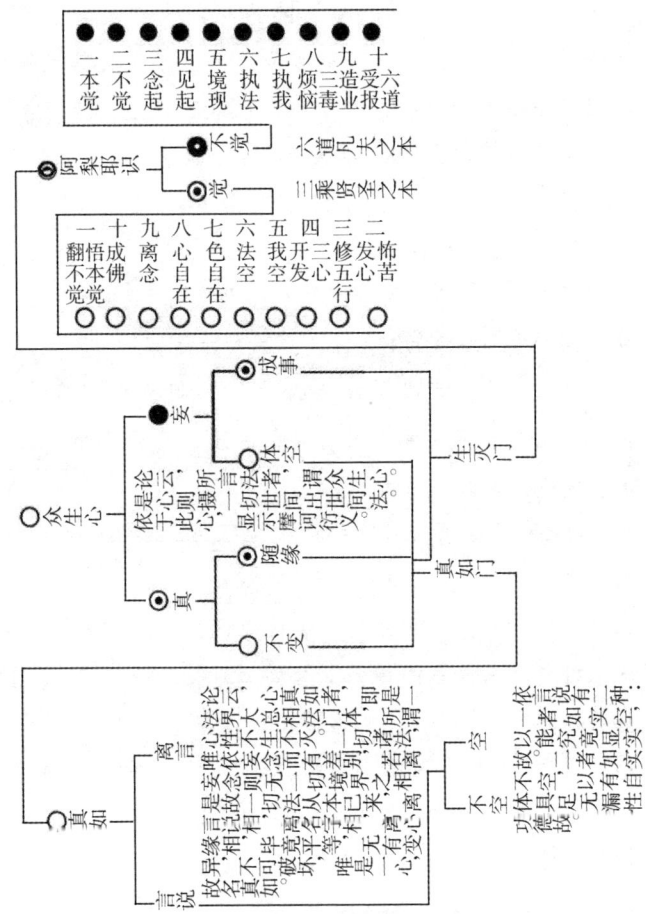

【校注】

①此图为底本所附录的参校本中图表,此图较为简略,与底本所收图有很多不同。

宋版后记[1]

唐大中十一年丁丑岁[2]，裴相[3]亲笔写本，付与金州武当山太一延昌寺老宿，得五十年收掌。大梁壬申[4]，老宿授与唯劲禅师[5]，归湖南。又经廿三年至甲午，禅师授与契玄归闽。又经廿年至甲寅乙卯[6]，赍入吴越，书写施行矣。

福州沙门契玄录

大宋钱塘严明男　严楷勾当[7]雕开版

【校注】

①底本无"宋版后记"，此处文字据镰田校译本附录。

②"唐大中十一年丁丑岁"，即公元857年。

③"裴相"，即裴休，大中六年（852）起任国相，在位五年，故称裴相。

④"大梁壬申"，即公元912年。

⑤"唯劲禅师"，雪峰义存（822~908）的弟子。

⑥"甲寅乙卯"，甲寅为显德元年，即公元954年，乙卯为显德二年，即公元955年。

⑦"勾当"，此处指办理、处理。

窃尝闻之，真性本无众生，众生缘乎妄见，如来本无言教，言教为乎有情。妄见者众生之病，言教者如来之药。以药治病，则病无不治。以言觉妄，则妄无不觉。是以双林大士，聚言教为宝藏，唯我密师集禅偈，而为都序。以教依论，则教流而无碍；以论显教，则论运以无穷。使披其教者，理悟变通，见其论者，心不退转。大叟闲游海藏，幸遇禅源，欲意思之，广宣流布。利国利人，积有年矣。今有道侣，发大誓愿，广化檀缘，镂版印施。俾一国一见一闻，皆结胜因，毕竟同成正觉。此吾所望之大义欤，大叟谨跋。时万历四年丙子夏，俗离山观音寺开版。[1]

【校注】

[1] 此段为观音寺刊本的后跋，底本无此段文字，据镰田校译本附录。观音寺，位于韩国忠清北道的俗离山。

中华传心地禅门
师资承袭图

校释说明

一、本文校勘的底本为《续藏经》所载的《中华传心地禅门师资承袭图》。

二、参校的版本有：日本名古屋真福寺文库所藏的《裴休拾遗问》（略称"真福寺本"）、石井修道教授《真福寺文库所藏の〈裴休拾遗问〉の翻刻》（《花园大学禅学研究》第六十号）、镰田茂雄《中华禅门师资承袭图》校译本（东京筑摩书房出版的《禅的语录》九）、《中国佛教思想资料选编》第二卷第二册的标点本（中华书局）。

三、其他参校的有《法集别行录节要并入私记》、《景德传灯录》、《祖堂集》、《林间录》。此外也参考石井修道教授《裴休拾遗问》的日译本。

中华传心地禅门师资承袭图[1]

内供奉沙门宗密答裴相国问

裴休相国问[2]

禅法大行，宗徒各异，互相诋訾，莫肯会同。切要辨其源流，知其深浅。比虽留意，未得分明[3]。撰录之时，恐有差错，伏望略为条流分别，三五纸示。及大抵列北宗、南宗，南宗中荷泽宗、洪州、牛头[4]等宗[5]，具言其浅深、顿渐、得失之要，便为终身龟镜也。休再拜[6]。

【校注】

①《中华传心地禅门师资承袭图》，据杨曾文先生考证并非原书名。《宋史》卷二百五《艺文志》中载有《裴休拾遗问》，一卷。但原书在中国已佚。后来日本学者1979年在名古屋真福寺发现了13世纪宋刊本的写本，题为《裴休拾遗问》。据此，杨曾文先生认为现书名是借用《裴休拾遗问》中从达摩至荷泽宗法系历代祖师传承图谱的名称。参见杨曾文著《唐五代禅宗史》，第407页。

②真福寺本作"裴休拾遗问，释萧相公见解、答史山人十问、答温尚书（所问）、申明复礼法师问、达磨四行观、惟劲觉地颂附"。"裴休相国问"当为后人所加，因为宗密死在会昌元年（841），裴休做宰相是在大中六年至十年（852~856），这些问题不可能是裴休任相国期间所提出的。而裴休曾于大和初年

（827~830）担任过拾遗的官职，故问答可能形成于这一时期。

③ "分明"，真福寺本作 "分晓"。

④ "洪州、牛头"，真福寺本作 "洪州宗、牛头宗"。

⑤ 真福寺本无 "等宗" 二字。

⑥ "休再拜"，真福寺本作 "裴休状"。

宗密禅师答①

然达磨所传②，本无二法。后随人变，故似殊途。扃之即俱非，会之即③皆是。前者所述传记，但论直下一④宗，若要辨诸宗师承，须知有傍有正。今且叙师资傍正，然后述言教浅深⑤，自然见达磨之心流至荷泽矣。

【校注】

① 真福寺本作 "宗密释"。

② 真福寺本此句前尚有 "奉枇示心，禅门宗徒各异，不肯会同。要辨此宗荷泽、洪州、牛头等源流、深浅、得失者" 等内容。

③ 真福寺本作 "则"。

④ 真福寺本无 "一" 字。

⑤ 真福寺本作 "深浅"。

牛头宗①者，从四祖下傍出。根本有慧融禅师②者，道性高简，神慧聪利。先因多年穷究诸部般若之教，已悟诸法本空，迷情妄执。后遇四祖③，印其所解空理，然于空处显示不空妙性故，不俟久学，而悟解洞明。四祖语曰："此法从上只委一人，吾已付嘱弟子弘忍讫，即五祖也。汝可别自建立。" 后遂于牛头山别建一宗,当第一祖,展转乃至六代④。后第五祖师智威⑤,有弟子马素⑥,素有弟子道钦⑦,即径山是也。此一宗都不关南北二宗。其南北二宗,自出于五祖门下,五祖已前都未有南北之称。

【校注】

①"牛头宗",是唐代禅宗的一派,以牛头山(今南京牛首山)为传法中心。此山上有普觉寺、幽栖寺、资善寺等著名寺庙。真福寺本"牛头宗"前有"一"字。

②"慧融禅师",即牛头宗的初祖法融。

③"四祖",即禅宗四祖道信。关于法融和道信之间是否有师徒关系,学界多持否定意见。

④"六代",牛头宗的六代传承说,宗密认为这六代分别是法融、智岩、慧方、法持、智威、慧忠。(参见《圆觉经大疏钞》卷三之下)

⑤"智威"(646~722),牛头宗的第五代传人。二十岁左右跟随法持学习,法持去世后,主持牛头宗教团,《宋高僧传》卷八"智威传"说他:"望重一期,声闻远近,江左定学,往往造焉。"

⑥"马素"(668~752),即玄素,因俗姓马,故又称马祖、马素。晚年师承智威,故有说其为牛头六祖者。

⑦"道钦"(714~792),又名法钦。俗姓朱,吴郡昆山(今江苏)人。二十八岁从玄素出家,后在余杭西部的径山修行。唐代宗大历三年(768),诏道钦入京问法,并赐予"国一大师"之号。贞元八年(792),道钦去世,年七十九岁,唐德宗赐谥号"大觉禅师"。

北宗者，从五祖下傍出，谓有神秀等一十人，同是五祖忍大师弟子。大师印许，各堪为一方之师，故时人云忍生十子①。能和尚直承其嫡，非此十数也。于中，秀及老安、智诜，道德最著，皆为高宗皇帝之所师敬。子孙承嗣，至今不绝。就中，秀弟子普寂化缘转盛，为二京法主、三帝门师。但称达磨之宗，亦不出南北之号。

【校注】

① "十子"，底本作"十字"，据镰田校译本与选编标点本改。"忍生十子"所指何人，有不同说法。最早的说法出现在《楞伽师资记》："如吾一生教人无数，好者并亡，后传吾道者，只可十耳。我与神秀论《楞伽经》，玄理通快，必多利益。资州智诜，白松山刘主簿，兼有文性。华州慧藏，随州玄约，忆不见之。嵩山老安，深有道行。潞州法如，韶州慧能，扬州高丽僧智德，此并堪为人师，但一方人物。越州义方，仍便讲说。又语玄赜曰：汝之兼行，善自保爱；吾涅槃后，汝与神秀，当以佛日再晖，心灯重照。"此说中，如果加上玄赜，弘忍则有十一位弟子。此外《历代法宝记》也说有十人："吾一生教人无数，除慧能，余有十尔。神秀师、智诜师、智德师、玄赜师、老安师、法如师、慧藏师、玄约师、刘主簿，虽不离吾左右，汝各一方师也。"此说中虽然认为除慧能，尚有十弟子，但实际上只列了九个人的名字。在《历代法宝记》的另一处，则加上了义方，构成了除慧能外的十弟子。宗密在《圆觉经大疏钞》卷三之下中说："荆州神秀、潞州法如、襄州通、资州智诜、越州义方、华州慧藏、随州玄越、嵩山老安，并是

一方领袖。"只列了九个人的名字。没有玄赜、玄约、智德、刘主簿,却另外增入襄州通、蕲州显、扬州觉等三人。在本书中,则列有襄州通、潞州法如、北方神秀、越州义方、业州法、资州侁(诜)、江宁持、老安、扬州觉等九人,除去了华州慧藏。《圆觉经疏钞》的荆州显,也被除去,新加入了江宁持。但是实际上都没有宗密所说的除慧能外的十人。

南宗者,即曹溪能大师,受达磨言旨已来,累代衣法相传之本宗也。后以神秀于北地大弘渐教,对之故曰南宗。承禀之由,天下所知,故不叙也。后欲灭度,以法印付嘱荷泽,令其传嗣。传嗣之由,先已叙之呈上。然甚阙略,今蒙审问,更约承上祖宗传记稍广。传中叙能和尚处,中间云有襄阳僧神会,俗姓高,年十四,即荷泽也,荷泽是传法时所居之寺名。来谒和尚。和尚问:"知识远来,大艰辛,将本来否?"答:"将来。""若有本,即合识主。"答:"神会以无住为本,见即是主。"大师云:"遮沙弥,争敢取次语。"便以杖乱打。神会杖下思惟①:大善知识历劫难逢,今既得遇,岂惜身命!大师察其深悟情至,故试之也。如尧知舜,历试诸难。传末又云:和尚将入涅槃,默授②密语于神会,语云:从上已来,相承准的只付一人,内传法印,以印自心,外传袈裟,标定宗旨。然我为此衣,几失身命。数被北宗偷衣之事,在此传之前文,今不能录。达磨大师悬记云:至六代之后,命如悬丝,即汝是也。此言在叙达磨传中。是以此衣宜留镇山,汝机缘在北,即须过岭,二十年外,当弘此法,广度众生。和尚临终,门人行滔、超俗、法海等问:"和尚法何所付?"和尚云:"所付嘱者,二十年外,于北地弘扬。"又问:"谁人?"答云:"若欲知者,大庾岭上以网取之。"相传云：岭上者，高也。荷泽姓高，故密示耳。③

【校注】

①选编标点本误作"思性"。

②"授"，底本作"受"，参校于镰田校译本和选编标点本。

③小字部分在真福寺本作"相传云：岭上者也，荷泽姓高，故密示耳。"

荷泽宗者①，全是曹溪之法，无别教旨。为对洪州傍出，故复标其宗号。承禀之由，已如上说。然能和尚灭度后，北宗②渐教大行，亦如上叙。因成顿门弘传之障。曹溪传授碑文已被磨换③，故二十年中，宗教沉隐。大师遭百种艰难等事，皆如先所呈略传，广在本传，他日具呈。天宝初，荷泽入洛，大播斯门④。方显秀门下师承是傍，法门是渐。既二宗双行，时人欲拣其异，故标南北之名，自此⑤而始。问：既荷泽为第七祖，何不立第八，乃至⑥九、十？后既不立，何妨据传衣为凭，但止第六？答：若据真谛，本绝名数，一犹不存，何言六七？今约俗谛，师资相传，顺世之法，有其所表。如国立七庙⑦，七月而葬⑧，丧服七代，福资七祖，道释皆同。经说七佛⑨。持念遍数，坛场物色，作法方便，礼佛远佛，请僧之限，皆止于七。过则二七，乃至七七，不止于六，不至八九。今传受仪式，顺世生信，何所疑焉？故德宗皇帝贞元十二年敕皇太子集诸禅师，楷定禅门宗旨，搜求传法傍正。遂有敕下，立荷泽大师为第七祖，内神龙寺见有铭⑩记。又御制七代祖师赞文，见行于世。

【校注】

①真福寺本"荷泽宗者"前有"四"字。

②"北宗",真福寺本作"北地中"。

③有关磨碑的传说,原出现于《神会语录》:"至开元七年,被人磨改,别造文报镌,略除六代师资授受,及传袈裟所由。其碑今在曹溪。"只说到碑被磨改,抹掉了六代相承及传衣的记载。在《南宗定是非论》,则更进一步说"经磨两遍",又被武平一磨碑,并且说不但除去六代相承,而别立神秀为第六代。宗密当据此说。

④"门",真福寺本作"宗"。

⑤真福寺本"自此"前有"南北之名"四字。

⑥真福寺本无"乃至"。

⑦"国立七庙",指古代帝王的宗庙,中央为太祖庙,左右三昭三穆配列,共七庙。

⑧"七月而葬",古代用于天子的一种葬仪。《礼记·玉制》:"天子七月而葬,诸侯五月而葬,大夫、士、庶人三月而葬。"

⑨"经说七佛",即毗婆尸佛、尸弃佛、毗舍浮佛、拘留孙佛、拘那含牟尼佛、迦叶佛与释迦牟尼佛等过去七佛。

⑩真福寺本"铭"作"名"。

洪州宗者①,先即②六祖下傍出,谓有禅师,姓马,名道一。先是剑南金和尚弟子也,金之宗源即③智诜④也,亦非南北。高节至道,游方头陀,随处坐禅。乃至南岳,遇让禅师,论量宗教,理不及让,方知传衣付法,曹溪为嫡。乃回心遵禀,便住处州、洪州⑤。或山或郭,广开供养,接⑥引道流。后于洪州开元寺弘传让之言旨,故时人号为洪州宗也。让即⁷曹溪门下傍出之派徒,曹溪此类数可⁸千余。是荷泽之同学,但自率身修行,本不开法,因马和尚大扬⁹其教,故成一宗之源。

【校注】

①真福寺本"洪州宗者"前有"五"字。
②"先即",真福寺本作"其先则"。
③"即",真福寺本作"则"。
④"智诜",真福寺本作"智侁"。
⑤"处州",今浙江省丽水市。"洪州",今江西省南昌市。
⑥"接",真福寺本作"构"。
⑦"即",真福寺本作"则"。
⑧"可",真福寺本作"有"。
⑨"扬",真福寺本作"杨"。

右且略叙诸宗师承,大概如此。然缘傍正横竖,交杂难①记,今画出为图,冀②一览不遗于心腑③。谨连次后。

【校注】

①真福寺本缺"难"字。
②真福寺本无"冀"字。
③真福寺本作"心府"。

② 禅宗传承表

凡号祖师平书者 是同学兄弟	达摩 第一 相承下书傍连正堂从师名者认可	尼总持得肉 司第二得髓 断臂无是菩提頻	慧可 第二 道育得骨 悟迷即是菩提頻	宝月禅师 得菩提頻	僧璨 第三 花向居士 花闲居士
	道信 第四		舒州荆州黄梅弘忍第五 法显禅师 藏		襄州果越阆州北京西京神秀 官方同京六祖山秀 什慶北章寺敬普寂 潞州法如 澄七 慧能 第六
		牛头法融 惠方智威智嵩 第一二三四五 忠马素径山钦		保唐金州陈丁楚资州惠字法处寂寂	
江陵悟 径山兼 南岳让 洪州马祖道 章敬 西堂 百丈海 荷泽会 等七	印宗法师 涅听和尚 磐座 凤陕西襄淝襄邢魏 翔州州州州州州 敬法法浮智河净衣 宗弘恒州衣如大朗 密海意济如昙平愿 脱宗海意如昙平愿 西京坚	磁疏花 主严	益州南印 建遂州益州如神 元年道玄神雅 圆照 东京		

【校注】

①底本误作"敬山"。

②真福寺本此图旁题名"中华传心地禅门师资承袭图",本书书名当是借用了此图的名称。真福寺本中的图比底本图简略,并多有不同。下图为真福寺本中的"承袭图",图前有如下的说明:

♀　此号每直下,子孙相承

‖‖　此号每代□计兄弟之位,同一阶者,因□□□

┐　此号是亲同学兄弟

山　此号是傍正一宗之首

达磨云:"三人得我法,深浅不同。尼总持如肉,断烦恼得菩提;道育如骨,迷即烦恼,悟即菩提;慧可如髓,本无烦恼,原是菩提。"

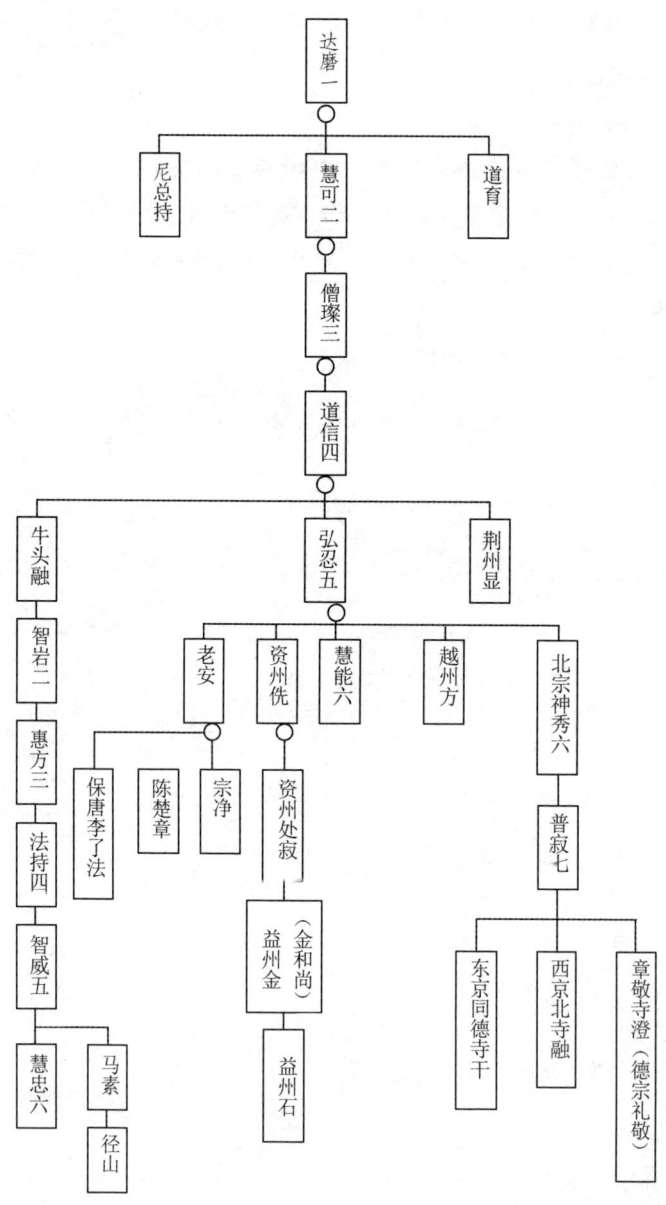

中华传心地禅门师资承袭图　115

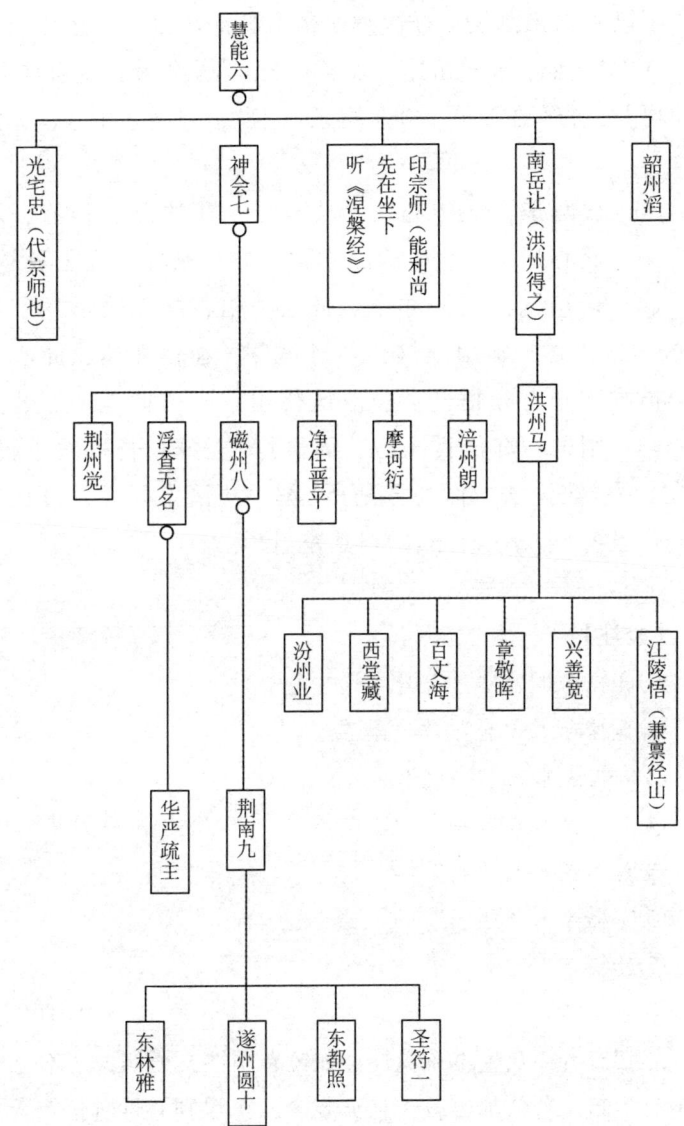

上已叙诸宗师资，今次辨所传言教深浅得失。然禅门之旨，在乎①内照，非笔可述，非言可宣。言虽不及，犹可强言，笔不可及，直②难下笔。今不得已而书③，望照之于心，无滞于文矣。

然达磨西来，唯传心法，故自云：我法以心传心，不立文字。此心是一切众生清净本觉，亦名佛性，或云灵觉。迷，起一切烦恼，烦恼亦不离此心；悟，起无边妙用，妙用亦不离此心。妙用烦恼，功过虽殊，在悟在迷，此心不异。欲求佛道，须悟此心，故历代祖宗唯传此也。然若感应相契，则虽一灯传百千灯，而灯灯④无殊；若机教不投，则⑤虽一音演说法，而各各随所⑥解。故诸宗异说，过在后人。今且各⑦叙诸宗，然始判其差当。

【校注】

①真福寺本无"乎"字。

②真福寺本"直"作"犹"。

③真福寺本作"书之"。

④真福寺本只有一个"灯"字。

⑤真福寺本无"则"。

⑥真福寺本"随所"作"通"。

⑦真福寺本"各"作"略"。

北宗意者，众生本有觉性，如镜有明性，烦恼覆之不见①，如镜有尘暗。若依师言教，息灭妄念，念尽则心性觉悟，无所不知，如磨拂昏尘，尘尽则镜体明净，无所不照。故彼宗主神秀大师呈五祖偈云②：

身是菩提树，心如明镜台。

时时须拂拭，莫遣有尘埃。

评曰：此但是染净缘起之相，反流背习之门，而不觉妄念本空③，心性本净。悟既未彻，修岂称真。剑南复有净众宗④，旨与此大同。复有保唐宗⑤，所解似同，所⑥修全异，不可繁叙，他日面奉，一一辨之。

【校注】

①真福寺本"见"作"现"。

②此偈语出自《坛经》，其中敦煌本此偈作："身是菩提树，心如明镜台。时时须拂拭，莫使有尘埃。"底本和真福寺本中"使"皆作"遣"。

③真福寺本"本空"作"本无"。

④"净众宗"，指以四川省成都市西北的净众寺为弘法中心的禅宗宗派。本派属弘忍的弟子资州智诜的法脉，由净众寺的金无相（684～762）所创立，以"无忆、无念、莫忘"为法门。

⑤"保唐宗"，金无相的弟子保唐寺的无住（714～774）所创立，以无相之三句、荷泽神会之三学为基础。特点是不拘教行，毁弃礼忏、转读、画佛、写经等佛事。在修行上和净众宗不同，故宗密说："所解似同，所修全异。"

⑥选编标点本缺"所"字。

洪州意者，起心动念，弹指动目，所作所为，皆是佛性全体之用，更无别用。全体贪嗔痴，造善造恶，受乐受苦，此皆是佛性。如面作种种饮食，一一皆面。意以推求此身，四大骨肉、喉舌牙齿、眼耳手足，并不能自语言、见闻、动作。如①一念命终，全身都未变坏，即便口不能语，眼不能见，耳不能闻，脚不能行，手不能作，故知能言语动作者，必是佛性。且四大骨肉，一一细推，都不解贪嗔烦恼②，故知③贪嗔烦恼并是佛性。佛性体非一切差别④种种，而能造作一切差别种种⑤。体非种种者，谓此佛性非圣非凡，非因非果，非善非恶，无色无相，无根无住，乃至无佛无众生也。能作种种者，谓此性即体之用，故能凡能圣，能因能果⑥，能善能恶，现色现相，能佛能众生，乃至能贪嗔等。若覈⑦其体性，则毕竟不可见，不可证，如眼不自见眼等。若就其应用，即举动运为，一切皆是，更无别法而为能证所证。彼意准《楞伽经》云："如来藏是善不善因，能遍兴造一切趣生，受苦乐，与因俱。"⑧又佛语心⑨，经云："或有佛刹扬眉动睛，笑欠⑩謦欬⑪，或动摇等，皆是佛事。"⑫既悟解之理，一切天真自然。故所修行，理宜顺此，而乃不起心断恶⑬，亦不起心修道。道⑭即是心，不可将心还修于心。恶亦是心，不可将心还断于心。不断不造，任运自在，名为解脱人。无法可拘，无佛可作，犹如虚空不增不减，何假添补。何以故？心性之外，更无一法可得故，故但任心即为修也。

评曰：此与前宗敌体相反⑮。前则朝暮分别动作，一切皆妄。此则朝暮分别动作，一切皆真。奉问疑其互相诋訾⑯，莫⑰肯会同。且所见如此相违，争不诋訾。若存他则失己，争肯会同。

【校注】

①真福寺本"如"作"假如"。

②真福寺本无"烦恼"二字。

③真福寺本缺"知"。

④底本作"差引"。

⑤真福寺本缺"而能造作一切差别种种"。

⑥底本作"能因能根",据真福寺本改。

⑦"覈",通"核"。

⑧引文出自四卷《楞伽经》之"一切佛语心品",是该品"佛告大慧,如来之藏是善不善因,能兴造一切趣生"及"如来藏者,受苦乐,与因俱"两段文字的合引。

⑨"佛语心",指四卷《楞伽经》的"一切佛语心品"。

⑩"欠",底本作"吹"。

⑪"謦欬","謦"通"磬","欬"通"咳"。原意为咳嗽,常引申指谈笑。

⑫经文出自《楞伽经》之《一切佛语心品》,原文为:"有佛刹瞻视显法,或有作相,或有扬眉,或有动睛,或笑或欠,或謦咳,或念刹土,或动摇。"

⑬真福寺本此处有"修善"二字。

⑭真福寺本此处缺"道"。

⑮底本作"返",据真福寺本改。

⑯选编标点本缺"訾"。

⑰底本作"暮",据真福寺本改。选编标点本缺此字。

牛头宗意者,谓①诸法如梦,本来无事,心境本寂,非今始空。迷之为②有,即见荣枯贵贱等事。事迹既有相违相顺,故生爱恶等情，情生则诸苦所系。梦作梦受，何损何益？有此能了之智，亦如梦心，乃至设有一法过于涅槃，亦如梦如幻。既达本来无事，理宜丧己忘情，情忘即绝苦因，方度一切苦厄。此以忘情为修③也。

评曰：前以念念全真为悟，任心为修。此以本无事为悟，忘④情为修。

【校注】

①底本原作"体"，据真福寺本改。
②"为"，真福寺本作"谓"。
③真福寺本作"修行"。
④底本误作"妄"，据真福寺本改。

又，上三家见解异者，初一切皆妄①，北宗。次一切皆真，洪州。后一切皆无，牛头。②若就行说者，初伏心灭妄，次信任情性，后休心不起。③宗密性好勘会，一一曾参，各搜得旨趣如是。若将此语问彼学人，即皆不招承。问有答空，征空认④有，或言俱非，或言皆不可得，修不修等，皆类此也。彼意者，常恐堕于文字，常怕滞于所得，故随言拂也。有归心学者⑤，方委细教授，令多时观照，熟其行解矣。然每宗复有多种方便，拒于外难，诱于徒属，不可具书。今但罗其意趣，举其宏纲也。

【校注】

①真福寺本误作"忘"。
②此段中小字注"北宗"、"洪州"和"牛头"，底本皆

无,据真福寺本加。

③真福寺本缺"若就行说……休心不起"。

④"认",真福寺本作"指"。

⑤"学者",真福寺本作"师学"。

荷泽宗者,尤难言述,是释迦降出①,达磨远来之本意也。将前望此,此乃迥异于前;将此摄前,前即全同于此,故难言也②。今强言之,谓诸法如梦,诸圣同说,故妄念本寂,尘境本空。空寂之心,灵知不昧,即此空寂之③知,是前达磨所传空寂心④也。任迷任悟,心本自知,不藉缘生,不因境起。迷时烦恼亦知,知⑤非烦恼;悟时神变亦知,知非神变。然知之一字,众妙之源。由迷此知,即起我相,计我我所,爱恶自生,随爱恶心⑥,即为善恶。善恶之报,受六道形,世世生生,循环不绝。若得善友开示,顿悟空寂之知,知且无念⑦无形,谁为我相人相。觉诸相空,真心无念⑧,念起即觉,觉之即无,修行妙门唯在此也。故虽备修万行,唯以无念为宗。但得无念之心,则爱恶自然淡薄,悲智自然增明,罪业自然断除,功行自然精进。于解则见诸相非相,于行则名无修之修。烦恼尽时,生死即绝,生灭灭已,寂照现前,应用无穷,名之为佛。

【校注】

①"出",选编标点本作"生"。

②真福寺本此句话后尚有"然言之其易,所以难为知,旨稀也"。

③"之",底本作"寂",据真福寺本改。

④"空寂心",真福寺本作"清净心"。

⑤底本缺"知",据镰田校译本和选编标点本补。

⑥"心",真福寺本作"情"。

⑦真福寺本缺"无念"。

⑧真福寺本作"心自无念"。

上已各叙一宗,今辨明深浅得失。然心贯万法,义味无边,诸教开张,禅宗撮略。撮略者,就法有不变随缘二义,就人有顿悟渐修两门。二义显,即知一藏经论之旨归;两门开,则见一切贤圣之轨辙。达磨深意①,实②在斯焉。不变随缘者,然象外之理,直说难证,今以喻为衡镜,定诸宗之是非。便③随喻以法合之,随文以注对之,冀法喻一一相照易见④也。然初览时,但请且一向读喻,辨本末了,然后却再以注文,对辨⑤其理。

【校注】

①"意",真福寺本作"旨"。

②"实",真福寺本作"意"。

③真福寺本"便"前有"注"字。

④真福寺本作"见览"。

⑤"辨",真福寺本作"祥"。

如一摩尼珠,一灵心也。唯圆净明,空寂知也。都无一切差别色相。此知本无一切分别,亦无圣凡善恶。以体明故,对外物时,能现一切差别色相。以体知故,对诸缘时,能分别一切是非好恶,乃至经营造作世出世间种种事数,此是随缘义也。色相自有差别,明珠不曾变易。愚智善恶自有差别,忧喜爱憎自有起灭,能知之心不曾间断,此是不变义也。然珠所现色,虽百千般,今且取与明珠相违者之黑色,以况灵明知见,与黑暗无明虽即相违,而是一体。法喻已具。谓如珠现黑色时,彻体全黑,都不见明。灵知之心,在凡夫时,全是迷愚贪爱,都不见①如来知见大圆镜智。故经云:身心等相,皆是无明也。②如痴孩子,或村野人见之,直是黑珠。迷人但见定见凡夫③。有人语云:此是明珠,灼然不信,却嗔前人,谓为欺诳。任说种种道理,终不听览。宗密频遇如此之类,向道汝今了了能知见,是佛心,灼然不信,却云此是诱三婆二妇之言,直不肯照察。但④言某乙⑤钝根,实不能入。此是大小乘法相及人天教中着相之人,意见如此。纵有肯信是明珠者,缘自睹其黑,亦谓言被黑色缠裹覆障,拟待磨拭揩洗,去却黑暗,方得明相出现,始名亲见明珠。北宗见解如此。

【校注】

①"见",真福寺本作"觉"。

②引文出自唐代佛陀多罗译《圆觉经》,原文为:"何以故,由有无始本起无明,为己主宰,一切众生生无慧目,身心等性,皆是无明。"

③真福寺本在此句话后尚有"上喻六道众生已,下喻诸教之人也"的小字注释。

④"但",底本误作"伹"。

⑤真福寺本作"某甲"。

复有一类人指示云:即此黑暗便是明珠,明珠之体,永不可见。欲得识者,即黑便是明珠①,乃至即青黄种种皆是。致令愚者信此言,专记黑相,或认种种相为明珠。或于异时,见黑柹子珠、米吹青珠、碧珠，乃至赤珠、琥珀、白石英等珠，皆云是摩尼。或于异时，见②摩尼珠都不对色时，但③有明净之相，却不认之。以不见④有诸色可识认故，疑恐局于一明珠相⑤故。洪州见解如此也。言愚者，彼宗后学也。异时见黑柹子等者，心涉世间，分别尘境时，见贪嗔爱慢之念也。琥珀、石英者，如慈善谦敬之念也。不对色时者，无所念也。但有明净者，了了自知无念也。疑局者，彼之唯认知是偏局也。

【校注】

①真福寺本无"明珠"二字。
②"见"，底本作"是"，据真福寺本改。
③"但"，底本误作"佀"。
④"不见"，选编标点本作"不可见"，"可"为衍字。
⑤"明珠相"，真福寺本作"明相"。

复有一类人，闻说珠中种种色，皆是虚妄，彻体全空，即计此一颗明珠都是其空，便云都无所得①，方是达人②。认有一法，便是未了。不悟色相皆空之处，乃是不空之珠③。牛头见解如此也。闻说空等者，诸部般若说空之经也。计此一颗等者，计本觉性亦空，无有所认④。认有等者，闻说诸法空寂之处，了了能知，是本觉真心，却云了不知，心体不空。空⑤者，《涅槃经》说："如瓶空者，谓瓶中无物，名为瓶空，非谓无瓶。"⑥言无者，心之中无分别贪嗔等念，名为心空，非谓无心。⑦言无者，但为遣却心中烦恼也。故知牛头但遣其非，未显其是。从此下皆喻荷泽意。

【校注】

①"都无所得"，真福寺本作"都不执定"。

②"达人",选编标点本漏"人"字。
③真福寺本作"不空明莹之珠"。
④真福寺本误作"无所有认"。
⑤"空",底本作"不空",据真福寺本改。
⑥引文出自《涅槃经》之"如来性品",非经中原文,原文为:"空者谓无二十五有及诸烦恼、一切苦、一切相、一切有为行,如瓶无酪,则名为空。不空者,谓真实善色常乐我净不动不变,犹如彼瓶色香味触,故名不空。"
⑦"言无者,心之中无分别贪嗔等念,名为心空,非谓无心。"这句话在真福寺本中作"即明真心之中,无分别贪嗔等念,名为心空,非谓无心"。

何如直云唯莹净圆明,方是珠体。唯空寂知也。若但说空寂,而不显知,即何异虚空?亦如圆颗莹净之瓷团,虽圆净,而无明性,何名①摩尼?何能现影?洪州、牛头但说无一物,不显灵知,亦如此也。**其黑色,乃至一切青黄色等,悉是虚妄**。善恶分别,举动运为,如洪州所认,起心动念等,即是一切相,此相皆妄。②故经③云:"凡所有相,皆是虚妄。"④当知彼宗认虚妄为真性也。**正见黑色时,黑元不黑,但是其明。青元不青,但是其明,乃至赤白黄等一切皆然,但是其明。既即于诸色相处,一一但见莹净圆明,即于珠不惑**。一切皆空,唯心不变。迷时亦知,知元不迷。念起亦知,知元无念。乃至哀乐喜怒爱恶,一一皆知。知元空寂,空寂而知,即于心性了然不惑。此上皆迥异诸宗也,故初标云将前望此,此⑤即迥异于前。**但于珠不惑,则黑既**⑥**无黑,黑即是明**⑦**珠,诸色皆尔。即是有无自在,明黑融通,复何碍哉**?此同彼二宗也。黑即无黑,同牛头,牛头但云一切皆无。黑即是珠,已下同洪州⑧,洪州云一切皆是佛性,凡圣善恶皆无所碍。故初标但云将此摄前,前即是全同于此,自此已下喻意,再将荷泽本宗,结束三宗也。若不⑨认得明珠⑩是能现之体,永无变易。荷泽⑪。但云黑是珠,洪州宗。或拟离黑觅珠,北宗。或言明黑都无者,牛头宗。皆是未见珠也。都结。

【校注】

①真福寺本缺"何",作"名摩尼"。
②"即是一切相,此相皆妄",真福寺本作"悉是虚妄"。
③真福寺本作"《金刚经》"。
④引文出自《金刚经》。
⑤此处两个"此"字,真福寺皆误作"比"。
⑥"既",真福寺本作"即"。
⑦真福寺本无"明"字。
⑧真福寺本无"洪州"二字。
⑨"不",底本缺,据真福寺本补。
⑩真福本无"珠"字。
⑪真福寺此处小字注作"反明荷泽认得也"。

问:据①大乘经及古今诸宗禅门,乃至荷泽所说,理性皆同。云无生无灭,无为无相,无圣无凡,无是无非,不可证,不可说。今但依此即是,何必要须说灵知耶?

答:此并是遮遣之词②,未为显示心体。若不指示现今了了常知不昧③是自心者,说何为无为无相等耶?是知诸教只说此知无生灭④等也。故荷泽于空无相处,指示知见,令人认得,便觉自心,经生越世,永无间断,乃至成佛也。荷泽又收束无为无住,乃至不可说等种种之言,但云空寂知,一切摄尽。空者，空却诸相，犹是遮遣之言，唯寂是实性不变动义，不同空无也。知是当体表显义，不同分别也，唯此方为真心本体。故始自发心，乃至成佛，唯寂唯知，不变不断，但随地位，名义稍殊。谓约了悟时，名为理智。理即寂也，智即知也。约发心修行⑤时，名为止观。止息尘缘，契于寂也；观照性相，冥于知也。约任运成行，多为定慧。因止缘而心定，定者寂然不变，因观照而发慧，慧者知无分别也。约烦恼都尽，功行圆满，成佛之时，名为菩提涅槃。菩提，梵语，此翻⑥觉，即是知也。涅槃，梵语，此翻⑦寂灭，即是寂也。当知始自发心，乃至毕竟⑧，唯寂唯知也。若如二宗，但言⑨空寂无为等者⑩，则⑪阙菩提⑫义也。

【校注】

①真福寺本此处有"诸"字。

②"遮遣之词"，真福寺本作"遮过之辞"。

③"现今了了常知不昧"，真福寺本作"见今声闻常知不断不昧"。

④真福寺本作"无生无灭"。

⑤真福寺本无"行"。

⑥⑦"翻为"，真福寺本作"名"。

⑧"毕竟"，底本作"毕意"，据真福寺本改。

⑨"言"，真福寺本作"云"。

⑩"者"，真福寺本作"义"。

⑪"则"，真福寺本作"而"。

⑫真福寺本此处有"等"字。

问：洪州亦云灵觉及鉴照等，何异于知？

答：若据多义，以显一体，即万法皆是一心，何唯①灵觉鉴照②等？今就尅体指示，即愚智善恶，乃至禽畜，心性皆然③，了了常知④，异于木石。其觉智等言，即不通一切。谓迷者不觉，愚者无智。心无记时，即不名鉴照等，岂同心体自然常知？故花严疏主⑤答顺宗⑥云："无住心体，灵知不昧。"又云："任运寂知。"又云："双照寂知。"《华严经》亦拣知与智别。况洪州虽云灵觉，但是标众生有之，如云皆有佛性之言，非的指示。指示⑦则但云能言语等。若细诘之，即云一切假名，无有定法。且统论佛教，有遣显二门。推其实义，有真空妙有，空⑧其本心，具体具用。今洪州、牛头以拂迹为至极，但⑨得遣教之意，真空之义，唯成其体，失于显教之意，妙有之义，阙其用也。

【校注】

① "唯"，真福寺本作"以"。

② 真福寺本无"照"字。

③ "然"，真福寺本作"自然"。

④ "了了常知"，真福寺本作"声闻常知"。

⑤ "花严疏主"，即华严宗四祖清凉澄观（738~839）。澄观从德宗兴元元年（784）正月开始，到贞元二年（787）十二月，历时四年，撰成《华严经疏》二十卷，即是现行的《大方广佛华严经疏》。然后又为弟子僧睿等作新疏的演义数十卷，即是现行的《大方广佛华严经随疏演义钞》（后世把疏、钞合刻，略称《华严经疏钞》）。因此澄观号称"华严疏主"。镰田校译本中有关澄观的注释，将澄观误写为"第五祖"。

⑥ "答顺宗"，真福寺本作"答顺宗问心要"。此指澄观

的《答顺宗心要法门》，文中有宗密的注。

⑦真福寺本缺"指示"。

⑧"空"，真福寺本作"究"。

⑨"但"，底本误作"佀"。

问：洪州以能语言动作等，显于心性，即当显教，即是其用，何所阙耶？

答：真心①本体有二种用：一者自性本用，二者随缘应用。犹如铜镜，铜之质是自性体，铜之明是自性用。明所现影是随缘用，影即对缘方现，现②有千差。明即自性③常明，明唯一味。以喻心常寂是自性体，心常知是自性用。此④能语言能分别动作等，是随缘应用。今洪州指示能语言等，但⑤是随缘用，阙自性用也。又显教有比量显、现量⑥显，洪州云心体不可指示⑦，但以能语言等验之，知有佛性是比量显也。荷泽直云心体能知，知即是心，约知以显心，是现量⑧显也。洪州阙此。

【校注】

①真福寺本"真心"作"真"。

②真福寺本"现"作"之"。

③真福寺本无"自性"二字。

④真福寺本此处有"知"字。

⑤"但"，底本误作"佀"。

⑥真福寺本"现量"作"见量"。"比量"，推比量度，即通过推理等获得的知识。"现量"，不需通过中介，直接获得的知识，有两种：一种是感觉意义上的现量，另一种直觉意义上的现量。宗密此处所指的现量是心体常知的直觉现量。

⑦"心体不可指示",真福寺本作"心不可指"。
⑧"现量",真福寺本作"见量"。

已上①述不变随缘二义,今次明顿悟渐修两门者。然真如之理,尚无佛无众生,况有师资传授。今既自佛已②来,祖祖③传授,即知约人修证趣入④之门也。既就人论,即有迷悟、始终⑤、凡圣。从迷而悟,即顿。转凡成圣,即顿悟⑥也。顿悟者,谓无始迷倒,认此四大为身,妄想为心,通认为我。若遇善友,为说如上不变随缘,性相体用之义,忽悟灵灵⑦知见,是自真心,心本空寂,无边无相,即是法身,身心不二,是为真我,即与诸佛,分毫不殊,故云顿也。此下举喻,便随文注,以法合之。如有大官,佛性。梦迷也。在牢狱,三界。身本识。著枷锁,贪爱。种种忧苦,一切业报。百计求出,问法勤修。遇人唤起,善知识也。忽然觉悟,闻法心开。方见自身,法身真我。元在自家,《净名经》云:毕竟空寂舍也。安乐寂灭为乐。富贵,体上本有河沙功德也。与诸朝寮都无别异,同诸佛之真性,法合一一,如注可知。⑧据此法喻,一一分明,足辨梦悟身心本源虽一,论其相用,倒正悬殊,不可觉来还作梦事。以⑨喻心源虽一,迷悟悬殊,梦时拜⑩相,迷时修得大梵天王等位。不及觉时作尉。悟后初入丨信位也。梦得⑪七宝⑫,迷时⑬修无量功德也。不及觉时百钱。悟时持五戒十善⑭。皆以一妄一真,故不可类。诸教皆云,施三千七宝,不如闻一句偈,是此意也。今洪州但言贪嗔戒定一种,是佛性作用者,阙于拣辨迷悟倒正之用也。彼意在真如心性⑮。

【校注】

①②真福寺本作"上已"。

③"祖祖",真福寺本作"祖代"。

④"入",底本误作"人"。

⑤真福寺本缺"始终"。

⑥"顿悟",真福寺本作"渐"。

⑦"灵灵",真福寺本作"灵明"。

⑧此上段落中的小字注,在真福寺本中以正文形式在此后一段中出现:"言大官者,喻佛性也。梦者,迷也。牢狱,三界也。身者,阿赖耶识也。枷锁者,贪爱也。种种忧苦者,受报也。百计求出者,闻法勤修也。遇人唤起者,善知识也。忽然觉悟者,闻法心开也。方见自身者,喻法身真我也。元在自家者,经云:毕竟空寂舍也。安乐者,寂灭为乐也。富贵,体上本有河沙功德妙用也。与诸朝寮都无别异,同诸佛之真性。"

⑨真福寺本"以"前有"官"字。

⑩"拜",真福寺本误作"辨"。

⑪真福寺本"得"作"时"。

⑫"七宝",指金、银、琉璃、玻璃、砗渠、赤珠、玛瑙。

⑬"时",底本作"诗",据真福寺本改。

⑭"五戒十善",五戒,指不杀生戒、不偷盗戒、不邪淫戒、不妄语戒、不饮酒戒。十善,指不杀生、不偷盗、不邪淫、不妄语、不两舌、不恶口、不绮语、不贪、不嗔、不痴。

⑮镰田校译本缺"彼意在真如心性",有"今既有师资传授,即须简辨倒正也"。真福寺本在此句话后有"无异故,不拣择。就真性即本无言说,谁道异同。今既有师资传授,即须简辨倒正也"。

次明渐修者①,虽顿悟法身真心,全同诸佛,而多劫妄执四大为我，习已成性②，难卒③顿除故，须依悟渐修，损之又损④，乃至于无损，即名成佛，非此心外有佛可成也。然虽渐修，由先已悟烦恼本空，心性本净故，于恶断⑤而无断，于善修⑥而无修，为真修断矣。问：若⑦悟了后修者，据前梦喻，岂不似觉来，更求出狱脱枷乎？答：前但喻顿悟义，不喻渐修义，良由法有无量义，岂⑧唯一义故。《涅槃经》虽谈佛性，而以⑨百喻各有配合⑩，不可乱用。今明渐修喻者，如水被风激，成多波浪，便有漂溺之殃，或阴寒之气，结成冰⑪凌，即阻溉涤之用。然水之湿性，虽动静凝流，而未尝变易。水者，喻真心也。风者，喻无明也。波浪者，烦恼也。漂溺者，轮回六道也。阴寒⑫者，无名贪爱之习气也。结成冰⑬凌者，坚执四大双质碍也，即阻溉涤⑭。溉⑮喻雨大法雨，滋润群生，生长道芽；涤喻荡⑯除烦恼，迷皆不能，故云阻也。然水之湿性，虽动静凝流，而未尝变易者，喻⑰贪嗔时亦知，慈济时亦知，忧喜哀乐，种种变动⑱，未尝不知，故云不变也。

【校注】

①从上段"彼意在真如心性"后，至下段"常知如不变之湿性"之前，底本缺。宇井伯寿先生最早发现《法集别行录节要并入私记》中有此段的阙文。本处以真福寺本为底本，参照《法集别行录节要并入私记》（略称《法集》）、镰田校译本、选编标点本补。选编标点本自"水者喻真心也"至"故云不变也"，为小字注释。

②"习已成性"，指长期形成的习惯，典出《尚书·太甲上》："兹乃不义，习与性成。"《法集》作"习与性成"。

③《法集》作"卒难"。

④"损之又损",语出老子《道德经》第四十八章,原文为:"为学日益,为道日损,损之又损,以至于无为。"

⑤《法集》此处还有一"断"字。

⑥《法集》此处还有一"修"字。

⑦《法集》无"若"字。

⑧《法集》"岂"作"世事"。

⑨《法集》"以"作"八"。

⑩"配合",真福寺本原作"既会",据《法集》改。

⑪⑬"冰",真福寺本原作"水",据《法集》改。

⑫《法集》"阴寒"后有"之气"二字。

⑭《法集》此处有"之用者"三字。

⑮真福寺本原无"溉",据《法集》补。

⑯"荡",真福寺本原作"汤",据《法集》改。

⑰《法集》无"喻"字。

⑱"种种变动",底本作"变动",据真福寺本改。

今顿悟本心①常知,如不变之湿性,心既无迷,即非无明。如风顿止,悟后自然攀缘渐息,如波浪渐停。以定慧资熏身心,渐渐自在。乃至神变无碍,普利群生②,如春阳冰泮,溉灌洗涤,善利万物也。洪州常云贪、嗔、慈、善,皆是佛性,有何别者?如人但观湿性,始终无异,不知济舟覆舟,功过悬殊。故彼宗于顿悟门虽近,而未的于渐修门,有误而③全乖④。牛头以达空故,于顿悟门而半了,以忘情故,于渐修门而无亏。北宗但是渐修,全无顿悟,无顿悟故,修亦非真。荷泽则必先顿悟,依悟而修,故经云:若诸菩萨悟净圆觉,悟也。以净觉心,取静为行,由澄诸念,觉识烦动等,⑤修也。此顿悟渐修之意，备于一藏大乘，而《起信》、《圆觉》、《华严》是其宗也。若约各为一类之机，善巧方便，广开门户，各各诱引，熏生生之习种，为世世之胜缘，则诸宗所说，亦皆是诸佛之教也。诸经论具有其文矣。

【校注】

①底本缺"今顿悟本心"，据真福寺本、镰田校译本、选编标点本补。

②真福寺本此句后尚有"名之为佛"四字。

③真福寺本无"有误而"三字。

④"乖"，底本作"垂"，据真福寺本改。

⑤"若诸菩萨悟净圆觉……觉识烦动"，出自《圆觉经》，原文为："善男子，若诸菩萨悟净圆觉，以净觉心，取静为行，由澄诸念，觉识烦动，静慧发生，身心客尘从此永灭，便能内发寂静轻安，由寂静故，十方世界诸如来心于中显现，如镜中像，此方便者名奢摩他。"

中华传心地禅门师资承袭图

去明治四十三年十二月，《续藏经》编集长中野达慧①师曰：此书者希代之书，而于他家无所藏请誊写之，以编入续藏。辰乃速应请求许誊写且记其事实以授焉。

于时明治四十有四年一月吉旦，四海唱道五十四传灯沙门静照日辰，谨识于日莲宗大本山妙显精舍方丈。②

【校注】

①"中野达慧"，即《续藏经》的编辑主任。《续藏经》

的编纂工作始于明治三十八年（1905），完成于明治四十五年（1912）。

②至此，底本全部结束，以下"释萧相公见解"、"答史山人十问"、"又答山南温尚书所问"三部分据真福寺本补，参校于《祖堂集》、《景德传灯录》。

释萧相公见解①

萧相公所呈见解，呈上草堂和尚，与注释。②

荷泽云：见清净体于诸三昧、八万四千诸波罗蜜③门，皆于见上一时起用，名为慧眼。若④当真如相应之时，善恶不思，空有不念。万化寂灭，万法俱从思想缘念而生，皆是虚妄⑤，故云化也。既一念不生，则万法不起，故不待泯之，自然寂灭也。此时更无所见，照体独立，梦智亡阶。三昧诸波罗蜜⑥门亦一时空寂，更无所得。散乱与三昧，此岸与彼岸，是⑦相待对治之说。若知念无念，见性无性⑧，则定乱真妄，一时空寂，故无所得也。不审此是见上一时起用否？然见性圆明理，绝相累，即绝相为妙用。住相为执情。于八万法门一一皆尔。一法有为一尘，一法空为一用。故云：见清净体⑨则一时起用矣。望于此后示及，俛状！

【校注】

①底本无此部分内容，据真福寺本补，参校干《景德传灯录》卷十三中的相关内容。此标题据真福寺本篇首的小字添加，原文无此标题。文中大字为萧相公所呈的见解，小字部分为宗密的解释。萧相公，即萧俛，字思谦，祖籍南兰陵，《旧唐书》第172卷有传。曾任唐宪宗时御史中丞，唐穆宗时拜中书侍郎、平章事，唐文宗时为检校左仆射、太子少师。

②《景德传灯录》此段话作"萧俛相公呈己见解，请禅师

注释曰"。"草堂和尚",因宗密曾长期住在圭峰草堂寺,故有此称。

③⑥"波罗蜜",真福寺本原作"波罗密"。

④"若",《景德传灯录》作"右"。

⑤"虚妄",《景德传灯录》作"虚空"。

⑦"是",《景德传灯录》作"皆是"。

⑧《景德传灯录》作"若知无念,见性无生"。

⑨真福寺本原无"体"字,据《景德传灯录》补。

答史山人十问[①]问答各是一本，今参而写之[②]。
草堂和尚答[③]

【校注】

①底本无"答史山人十问"部分，此据真福寺本补，参校于《祖堂集》及《景德传灯录》中相关部分。"史山人"，据后文名为"史制诚"，生平不详。《祖堂集》"答"作"有时"。

②《祖堂集》无小字注的部分。

③《景德传灯录》无"草堂和尚答"。

一问："云何是道，何以修之？为复必须修成，为复不假功用？"答："无碍是道，觉妄是修，道虽本[①]圆，妄起为累，妄念都尽[②]，即是修成。"

【校注】

①"本"，真福寺本误作"太"，据《景德传灯录》改。

②真福寺本此处衍"即尽"二字。

二问："道若因修而成，即是造作，便同世间法，虚伪不实。成而复坏，何名出世？"答："造作虽[①]是结业，名虚伪世间，无作是修行，即真实出世。"

【校注】

①《景德传灯录》无"虽"字,《祖堂集》"虽"作"唯"。

三问:"其所修者,为顿为渐?渐则忘前失后,何以集合而成,顿则万行多方,岂得一时圆满?"答:"真理即悟而顿①圆,妄情息之而渐尽。顿圆如初生孩子,一日而肢体已全;渐修如长养成人,多年而志气方立。"

【校注】

①真福寺本原无"顿"字,据《景德传灯录》和《祖堂集》补。

四问:"凡修心地之法,为当悟心即了,为当别有行门,若别有行门,何名南宗顿旨,若悟即同诸佛,何不发神通光明?"答:"识冰池而全水,藉阳气而熔融①,悟凡夫而即真,资法力而修习。冰消则水流润,方呈溉涤之功;妄尽则心灵通,始发通光之应。修心之外无别行门。"

【校注】

①"熔融",《景德传灯录》作"融消"。

五问:"若但修心而得佛者,何故诸经复说必须庄严佛土、教化众生,方名成道?"答:"镜明而影像千差,心净而神通万应,影像类①庄严佛国,神通类②则教化众生,庄严而即非庄严,影像亦色而非色。"

【校注】
①《景德传灯录》无"类"字。
②《景德传灯录》和《祖堂集》皆无"类"字。

六问:"诸经皆说,度脱众生,且众生即非众生①,何故更劳度脱?"答:"众生若是实度之,即为劳。既自云即非众生,何不例度而无度。"

【校注】
①《景德传灯录》中作"众生且即非众生"。

七问:"诸经说佛常住,或即说佛灭度,常即不灭,灭即非常,岂不相违?"答:"离一切相①,即名诸佛,何有出世入灭之实乎?见出没者,在乎机缘,机②缘应则菩提树下而出现。机缘尽则娑罗林间而涅槃,其犹净水,无心无像。不现像非我有,盖外质之去来,相非佛身,岂如来之出没!"

【校注】
①真福寺本作"离一切",无"相"字。据《景德传灯录》补。
②真福寺本原无"机"字,据《景德传灯录》补。

八问:"云何佛化所生,吾如彼生,佛既无生,生是何义?若言心生法生,心灭法灭,何以得无生法忍耶?"答:"既云如化,化即是空。空即无生,何诘生义!生灭灭已,寂灭为真。忍可此法无①生,名曰无生法忍。"

【校注】

①真福寺本脱"无"字,据《景德传灯录》补。

九问:"诸佛成道说法,只为度脱众生。众生既有六道,佛何但住在人中现化?又佛灭后付法于迦叶,以心传心,乃至此方七祖,每代只传一人,既云于一切众生皆得一子之地,何以传授不普?"答:"日月丽天,六合俱照,而盲者不见,盆下①不知,非日月不普,是障隔之咎也。度与不度,义类如斯。非局人天,拣于鬼畜。但人道能结集传授不绝故,只知佛现人中也。灭度后委付迦叶,展转相承一人者,此亦盖论当代,为宗教主,如土无二王,非得度者唯尔数也。"

【校注】

①"盆下",覆盆之下。此处用来比喻被蒙蔽的人。

十问:"和尚因何发心,慕何法而出家,今如何修行得何法味,所行得至何处地位,今①住心耶?修心耶?若住心妨修心,若修心则动念不安,云何名为学道?若安心一定,则何异定性之徒?伏愿大德,运大慈悲,如理如如,次第为说。长庆四年五月日②,史制诚谨问。"答:"觉四大如坏幻,达六尘如空华,悟自心为佛心,见本性为法性,是发心也。知心无住即是修行,无住而知即为法味。住著于法,斯为动念,故如人入暗,则无所见。今无所住,不染不著,故如人有目及日光明,见种种法,岂为定性之徒!既无所住著,何论处所阶位!同月二日③,沙门宗密谨对。史山人自后领讨论心地,乃至出家为道。"

【校注】

① "今",《景德传灯录》中误作"令"。

② "长庆四年",即公元 824 年。"五月日",据后文应当为五月一日。

③《祖堂集》中作"同年同月二日"。《景德传灯录》中无"长庆四年五月日,史制诚谨问"和"同月二日,沙门宗密谨对。史山人自后领讨论心地,乃至出家为道"等语。另,石井修道翻刻本中识"同"为"四",对比真福寺抄写笔迹,应为"同"。

又答山南温尚书所问①

【校注】

①此部分底本无,据真福寺本补,参校于《景德传灯录》卷十三。《景德传灯录》中标题作"答山南温造尚书"。温造(766~835),字简舆,《旧唐书》第165卷、《新唐书》第91卷有传。曾在唐德宗、穆宗、文宗时期历任各种官职。

先奉①问:"悟理息妄之人不结业,一期寿终之后,灵性何依者?"

【校注】

①《景德传灯录》中无"先奉"二字。

答①:"一切众生无不具有觉性,灵明空寂,与佛无殊。但以无始劫来,未曾了悟,妄执身为我相,故生爱恶等情,随情造业,随业报生老病死,长劫轮回。然身中觉性,未曾生死,如梦被驱役,而身本安闲,如水作冰而湿性不易。若能悟此性,即是法身。本自无生,何有依托?灵灵不昧,了了常知,无所从来,亦无所去。然多生妄执,习已性成②,喜怒哀乐,微细流注。真理虽已③顿达,此情难④卒除,须长觉察,损之又损,如风顿止,波浪渐停。岂可一生所修,便同诸佛力用!

但可以空寂为自体,勿认色身;以灵知为自心,勿认妄念。妄念若起,都不随之,即临命终时,自然业不能系。虽有中阴,所向自由,天上人间,随意寄托。若爱恶之念已泯,即不受分段之身,自能易短为⑤长,易粗为妙。若微细流注,一切寂灭,唯圆觉大智朗然独存⑥。即随机应现,千百亿身度有缘众生,名之为佛。谨对。"

【校注】

① "答",真福寺本原作"对"。

② "习已性成",《景德传灯录》中作"习性以成"。

③ "虽已",《景德传灯录》中作"虽然"。

④ "难",《景德传灯录》中作"难以"。

⑤ "为",真福寺本原作"而"。

⑥ "独存",真福寺本原作"独在"。

释曰①:马鸣菩萨撮略百本大乘经宗旨,以造《大乘起信论》。论中立宗,说一切众生心有觉义、不觉义。觉中复有本觉义、始觉义。上所述者,虽但约照理观心处言之,而法义亦同彼论。谓从初生②与佛无殊③,是本觉也。从但以无始下④,是不觉也。从若能悟此下⑤,是始觉也。始觉中复有顿悟、渐修。从此次至亦无所去,是顿悟也。从然多生妄执下,是渐修也。渐修中从初发心乃至成佛,有三位自在。从此至随意寄托者,是受生自在也。从若爱恶之念下,是⑥变易自在。从若微细流注下至末,是究竟自在也。又从但可以空寂为自体,至自然业不能系,正是悟理之人朝暮行心、修习止观之要节也。

【校注】

①此段是依照《大乘起信论》的思想对上一段文字进行的解释。

②"初生",《景德传灯录》作"初至"。

③"从初生与佛无殊",指上文中"一切众生无不具有觉性,灵明空寂,与佛无殊"。

④"从但以无始下",指上文中"但以无始劫来……如水作冰而湿性不易"。

⑤"从若能悟此下",指上文中"若能悟此性……便同诸佛力用!"此段语句,文中又分顿悟、渐修两方面来解释,其中渐修进一步分成"受用自在"、"变易自在"、"究竟自在"三个方面。

⑥真福寺本原无"是",据《景德传灯录》补。

宗密先有八句之偈,显云此意。曾于尚书处诵之,奉命解释,今谨注释如后。偈曰①:

作有义事,是醒②悟心。义谓义理,非谓仁义、恩③义,意明。凡所作为,先详利害,须有所以当于道理,然后行之,方免同惛醉颠狂之人也。就佛法中有三种义,即可为之:一资益色身之事,谓衣食、医药、房舍等世间义也。二资益法身,谓戒定慧、六波罗蜜④等第一义也。三弘正法、利济群生也,乃至为法诸余缘事、通世出世也。

【校注】

①真福寺本无"曰"字,据《景德传灯录》补。

②《景德传灯录》"醒"作"惺"。

③真福寺本"恩"作"音",据《景德传灯录》改。

④ "蜜",真福寺本和《景德传灯录》皆作"密"。

作无义事,是狂乱心。谓凡夫所为①,若不缘上三般事,即名无义也。是狂乱者,且如世间醉人狂人,所往不拣处所,所②作不量是非。今既不择有何义利,但纵情③妄念,要为即为,故如狂也。上四句述业因也,下四句述受果报云。

【校注】

① "凡夫所为",《景德传灯录》作"凡所作为"。
② "所"字据《景德传灯录》补。
③ "纵情",真福寺本原作"纵信",据《景德传灯录》改。

狂乱随情念,临终被业牵。既随妄念,欲作即作,不以悟理之智,拣择是非,犹如狂人。故临终①于业道,被业所引,受当来报。故《涅槃经》云:无明郎主,贪爱魔王,役使身心,策如童仆。

惺悟不由情,临终能转业。情中欲作,而察理不应,即须便止。情中不欲作,而照理应为②,即须便作。但由是非之理,不由爱恶之情。即临命终时,业不能系,随意自在,天上人间也。通而言之,但朝暮之间所作,被情尘所牵,即临终被业所牵而受生。若所作所为,由于觉智,不由情尘,即临终由我自在而受生,不由业也。当知欲验③临终受生,自在不自在,但验寻常行心于尘境自由不自由。

【校注】

①《景德传灯录》"临终"后有"时"字。
② "照理应为",《景德传灯录》作"照理相应"。
③ 真福寺本无"验"字,据《景德传灯录》补。

裴休拾遗问①

仁治二年辛丑神元月四日　越中国新州郡新条庄于戌尅书写了之，道愿房善缘生年卅九岁。南无三宝。

【校注】

①以下内容《景德传灯录》无。

圆觉经大疏钞

圆觉经大疏钞[①]卷三之下

第八修证门[②]，文四：一叙禅宗，二会《圆觉》，三通妨难，四结劝修。初中二分，初蹑前标后也。于中，初二句蹑前七门[③]，七门皆论佛之言教。教诠于义，约教解义。但是闻慧之境，设自依义，观察思惟，所思之义亦唯思慧之境，皆未是忘缘寂照。若上上根智，即言忘言，即相忘相。此不复论。今为中下之流，须开忘机寂志之方便，发慧契证之玄门，故西域东夏[④]承上已来有斯宗。已下二句标后，言忘诠等者，意如上释。诠者，诠量拣择之谓也，即能诠之教。忘者，即《周易略例》[⑤]中，将言显象，得象忘言，以象显意，得意忘象，如以筌蹄取鱼兔等，前已有释。复有其门者，不必攀缘经论，自有默传心印之门也。

【校注】

① 《圆觉经大疏钞》，共十三卷，宗密（780~841）撰。又称《大方广圆觉经大疏钞》、《圆觉经大疏释义钞》、《圆觉大钞》。宗密于长庆三年（823）著《圆觉经大疏》三卷，其后又撰此书做进一步的解释。此处采用的是《续藏经》中所收的《圆觉经大疏钞》。本文选取其中涉及禅宗的"第八修证门"部分做校释。

② "第八修证门"，此是对《圆觉经大疏》中"八修证阶

差"的进一步解释,原疏为:"八修证阶差者,谓若但约教文,唯生义解。忘诠、修证复有其门。故以心传心,历代不绝。自佛嘱迦叶,展转于今,灯灯相承,明明无尽。然初五师兼之三藏,毱多之后,律教别行;罽宾已来,唯传心地。黄梅门下,南北又分。虽继之一人,而屡有傍出,致令一味随计多宗。今略叙之,但叙随机可用者,不叙邪僻之流也。会通《圆觉》。由此经首末偏明修证,故叙诸禅宗以会之。有拂尘看净,方便通经。有三句用心,谓戒定慧。有教行不拘而灭识。有触类是道而任心。有本无事而忘情。有藉传香而存佛。有寂知指体,无念为宗。遍离前非,统收俱是。象体。上之诸宗,不出定慧悟修顿渐。无定无慧,是狂是愚。偏修一门,无明邪见。此二双运,成两足尊,故天台修行,宗于止观。其顿渐悟修者,顿悟日出孩生。渐修,霜消孩长。为解悟。渐修顿悟,伐木入都。顿修渐悟,磨镜学射。渐修渐悟,如登九层之台,足履渐高,所鉴渐远。并为证悟。若云顿悟顿修,斩染缤丝。则通三义:谓先悟廓然顿了。后修;不著不证,旷然合道。为解悟先修服药。后悟;病除。为证悟无心忘照。修悟,任运寂知。一时即通解证。若云本具一切佛德为悟,如饮大海。一念万行为修,得百川味。亦通解证。若约《楞伽》地前,信住行向。四渐,庵罗熟,陶器成,大地生,习艺就,圣位,初地,八地,报身,法身。四顿,明镜现物,日月照色,藏识知境,佛光然曜。则修行为渐证,呈名顿。此《圆觉经》备前诸说,谓文殊一章是顿解悟,普眼观成是顿证悟,三观本威德章。末,辨音章。是渐证悟。又普眼观通于解证,又三观一一首标悟净圆觉,次明行相后显成功。初中为对是顿悟渐修,中后为对是渐修顿悟,又普眼观示渐修顿悟。三期道场是渐修渐悟,普贤后段是顿悟顿修,又清净慧章,有忘心顿证。更有余文,不能繁述。此等顿渐,皆语用心不同,前门但是判教，苟得其意，皆成定慧。如其失旨，不成妄想，即堕无记，冀诸学者，审而修之。"

③ "初二句蹑前七门"，"初二句"，指"谓若但约教文，唯生义解忘诠"。"前七门"，指《圆觉经大疏》中第八修证差别门之前的"一教起因缘、二藏乘分摄、三权实对辨、四分齐幽深、五所被机宜、六能诠体性、七宗趣通别"等七门。

④ "东夏"，泛指中国。

⑤ "《周易略例》"，王弼撰，其中"明象"一节中，重点论述了"言"、"象"、"意"三者之间的关系。

疏"故以心"下①。二正叙修诠，文四：一具叙祖宗，二别叙末计，三束宗就法，四总释法门。今初，以心传心者，是达磨大师之言也。因可和尚谘问："此法有何教典？"大师答云："我法以心传心，不立文字。"谓虽因师说，而不以文句为道，须忘诠得意，得意即是传心。历代不绝者，如下所叙。

【校注】

① "疏'故以心'下"，指《圆觉经大疏》中"故以心传心，历代不绝"。

疏"自佛嘱迦叶"等者①。佛灭度后，摩诃迦叶当第一代。《付法藏经》②云：或云《付法藏传》，是西域贤圣所集，藏中有数本。今引四卷者，取意撮略，不备其文。法门祖宗，如世间家谱，不可及知，故为依贤圣传记，撮略十余节要处，叙于别卷。亦不代代录之，可拨之令知。久讲者须宣之于后辈，或讲时或余时皆得。今欲于此叙之，恐初学智力不逮，故且销文略叙，引讲时不得引说，但且撮略取意销疏文，不妨余时细话也。**昔婆伽婆**③，于无量劫，为众生故求最胜道，成就种种难行苦行云云。破魔军已，成最正觉云云。降伏外道，立最胜幢。闭恶趣门，开涅槃道。化缘将毕，垂当灭度，告大弟子摩诃迦叶：汝今当知，我于无量阿僧祇劫，为众生故，勤修苦行，一心专求无上胜法，如我昔愿，今已满足。我于今者，将般涅槃。以此深法，用嘱累汝，汝于当后，敬顺我意，广宣流布，无令断绝。迦叶白言：善哉受教！我当如是奉持正法，使未来现在等蒙饶益，唯愿世尊，不以为虑。是故，如来灭度之后，摩诃迦叶，次宣正教，集佛法藏，化诸众生，其所度脱，求不退转云云，即迦叶当第一。然《禅经》④序文云：此是阿难曲承旨诏，遇⑤非其人⑥，则幽关莫辟，罕窥其庭。若能得意忘言，则途中授与，据此即佛属阿难。又《智论》说："阿泥楼豆语阿难言：佛旨付汝法，汝今愁闷，失所付事。"⑦又佛般涅槃时，迦叶不在，亦似合是阿难。今此经及传记，述法眼相付皆以迦叶为初祖者，应是先受佛密属，然住山中。后佛临涅槃，再属阿难，令语迦叶：当佛法主，及令阿难同结集法藏，迦叶为初也。

【校注】

①"疏'自佛嘱迦叶'等者"即《圆觉经大疏》中"自佛嘱迦叶"。

②"《付法藏经》"，又称《付法藏因缘经》、《付法藏传》、《付法传》，共六卷，题为元魏吉迦夜等译。此经叙述释尊入灭后，迦叶、阿难等二十三位印度祖师嫡嫡相传的事迹与传法世系。其最后一祖为师子尊者，被罽宾国王弥罗掘杀害，付法至此断绝。天台宗、禅宗均重视本经中的祖祖相承的系统。天台据此有西天二十四祖说。禅宗则有二十八祖之说。

③"婆伽婆",通常作"薄伽梵",佛的尊称之一,意为"有功德者"。

④"《禅经》",一般上指《坐禅三昧经》,共二卷,鸠摩罗什译。又称《坐禅三昧法门经》、《阿兰若习禅法》、《菩萨禅法经》、《禅法要》、《禅经》。但在此处宗密指《达摩多罗禅经》,又称《修行道地经》、《修行地不净观经》等,二卷,佛陀跋陀罗于庐山译出。此经记载有佛灭后禅法的传承世系。

⑤"遇",底本作"过",据《达摩多罗禅经》改。

⑥《达摩多罗禅经》序分说:"则是阿难曲承音诏,遇非其人必藏之灵府。"

⑦引文出自《大智度论》卷第二,原文为:"尔时长老阿泥卢豆语阿难:汝守佛法藏人,不应如凡人自没忧海,一切有为法是无常相,汝莫愁忧。又佛手付汝法,汝今愁闷,失所受事。"

疏"展转于今"等者①,西域二十八祖②,此方七祖③,相承传法,如一灯照百千灯,冥者皆明,明终无尽。传灯之喻,如《净名经》④。

疏说"然初五师"者⑤,谓迦叶、阿难、末田地、商那和修、优婆毱多也。阿难第二,故《付法藏经》云:"迦叶垂涅槃时,以最胜法,付嘱阿难,而作是言:长老当知,昔婆伽婆以法付我,我年老朽,将欲涅槃,世间胜眼,今欲相付嘱,汝可精勤守护斯法。阿难曰:诺!唯然受教云云。阿难演畅妙法,化诸众生。"⑥化缘将毕,先度罽宾比丘名末田提⑦,又念迦叶垂涅槃时,告云:长老于后,若入涅槃,王舍城有一长者,名商那和修⑧,高才勇猛,有大智慧,可度出家,以法付之。阿难临般涅槃，告曰："佛以法眼，付大迦叶。迦叶付我，我今付汝，汝可守护，度诸众生。答曰：奉教我当拥护，普为一切作大明炬。商那和修第三，和修亲禀阿难，不禀末田提，故当第三。于是次宣无上法药，疗烦恼病，济度群生，其德高远，辩才无尽。⑨第二卷云⑩。阿难以法付和修时，而告之曰：世尊昔游摩突罗国⑪，顾命我言：于此国中，当有长者，名为毱多，其子号曰忧波毱多⑫，于禅法中最为第一。虽无相好，化度如我，我灭度后，与大饶益。其所教化，无量众生，皆悉解脱，得阿罗汉。汝当于后度令出家，若涅槃者，付其法藏。优婆毱多第四。商那和修临涅槃时，告毱多曰：佛以正法，付大迦叶，次付吾师阿难，阿难以法属累于我。我当灭度，以法付汝。汝可精勤，拥护世眼。优婆毱多言：唯然受教⑬。毱多化缘极盛，事数极多，略如别卷，余在本传。

【校注】

① "疏'展转于今'等者"，指《圆觉经大疏》中"展转于今，灯灯相承，明明无尽"。

② "西域二十八祖"，即西天二十八祖说，是禅宗所说的释迦牟尼后的传法世系，乃依托《付法藏因缘传》和《达摩多罗禅经》改造而成。二十八祖说乃是神会门下流行的一种说法，宗密继承此说。

③ "此方七祖"，即荷泽宗所认定的中土禅宗七祖说，依次为菩提达摩、慧可、僧粲、道信、弘忍、慧能、神会。

④ "《净名经》"即《维摩诘所说经》的别名。传灯之喻出自该经的一段话："维摩诘言：诸姊有法门名无尽灯，汝等当学。无尽灯者，譬如一灯燃百千灯，冥者皆明，明终不尽。"

⑤"疏说'然初五师'者"指《圆觉经大疏》中"然初五师"。

⑥出自《付法藏因缘传》卷二开篇："摩诃迦叶垂涅槃时，以最胜法付嘱阿难，而作是言：长老当知，昔婆伽婆以法付我，我年老朽将欲涅槃，世间胜眼，今欲相付。汝可精勤，守护斯法。阿难曰：诺！唯然受教。于是阿难演畅妙法，化诸众生。"

⑦"末田提"，又称"末田地"、"末田底迦"，阿难的弟子之一。

⑧"商那和修"，又称"舍那和修、舍那婆斯"，阿难的弟子之一，《付法藏因缘传》以其为第三祖。

⑨出自《付法藏因缘传》卷二："摩诃迦叶垂涅槃时，告阿难曰：今以法宝，用相委累。长老于后若入涅槃，王舍大城有一长者，名商那和修，高才勇猛，有大智慧。……是故阿难临当灭度，而告之曰：佛以法眼付大迦叶，迦叶以法嘱累于我，如我今者涅槃时至，以法宝藏用付于汝，汝可精勤守护斯法，令诸众生服甘露味。商那和修答曰：奉教！我当拥护如斯妙法，普为一切作大明炬，于是次宣无上法药，疗烦恼病，济度群生。其德高远，久修愿行，多闻总持，辩才无尽。"

⑩指《付法藏因缘传》卷二。

⑪"摩突罗国"，又称"摩偷罗国"，佛陀在世时，古印度的十六国之一。佛常在此地说法。

⑫"忧波毱多"，又称"优婆鞠多"，是印度阿育王时代的著名僧人，付法藏之第四祖。

⑬出自《付法藏因缘传》卷三开篇："尊者阿难以法付嘱商那和修，而告之曰：世尊昔游摩突罗国，顾命我言：于此国

中，当有长者，名为毱多，其子号曰忧波毱多。于禅法中，最为第一。虽无相好，化度如我，我灭度后，兴大饶益。其所教化，无量众生，皆悉解脱，得阿罗汉。汝当于后，度令出家，若涅槃者，付其法藏。商那和修临涅槃时，告毱多曰：佛以正法付大迦叶，迦叶次付吾师阿难，阿难以法嘱累于我，我当灭度以付于汝。汝可精勤拥护世眼。忧波鞠言：唯然受教。"

疏"初五师兼之"者①，约五师所传之法，具禅法律三②也。故律宗未分五部③之前，以毱多已上为竖五师。然末田底迦及商那和修，皆是阿难弟子，即当同学，不是相承。故上引《付法藏经》叙商那嘱毱多曰：佛以正法，付大迦叶，次付吾师阿难，阿难以法嘱累于我。我当灭度，以付于汝。据此则至毱多，但有四代，不叙末田故也。律宗所云五者，以律仪教相，遵崇上座，故亦叙之，店禅宗但取禀承心地真法，方为师资，故唯四代。

【校注】

①"疏'初五师兼之'者"，即《圆觉经大疏》中"兼之三藏"。

②"禅法律三"，即指经律论三藏，其中禅对应于经，法即"对法"，对应于论。

③相传在佛灭后百年的时间，付法藏第五祖优婆毱多有五弟子，在戒律上各持己见，产生五部的分裂，即昙无德部、萨婆多部、弥沙塞部、迦叶遗部、摩诃僧祇部。

疏"毱多之后，律教别行"者①，从提多迦已下，乃至师子比丘二十三代，但传心地禅门及大乘经论。其小乘律藏，但是昙无德等五部分宗，各各异执，遍散诸国土，展转支分，不可具叙。其大乘经论及禅宗心地者，即毱多付嘱提多迦②，当其第五。久修行愿，辨才无尽，未生时，商那已授记，令毱多寻觅度之，乃至得阿罗汉。**弥遮迦**③**第六**，多闻博达。**佛陀难提**④**第七，佛陀密多第八**，德力甚深，又多善巧。国王邪见，密多十二年持赤幡在王前行，乃至王改邪心，受三归依。**胁比丘第九**，六十年在胎，生即皓首，出家勤苦，胁不至席。**富那奢第十**，立二谛义，降伏得马鸣为弟子。**马鸣菩萨**⑤**第十一**，以妙伎乐，其音清雅，哀婉调畅，宣说苦空无我。五百王子，闻悟出家，广著述诸论也。**毗罗尊者第十二**，造无我论，所至摧伏。**龙树菩萨**⑥**第十三**，天聪奇悟，事不再问，降伏异学，不可称说，度人无数，造论甚多，悉如别卷。临终入房闭户，经日不出，弟子破户见之，蝉蜕而去，诸国立庙，敬事如佛也。**迦那提婆十四**，才辨超绝，擅名天下，独步诸国，回国王邪心，又多著述。因降外道，外道弟子，以刀决五脏而终也。**罗睺罗第十五，僧伽难提第十六**，付法已，手举树枝而灭。**僧伽耶舍第十七，鸠摩罗驮**⑦**第十八，阇夜多第十九，婆修盘陀第二十**，通达一切修多罗义，分别宣说，广度众生。余疑是天亲菩萨之梵语。**摩奴罗第二十一，鹤勒那夜遮第二十二，师子比丘第二十三**。师子受付嘱，后游行教化，至罽宾国广度众生，化缘将毕，遂令弟子舍那婆斯付法云云。时遇罽宾国王，名弥罗掘，邪见炽盛，毁塔坏寺，杀害众僧。尊者告众曰：王有恶念，诸人可散。后王问师子：师所得法，岂非一切空乎？答曰：如是。王曰：夫证法空，于一切都无所惜，可施我头。师子曰：身非我有，何况于头？言讫⑧，王即斩师子首，断已无回，香乳流地。又云，王惊默悔。后心又再发恶念灭佛法也。其弟子舍那婆斯，遂奔南天。

【校注】

① "疏'毱多之后，律教别行'者"，即《圆觉经大疏》中"鞠多之后，律教别行"的这句话。

② "提多迦"，为付法藏的第五祖，古印度摩突罗国（一说摩迦陀国）人。

③ "弥遮迦"，为付法藏的第六祖。相传领有大仙八千，后遇提多迦，遂与诸仙共发菩提心，成为提多迦之弟子。得法后，游化北印度。

④ "佛陀难提"，为付法藏的第七祖，古印度迦摩罗国人。据《付法藏因缘传》卷五，佛陀难提为第七祖。而《宝林传》则认为佛陀难提从婆须蜜受法，婆须蜜从弥遮迦受法，故为第八祖。

⑤ "马鸣菩萨"，公元2世纪左右，中印度舍卫国人，出身婆罗门家族，受过严格的婆罗门教训练，后遇胁尊者而皈依佛门。之后，先习小乘，后弘大乘，成为一代著名的大乘宗师。署名为马鸣菩萨造的《大乘起信论》对中国佛教的影响至深。

⑥ "龙树菩萨"，约生活于公元三四世纪，出身于南天竺的婆罗门种姓。曾习隐身术，并入王宫淫乱宫女。后被国王以计谋识破，龙树的三位朋友都被杀害，唯独龙树一人逃脱，自此悟解"欲为苦本"的道理，开始出家学佛。对小乘及大乘都有研究，重要的撰述有《中论》、《大智度论》、《十二门论》等数十部。

⑦ "驮"，底本作"馱"，二者同。

⑧ "言讫"，底本作"言说"。

疏"罽宾已来，唯传心地"者①，舍那婆斯第二十四，罽宾即师子比丘遇难之处也。罽宾王既毁塔坏寺，杀害众僧，事不异于坑儒，势必焚于经论。由是师子比丘，但密以心法潜教婆斯。或隐山林，闲僻私语，或变仪式，混迹窃言，但示心宗，不传文字。问：师子虽受戮于罽宾，意以乳流而显法也。婆斯已免难于南竺，免难之后，何不传经？答：所显心性，虽离念照之，分明对境，觉之委细。然能诠经论，随器千差，理趣虽明，章句宁备，既非积习，奚为具传？自此已来，例之可见。亦是因罽宾焚除之难，觉文字非其必固，尤切意于心宗故也。亦是大道有数，兴替有时，故如此也。优婆掘第二十五，婆须密第二十六，僧伽罗叉第二十七。达磨多罗②第二十八，达磨是南天国王第三子，少小出家，依师言下，悟如来禅。三乘三藏，无不晓达。然志在妙理，冥心虚寂，于南天大作佛事。观此土，有大乘种，又作是念，东晨旦国，佛记后五百岁，般若智灯，连光于彼。遂属弟子般若蜜多罗，住天竺传法不绝，而来汉国。达磨至此③方当其第一，初至梁朝云云，后至魏，遇慧可，蒙示安心，授以袈裟，以定宗旨。云：观汉地，入圣位者，与《金刚》、《楞伽》相当。传我法至六代后，命如悬丝。百五十岁，终留一只履墓中，脚着一只西归，乃至碑传敕谥等，悉在别卷也。慧可第二，先博学经史，居邺洛二都，度人千方。答璨忏悔言下罪灭，临终偿债彼怨害也。僧璨第三，付法已，或居市廛街巷④止宿，不拣处所言语，不避深浅。后入罗浮山，数年临终，却归岿山，树下立合掌而终也。道信第四，居双峰，敕召，称⑤病再，取头任斫云云⑥。弘忍第五。

【校注】

① "疏'罽宾已来，唯传心地'者"，指《圆觉经大疏》

中"罽宾以来，唯传心地"。

②"达磨多罗"，此处当为"菩提达摩"，作者将达摩多罗和菩提达摩混为一人。

③"此"，底本作"北"。

④"巷"，底本作"葊"。

⑤"称"，底本作"虽"。

⑥《景德传灯录》卷三对这件事有详细的描述："后贞观癸卯岁（643），太宗向师道味，欲瞻风采，诏赴京师。上表逊谢，前后三返，竟以疾辞。第四度命使曰：如果不起即取首来。使至山谕旨，师乃引颈就刃，神色俨然，使异之，回以状闻，帝弥加叹慕，就赐珍缯，以遂其志。"

疏"黄梅门下，南北又分"者①，此下关涉疏义，故须又宿行粗字写之。南能北秀也。谓忍大师承信大师后，诣冯墓山②，居止此③山，在双峰山东，时人号为东山法门。此山在蕲州黄梅县，故复云黄梅门下。言南北分者，大师广开教法，学徒千万，于中久在左右，升堂入室者，即荆州神秀、潞州法如、襄州通、资州智诜、越州义方、华州慧藏、蕲州显、扬州觉、嵩山老安，并是一方领袖，或阖国名僧。虽各有证悟，而随器不同，未有究了心源者。后有岭南新州卢行者，年二十二，来谒大师。初答作佛之语，与契师心。舂米题偈，师资道合。后乃三夜共语，直了见性，遂授密语，付以法衣。夜自逆④过九江口，令向岭南。后在曹溪山，开禅弘扬宗旨故，时号南宗。其神秀等十人，虽证悟未彻，大师许云：各堪为一方之师。秀后于嵩山，传大师宗教，为帝之师，敕谥大通禅师，时号北宗。故云南北又分也，余如别卷。慧能第六。在始兴、南海⑤二部，得来十六年竟未开法。因在广州制止寺⑥，听印宗法师讲《涅槃经》，夜与诸僧，论风动幡竿之义，法师窃闻，细问知是东山门下，便为剃⑦头，逆⑧飯曹溪。二十日夜后，印宗自与道俗百余人往诣，请开禅门。神龙元年，敕请不入，两度敕书云云。有襄州神会，姓高⑧，年十四往谒⑨，因答无位为本，见即是性，挍试诸难，夜唤审问，两心既契，师资道合。神会北游，广其闻见，于西京受戒。景龙年中，却归曹溪，大师知其纯熟，遂默授密语，缘达磨悬记，六代后命如悬丝，遂不将法衣出山。能大师说法三十七年，年七十六，先天二年八月三日灭度。至元和十年，敕谥大鉴禅师，塔号元和卢照。

【校注】

① "疏'黄梅门下，南北又分'者"，指《圆觉经大疏》中"黄梅门下，南北又分"。
② "冯墓山"，又作"冯茂山"。
③ "此"，底本作"北"。
④ "逆"，迎接。
⑤ "始兴、南海"，隶属今广东省的两个地名。
⑥ 该寺又称王园寺、光孝寺，位于今广州市。
⑦ "剃"，原作"刺"。
⑧ "姓高"，底本作"姓嵩"，《禅门师资承袭图》及其他记载皆认为神会和尚俗姓"高"，故改。
⑨ "谒"，底本作"谓"。

神会第七。大师承南宗能和尚后，于东京荷泽寺①，时人皆云荷泽和上。和上姓高②，顶异凡相，如孔丘也。骨气殊众，总辨难测。先事北宗秀三年，秀奉敕追入，和上遂往岭南和尚。和尚行门增上，苦行供养，密添众瓶，斫冰济众，负薪担水③，神转巨石等云云。策身礼称，燃灯殿光，诵经神卫，律穷五部，禅感紫云。因洛阳诘北宗传衣之由，及滑台演两宗真伪，与崇远等诗论一会④，具在《南宗定是非论》中也。便有难起，开法不得，然能大师灭后，二十年中，曹溪顿旨，沉废于荆吴，嵩岳渐门，炽盛于嵩岳（《略抄》作"秦洛"）。普寂禅师，秀弟子也，谬称七祖。二京法主，三帝门师，朝臣归崇，敕使监卫，雄雄若是，谁敢当冲？岭南宗途，甘从毁灭，法信衣服，数被潜谋，事如祖章。传授碑文，两遇磨换。据碑文中所叙，荷泽亲承付属，讵⑤敢因循？直入东都，面抗北祖，诘普寂也。龙鳞虎尾，殉命忘躯，侠客沙滩，五台之事，县官白马，卫南卢郑二令文事，三度几死。⑥商旅缞服，曾易服执秤负归，百种艰难，具如祖传。达磨悬丝之记，验于此矣。因淮上祈瑞感，炭生芝草，士庶咸睹，遂令⑦建立，无退屈心。又因南阳答王赵公三车义⑧，名渐闻于名贤。天宝四载，兵部侍郎宋鼎，请入东都。然正道易申，谬理难固，于是曹溪了义，大播于洛阳；荷泽顿门，派流于天下。然北宗门下，势力连天。天宝十二年，被谮聚众，敕黜弋阳郡，又移武当郡。至十三载，恩命量移襄州。至七月，又敕移荆州开元寺。皆北宗门下之所毁⑨也。至乾元元年四月后，频告门人，令数问法，再三深叹无为一法。五月十三日，中夜示灭，年七十五。其夜，山南东道节度使制州刺史李广珠，见大师座空中过，空有声云：往开元寺，迎神会和尚去云云。二年，迁厝于东京龙门置塔。宝应二年，敕于塔所置宝应寺。大历五年，敕赐祖堂额，号真宗般若传法之堂。七年敕赐塔额号般若大师之塔。贞元十二年，敕皇太子集诸禅师楷定禅门宗旨，遂立神会禅师为第七祖。内神龙寺，敕置碑记见在。又御制七祖赞文，见行十世。

【校注】

① "荷泽寺"，底本作"荷溪寺"。

② "和上姓高"，底本作"和上姓万"。

③ "担水"，底本作"檐水"。繁体"擔（担）"与"檐"形近。

④指开元二十年（732），神会和北宗的代表崇远在滑台大云寺就北宗不是禅门正统（因其没有传法的袈裟）、南宗北宗不同的宗旨进行了激烈的辩论。辩论由弟子独孤沛记录并吸收其他片断言论，编成《菩提达摩南宗定是非论》。

⑤"讵"，又作"谁"。

⑥此段所叙史实不明，杨曾文先生认为，"侠客沙滩，五台之事"中的沙滩、五台，或许是发生事情的地方。"县官白马"，古代"县"、"悬"相通，此句意为身陷县衙，久处不决。"白马"，即滑台。参见杨曾文著《唐五代禅宗史》第199页。

⑦"令"，又作"尽今"。

⑧"王赵公"，名琚，唐玄宗时为户部尚书，封为赵国公。后久任外郡，曾任邓州刺史。邓州，也称"南阳郡"，故称"南阳王赵公"。所谓"三车义"指王琚曾就《法华经》中的羊车、鹿车、牛车等比喻"三乘"（声闻、缘觉、菩萨），大白牛车比喻"佛乘"的道理向神会询问，神会以"若为迷人得，一便作三车；若约悟人解，即三本是一"的偈语作答的故事。

⑨"毁"，又作"致"。这段神会遭迫害的经历指天宝年间，御史卢奕弹奏神会聚众谋反，于是神会在两年的时间内，不断被贬逐在河南南部和湖北的四个不同地方。卢奕是北宗普寂的信徒，于是神会遭迫害被认为是北宗门下所为。

疏"虽继之一人"下，第二别叙末计也。于中二：一标意，二叙列。今初也，继一人者，西域初从迦叶，此方始于达磨，乃至神会，唯委嘱一人继嗣也，屡有傍出等者，如下所叙。

疏"有拂尘看净，方便通经"下，二叙列也，略叙七家。今初第一也，即五祖下。此宗秀大师为宗源，弟子普寂等大弘之。拂尘者，即彼本偈云：时时须拂拭，莫遣有尘埃①，是也。意云：众生本有觉性，如镜有明性，烦恼覆之，如镜之尘。息灭妄念，念尽即本性圆明，如磨拂尘尽镜明，即物无不极。此但是染净缘起之因②，未见妄念本无，一性本净。悟既未彻，修岂称真？修不称真，多劫何证？

【校注】
①此偈敦煌本《坛经》作："时时勤拂拭，莫使有尘埃。"
②"因"，底本作"烟"。

疏"方便通经"者，方便谓五方便也。①第一，总彰佛体。②依《起信论》，谓佛者觉也，自觉觉他觉满。离心名自觉，觉心无心为离心也。离色名觉他，觉身无身为离色也。俱离为觉满，觉自他，离身心累③，自在知见。所言觉义者，谓心体离念，离念相者等虚空界，心也，释自觉，谓赞叹不喜，打骂不瞋，离念即无心，无心即与虚空合体故，名等虚空界，若起心即不等空界也。无所不遍，法界 相，色也，释觉他。即是如来平等法身。④俱也，释觉满。如是用心，常无间断，是长养法身。没身没心，没天没地，湛然清净，亦名圆满法身。瞥起心即有心色，破坏法身。色是色蕴，谓五根六尘。⑤心即四蕴⑥，蕴是积聚义，亦名为阴，阴是覆盖义。谓离念故无心，无心即无色，色心清净，五蕴常空，故名一相。十二处十八界例知。谓若离根尘识，即界分常空寂。根根空，尘尘静；根根无心，尘尘是圣，圣者正也。眼见色，意同知染法界，意不同知净法界，耳等皆然。瞥起心即十八界，无心即一相，一相者无相。对境不动名如，不随应是来。若见色有憎爱等，是动是去，非如非来；故无憎爱，即自在知见。此是光明如来眼识，余耳等例之。谓无量教如来、香积如来、甘露如来、华聚如来、法门如来，如次配五识也⑦，云云。乃至不见有身身是佛，不见有心心是佛。身心总不见，身心总是佛。

【校注】

① "方便通经"、"五方便"，应当是指唐代北宗的禅法著作《大乘五方便》，又称《大乘无生方便门》。此著作发现于敦煌文献中，有数个抄本。其中的 S2503 上的写本三、写本二在 1932 年经日本学者校勘收入《大正藏》卷八十五，分别题为《大乘无生方便门》和《赞禅门诗》。此后日本学者宇井伯寿和铃木大拙等都对这些写本做过整理。从现存的写本看，《大乘五方便》的内容与宗密所述的"五方便"是基本一致的，也包括五部分：第一，"总彰佛体"；第二，"开智慧门"；第三，"显不思议解脱"；第四，"明诸法正性"；第五，"了无异自然无碍解脱"。

② "第一，总彰佛体"参见《大正藏》第 85 册中的《大乘无生方便门》以及《赞禅门诗》。

③ "离身心累"，底本作"离身心烟"。

④ 此段出自《大乘起信论》，原文为："所言觉义者，谓心体离念，离念相者等虚空界，无所不遍，法界一相，即是如来平等法身，依此法身说名本觉。"

⑤ "色蕴"，《俱舍论》卷一说："色蕴者何？颂曰：色者

唯五根，五境及无表。"即认为色蕴包括眼、耳、鼻、舌、身五根，色、声、香、味、处五境和无表色，共十一种。此处宗密以色蕴指"五根六尘"，说法略有不同。"六尘"，又称"六境"，指前面所说的五境，再加上法境，合为六种。法境是人的意识对象，广义上包括一切法。但是如果从分类上避免重复，排除前五境的话，说一切有部认为法境应当包括无表色、心所法、心不相应行法和无为法。色蕴所含的法尘只能指其中的"无表色"。

⑥"四蕴"，即五蕴中除"色蕴"外的受、想、行、识四蕴。

⑦参见《大乘无生方便门》："娑婆世界释迦如来，以音声为佛事，耳根为慧门。光明世界灯明如来以光明为佛事，眼根为慧门。香积世界香积如来，以众香为佛事，鼻根为慧门。甘露世界甘露如来，以甘露味为佛事，舌根为慧门。众花世界花光如来，以众花为佛事，身根为慧门。妙慧世界法明如来以知一切法不动为佛事，意根为慧门。"

第二，开智慧门①。依《法华经》，开示悟入佛知见②也。谓身心不动，豁然无念是定，见闻觉知是慧，不动是开。此不动即能从定发慧，意根不动智门开，五根不动慧门开。智用是知，慧用是见，名开佛知见。知见即是菩提，菩提者不可以身心得。寂灭是菩提，灭诸相故。眼见色，不被色尘碍眼，菩提云云，耳鼻舌身意亦然。六根不碍诸尘相，即是圆满大菩提。知是根本智缘真，见是后得智了俗。一往无间是缘真，先以证为根本，若不以证为先，所有知见随染。今日炽然于六尘中得自在，由何物只缘？先以证为根本，所以知见不染六尘，处处知见分明，名佛知见。次下释诸佛世尊唯以一大事等云云。

【校注】

①"第二，开智慧门"参见《大乘无生方便门》。

②"开示悟入佛知见"，见《法华经》的"方便品"："诸佛世尊，唯以一大事因缘故，出现于世。舍利弗，云何名诸佛世尊唯以一大事因缘故出现于世？诸佛世尊欲令众生开佛知见，使得清净故，出现于世。欲示众生佛之知见故，出现于世。欲令众生悟佛知见故，出现于世。欲令众生入佛知见道故，出现于世。舍利弗，是为诸佛以一大事因缘故出现于世。"这里以"开"、"示"、"悟"、"入"佛的知见，来说明佛出现于世的原因。

第三，显不思议解脱①。依《维摩经》，谓瞥起心是缚，不起心是解。二乘人，厌喧住寂，贪著禅味，是菩萨缚。不沉不寂，以方便生，是菩萨解②。二乘人，在定即不能说法，出定则说生灭法。为无定水润心，名为乾慧，但住不动中说法。不动是方便，说法是慧。二乘人闻说法不动为方便，便住不动中，无自在知见，在定亦不能说法。菩萨定中，有慧自在知见，即不被缚。得定得慧，于无相无作法中，以自调伏，名之为慧。五阴空空解脱，六尘无思无想解脱。心无所缘，无作解脱，是名三空解脱门③。次下释经文十数节云云。

【校注】

①"第三，显不思议解脱"参见《大乘无生方便门》。

②参见《维摩经》卷中"文殊师利问疾品"："何谓缚？

何谓解？贪著禅味，是菩萨缚。以方便生是菩萨解。"

③"三空解脱门"，即三解脱门，指三种进入解脱境界的法门：一，空解脱门，即了达诸法本空，不执著于诸法；二，无相解脱门，了知诸法无相，即能脱离差别之相；三，无愿解脱门，了知诸法幻有，而无所愿求。

第四，明诸法正性。依《思益经》①，谓心不起离自性，识不生离欲②际，见是眼寂性，闻等五③云云。不起即无心，无心即无境性，是名诸法正性④。眼是欲色之⑤降，眼识不生，离欲际。耳等五云云。余如别卷也。

【校注】

①"《思益经》"，即《思益梵天所问经》，四卷，鸠摩罗什译。又作《思益梵天问经》、《思益义经》，略称《思益经》。同本异译有竺法护译《持心梵天所问经》四卷、菩提流支译《胜思惟梵天所问经》六卷。

②"离欲"，底本作"难故"，不可解。参照本段中"识不生离欲际"，"难故"应为"离欲"。

③"闻等五"，人对外境的所产生的六识可以概括为"见闻觉如"四个方面，眼识对应于见，耳识对应于闻，鼻、舌、身三识对应于觉，意识对应于知。此处的"闻等五"当指闻、觉、知所代表的五种识。

④参见《思益经》卷一之"分别品"："何谓为诸法正性？梵天言：诸法离自性，离欲际，是名正性。"

⑤"之"，底本作"是"。

第五，了无异自然无碍解脱。依《华严经》，一切无碍人，是无碍道，一道出生死，是无住道。①非长亦非短，解脱人所行，是解脱道。因无异得离根尘，眼见色无异，一切色尘不能为碍，无碍道。离尘色不染，见见离染，解脱道。离染，耳等五云云。根相尘相，一法亦无尘来染，唯有知见独尊，光明遍照。无碍道等觉，解脱道妙觉，等觉智照，依性起相，妙觉慧照，摄相取性。智能照理，慧能照事。分明知见，光明遍照。等觉是大智，妙觉是大慧。不起心心如，心如一切物皆如。如即是智，智能含慧，是名大智慧云云。余如别卷。

上四门文末②，皆有云云字者，悉是余义，插入别卷也。

【校注】

①参见《华严经》卷十三之"菩萨问名品"中贤首菩萨所说的偈颂："一切无碍人，一道出生死，一切诸佛身，唯是一法身。"

②"末"，底本作"未"。

疏"有三句用心，为戒定慧"者，第二家也。根元是五祖下分出，名为智诜①，即十人中之一也。本是资州人，后却归本州德纯寺开化。弟子处寂②，俗姓唐，承后。唐生四子，成都府净众寺金和尚③，法名无相，是其一也，大兴④此教。金弟子：当寺石⑤、长松山马⑥、遂州李⑦、通泉县李⑧，皆嗣之。言三句者，无忆无念莫忘也。意令勿追忆已过之境，勿预念虑未来荣枯等事，常与此智相应，不昏不错，名莫忘也。或不忆外境，不念内心，修然无寄。莫忘如上。戒定慧者，次配三句也。虽开宗演说，方便多端，而宗旨所归，在此三句。其传授仪式，略如此⑨国今时官坛，受具足戒方便，谓一两月前，先尅日牒示，召集僧尼士女，置方等道场礼忏，或三七、五七，然后授法了。皆是夜间，意在绝外，屏喧乱也。授法了，便令言下息念坐禅。至于远方来者，或尼众俗人之类，久住不得，亦直须一七、二七坐禅，然后随缘分散。亦如律宗临坛之法⑩，必须众举由状，官司给文牒，名曰开缘。或一年一度，或三年、二年一度，不等开，数开。

【校注】

①"智诜"（609~702），唐代僧。汝南（河南）人，俗姓周。十三岁出家，初从玄奘"学经论，后闻双峰山忍大师，便辞去玄奘法师，舍经论，遂于冯茂山投忍大师"。后来回到资州（四川资中一带）德纯寺。著有《虚融观》三卷、《缘起》一卷、《般若心经疏》一卷。

②"处寂"（669~736 或 648~734），智诜的弟子。《历代法宝记》和《宋高僧传》都有传，但二书所记不同。《历代三宝记》所记称，处寂俗姓唐，人称"唐和尚"。先学儒家经典，后来随智诜出家。曾随智诜入京，后在德纯寺传法二十余年。开元二十四年（736）去世，年六十八岁。而《宋高僧传》则说，处寂俗姓周，曾师事宝修禅师在资州的北山修"杜多行"，即"头陀行"。后被武则天诏入内道场供养，受赐袈裟，后来回到德纯寺。开元二十二年（734）去世，年八十七岁。

③"金和尚"，即金无相（684~762），处寂的弟子。俗姓金，原为新罗王子，于新罗之群南寺出家受戒后，开元十六年（728）随入唐使航海来华，住在禅定寺。后来周游至资中德纯寺，欲拜处寂为师。当时正好处寂身染疾病，因此没有接纳

他，无相为了表示决心，燃一指供养，处寂为其诚意所感，于是收为弟子，留在身边学法二年。此后到天谷山修行，处寂临终前，派人找回无相，把袈裟传给他，表明处寂认为他是自己的嗣法弟子。天宝末年，"安史之乱"爆发后，唐玄宗避乱入蜀，曾被迎请到内殿供养。无相于宝应元年（762）五月去世，年七十九岁。嗣法弟子有净众神会、无住。

④ "兴"，底本作"和"。

⑤ "当寺石"，底本作"当寺召"，误。"当寺石"指净众神会，俗姓石，原籍西域，祖父时，迁至凤翔。三十岁时，拜无相为师。贞元十年（794）去世，年七十五岁。

⑥ "长松山马"，有学者认为可能指"马祖道一"。

⑦ "遂州李"，底本作"逐州季"，"逐州"是"遂州"（今四川遂宁）之误，"季"乃"李"之误。据杨曾文著《唐五代禅宗史》第262页。

⑧ "通泉县李"，底本作"通泉县季"。

⑨ 底本此处衍"此"。

⑩ "临坛之法"，指僧尼登临戒坛，举行授戒之仪式。

疏 "有教行不拘而灭识"者，第三家也。其先亦五祖下分出，即老①安和上也，六十岁出家授戒，六十夏②。方灭度时，年一百二十，故时号老安③，安即名也。为则天圣后之所师敬，道德深厚，志节孤高，诸名德皆难比类。有四弟子皆道高名著，中有一俗弟子陈楚章，余三即腾腾、自在、破灶堕④。时号陈七哥。有一僧名无住⑤，遇陈开示领悟，亦志行孤劲。后游蜀中，遇金和上开禅，亦预其会，但更谘问，见非，改前悟。将欲传之于未闻，意以禀承俗人，恐非宜便，遂认金和上为师，指示法意大同，其传授仪式，与金门下全异。异者，谓释门事相一切不行，剃发了便挂七条⑥，不受禁戒。至于礼忏、转读、画佛、写经，一切毁之，皆为妄想。所住之院，不置佛事，故云教行不拘也。言灭识者，即所修之道也，意谓生死轮转，都为起心，起心即妄，不论善恶，不起即真。亦不似事相之行，以分别为怨家，无分别为妙道。亦传金和上三句言教，但改忘字为妄字。云诸同学，错预先师言旨，意谓无忆无念即真，忆念即妄。不许忆念，故云莫妄。毁诸教相者，且意在息灭分别而全真也。故所住持，不议衣食，任人供送⑦。送⑧即暖衣饱食，不送即任饥任寒。亦不求化，亦不乞饭。有人入院，不论贵贱，都不逢迎，亦不起动。赞叹、供养、怪⑨责、损害，一切任他。良由宗旨，说无分别。是以行门无非无是，但贵无心而为妙极，故云灭识也。

上来三家，根本皆是六祖同学，但傍正之异耳。

【校注】

①底本此处多一衍字"母"。

②"夏"，指夏腊，又名戒腊，即僧人受戒的年岁。僧人每年四月十六日至七月十五日安居一处，称为结夏。安居完毕，僧人即增一法岁。

③"老安"，隋唐间著名的禅僧，禅宗五祖弘忍之十大弟子之一。又称慧安、道安、大安。荆州（今湖北）支江人，俗姓卫。大约六十多岁时，至黄梅山拜弘忍为师，得道后在长安及嵩洛一带传法，卒时据说已一百二十岁高龄。

④"腾腾、自在、破灶堕"，指老安的三个弟子。腾腾，指洛阳福先寺仁俭禅师，曾被武则天诏入殿中问答，后作十九

首短歌呈上，深受武则天器重，事迹见《景德传灯录》卷四。破灶堕，又称破窑堕，隐居嵩岳。一日进山后打破了在庙前祭祀用的灶台，故此号称破灶堕。事迹见《景德传灯录》卷四和《宋高僧传》卷十九。至于自在和尚，《宋高僧传》卷十一有"唐洛京伏牛山自在传"，生活于741年至821年间，从时间上看，不可能是老安的弟子。此外，《历代三宝记》说："东京有神会和上，大原府有自在和上，并是第六祖师弟子。"此自在和尚是慧能的弟子。因此，作为老安弟子的自在，事迹不详，但《景德传灯录》中列举了老安的三个弟子，前两个如前所列，第三个名元珪禅师，幼年出家，后从老安证悟，也可能就是此自在禅师。

⑤ "无住"（714~774），俗姓李，即宗密在《中华传心地禅门师资承袭图》中的"保唐李了法"。曾随老安的在家弟子陈楚章受"顿教法"，得以开悟。后到成都净众寺跟随金无相学习，后在保唐寺传法，其所代表的保唐禅法与金无相所传有所区别，在蜀郡地位显赫。

⑥ "七条"，指袈裟。

⑦⑧ "送"，底本作"逆"。

⑨ "怪"，底本作"恎"，同"怪"。

疏"有触类是道而任心"者，第四家也。其先从六祖下分出，谓南岳观音台让和上①，是六祖弟子。本不开法，但居山修道。因有剑南沙门道一，俗姓马，是金和上弟子，高节志道，随处坐禅，久住荆南明月山。后因巡礼圣迹，至让和上处。论量宗运，征难至理，理不及让。又知传衣付法曹溪为嫡，便依之修行。住乾州、洪州、虎州，或山或廓，广开供养，接引道流，大弘此法。起心动念，弹指磬咳扬眉②，因所作所为，皆是佛性全体之用，更无第二主宰。如面作多般饮食，一一皆面，佛性亦尔。全体贪瞋痴，造善恶受苦乐故，一一皆性。意以推求，而四大骨肉舌齿眼耳手足，并不能自语言见闻动作。如一念今终，全身都未变坏，即便口不能语，眼不能见，耳不能闻，脚不能行，手不能作，故知语言作者，必是佛性。四大骨肉，一一细推，都不解贪瞋故。贪瞋烦恼并是佛性，佛性非一切差别种种，而能作一切差别种种。意准《楞伽经》云："如来藏是善不善因，能遍与造一切，起生受苦乐，与因俱。"③又云，佛语心④。又云，或有佛刹，扬眉动睛，笑欠磬咳，或动摇等，皆是佛事，故云触类是道也。言任心者，彼息业养神或云息神养道。之行门也，谓不起心造恶修善，亦不修道，道即是心。不可将心还修于心，恶亦是心，不可以心断心。不断不造，任运自在，名为解脱人，亦名过量人，无法可拘，无佛可作。何以故？心性之外无一法可得，故云但任心即为修也。此与第三家，敌对相违，谓前则一切是妄，此即一切是真。

【校注】

① "让和上"，即南岳怀让（677～744）。俗姓杜，十五岁时在荆州玉泉寺从恒景律师出家，曾参访过弘忍的弟子慧安，后赴曹溪参礼慧能。据说二人相见时，慧能问他从什么地方来，他说从嵩山来。又问："什么物怎么来？"怀让回答："说似一物即不中。"由此获得了慧能的认可。怀让在慧能处学习了十二年，后来到南岳衡山的般若寺（观音台）传法，因此人称南岳观音台怀让。

②"扬眉",底本作"扬扇"。

③引文出自四卷本《楞伽经》卷四,由"如来之藏是善不善因,能遍兴造一切趣生"和"如来藏者,受苦乐与因俱"两段经文合并而成。

④"佛语心",即如来藏心,《楞伽经》的各品名为"一切佛语心",表明了本经以"如来藏心"为中心的思想。

疏"有本无事而忘情"者,第五家也,即四祖下分出也。其先即牛头①慧融大师②,是五祖忍大师同学。四祖委嘱忍大师继代之后,方与融相见。融通性高简,神慧灵利,久精般若空宗,于一切法,已无计执。后遇四祖,于方空无相体,显出绝待灵心本觉,故不俟久学,便悟解洞明。四祖语曰:此法从上一代,只委一人,吾已有嗣,汝③可自建立。融遂于牛头山④,息缘忘情,修无相理,当第一祖。智岩⑤第二,慧方第三,法持第四,智威第五,慧忠第六。智威弟子润州鹤林寺马素⑥和上,素弟子径山道钦⑦和上相袭,传此宗旨。言本无事者,是所悟理,谓心境本空,非今始寂。迷之谓有,所以生憎爱等情。情生诸苦所系,梦作梦受故。了达本来无等,即须丧己忘情,情忘即度苦厄故,以忘情为修行也。前以⑧触类是通为悟,而任心是修,此以本无事为悟,忘情为修。又此与前两家皆异者,且就悟理而言者,第三家一切皆妄,第四一切皆真。此⑨则一切皆无。就行说者,第三伏心灭妄,第四纵任心性,此则休心不起。又三是灭病,四是任病,五是止病。如下文说。

【校注】

①"牛头",底本作"午头"。牛头是山名,位于今天南

京市中华门外,现名牛首山,是唐代禅宗牛头宗的所在地。

②"慧融大师",即法融(594~657),唐代牛头宗的开山祖师,世称牛头法融。润州延陵(今江苏镇江)人,俗姓韦。十九岁时便博古通今,后来阅读《般若经》,归信佛教,依茅山明法师出家。唐贞观十七年(643),于牛头山幽栖寺北岩下建立禅室,修习禅观,并吸引百余人跟随他坐禅。至于法融和禅宗四祖道信的关系,《续高僧传》并无记载。明确的记述法融受道信印可为牛头禅初祖的事实,是晚出的刘禹锡的《融大师新塔记》(《全唐文》第六〇六卷)、李华的《故径山大师碑铭》(《全唐文》第三二〇卷)以及宗密的著作中的记载。

③"汝",底本作"如"。

④"牛头山",底本作"午头山"。

⑤"智岩",底本作"智严"。

⑥"马素",即"玄素"。因其俗姓马,故称马素。

⑦"径山道钦",底本作"劲山道钦"。

⑧"以",底本作"此"。

⑨"此",底本作"如"。

疏"有藉传香而存佛"者,第六家也,即南山念佛门禅宗也。其先亦五祖下分出,法名宣什①。果州未和上、阆州蕴玉、相如县尼一乘,皆弘之,余不的知,禀承师资照穆。言传香者,其初集众礼忏等仪式,如金和上门下。欲授法时,以传香为资师之信。和上手付,弟子却授和上,和上却授弟子,如是三遍。人皆如此②。言存佛者,正授法时,先说法门道理修行意趣,然后令一字念佛,初引声由念,后渐渐没声,微声乃至无声,送佛至意。意念犹粗,又送至心,念念存想,有佛恒在心中，乃至无想尽③得道。

【校注】

①"宣什"，行迹不明，《师资承袭图》中称为"果阆宣什"。和下文提到的果州（今四川南充）未和上、阆州（今四川阆中）蕴玉、相如县（今四川蓬安）尼一乘等，都属于提倡念佛的禅宗派别。

②"此"，底本作"地"。

③"尽"，底本作"盉"。

疏"有寂知指体，无念为宗"者，即第七家也，是南宗第七祖荷泽大师所传。谓万法既空，心体本寂，寂即法身，即寂而知，知即真智，亦名菩提涅槃。广如《悬谈》①以法性教对破相教五对义中所辨。此是一切众生本源清净心也，是自然本有之法。言无念为宗者，既悟此法本寂本知，理须称本用心，不可还②起妄念。但无妄念，即是修行，故此一门宗于无念。

【校注】

①"《悬谈》"，指澄观所撰的《华严悬谈》九卷，又称《大方广佛华严经疏序演义钞》、《华严经疏钞玄谈》、《清凉玄谈》等。

②"还"，底本作"遂"。

疏"遍离前非，统收俱是"者，此有二意：一以第一家，拣收前六，谓上句拣，下句收。简云前非，谓一二及六，滞于染净缘相，失天真本净性德。第四及上五三，阙于方便事行，而乃尽于有为。违《净名经》言教也。就中，第三加以毁教之失。又六家皆未指出灵心，今第七，克体直指寂知，不约诸像法量，又顺性无念修行故云尔也。下句收为是者，谓以寂知为本，而随缘修前方便之行，即前六家皆是随病对治之妙门也。此乃所其所通，无其所病也。二总判七家，皆有收拣。谓第七家中，若一向拣却缘虑妄心、色相尘境、顽凝虚空等法，偏立寂知，而为究竟者，互未①圆通。圆通见者，必须会前差别取舍等法，同一寂知之性。寂知之性，举体随缘作种种门，方为真见。寂知如镜之净明，诸缘如能现影像。荷泽深意本来如此，但为当时渐教大兴，顿宗沉废，务在对治之说，故唯宗无念，不立诸缘。如对未识镜体之人，唯云净明是镜，不言青黄是镜。今于第七家，亦有拣者，但拣后人局见，非拣宗师。据此道理，即知于七宗中，若统圆融为一，则七皆是。若执各一宗，不通余宗者，则七皆非。如《涅槃》说，有人摸象，虽各认成非，然亦皆不离象体②。但总也，即是全象也，故注云象体。

【校注】

①"未"，底本作"来"。

②《涅槃经》三十二说："有王告一大臣，汝牵一象来示盲者。大臣受王敕，多集众盲，以象示之。时彼众盲各以手触，大王即唤众盲各各问言：汝见象否？众盲各言：我已见。王言象类何物？触其牙者即言象形如萝蔔根，触其耳者言象如箕，触其头者言象如石，触其鼻者言象如杵，触其脚者言象如臼，触其脊者言象如床，触其腹者言象如瓮，触其尾者言象如绳，善男子！如彼众盲不说象体，亦非不说。是众相若悉非象

者，离是外更无别象。善男子！王喻如来正遍知，臣喻方等涅槃经，象喻佛性，盲喻一切众生无明也。"

疏"上之诸宗"下①，第三束宗就法，但就顿渐悟修之法，和会自然，会得诸宗，诸宗不离此故。然定慧正是所修之道，顿渐是悟修之仪式。所修之道有正有助，定慧是正道，余万行是助道，助定慧故。故《华严》云："譬如有力王，率土咸戴仰，定慧亦如是，菩萨所依赖"②等。诸教非一，悟修多是解行，顿渐通于悟修。"无定"下明互阙之失，谓无定之慧，慧是狂慧，如风中灯，如摇动水。无慧之定，定是愚定，如闷绝无心，如枯机无识。又偏修定增长无明，偏修慧增长邪见，故《涅槃》云："声闻定力多故，不见佛性；菩萨慧力多故，见性不了了。"③"此二双运"下，明等学之益，亦如《涅槃》说也。两足尊者，福智圆满，定是福体，慧为智本故也。"止观"者，《摩诃止观》十卷，《小止观》二卷者，序云："止乃伏结之初门，观是断惑之正要；止是养心识之善资，观是照察神解之妙术；止是禅定之胜因，由止万缘故止定也。观是智慧之由藉。由观察诸法故慧力成就。"④广如威德章⑤三观之初标本门中所引。

【校注】

①此段解释《圆觉经大疏》中"上之诸宗，不出定慧悟修顿渐。无定无慧，是狂是愚。偏修一门，无明邪见。此二双运，成两足尊，故天台修行，宗于止观"一段文字。

②引文出自新译《华严经》卷十三"菩萨问明品"中"智首菩萨"所说的偈颂："譬如大力王，率土咸戴仰，定慧亦

如是，菩萨所依赖。"

③引文出自《大般涅槃经》卷三十"狮子吼菩萨品"："善男子，十住菩萨智慧力多三昧力少，是故不得明见佛性。声闻缘觉三昧力多智慧力少，以是因缘不见佛性。诸佛世尊定慧等故，明见佛性了了无碍。"

④引文出自《小止观》（又称《修习止观坐禅法要》、《童蒙止观》），原文为："若夫泥洹之法，入乃多途，论其急要，不出止观二法。所以然者？止乃伏结之初门，观是断惑之正要；止则爱养心识之善资，观则策发神解之妙术；止是禅定之胜因，观是智慧之由藉。若人成就定慧二法，斯乃自利利人，法皆具足。"

⑤"威德章"，指《圆觉经》中威德自在菩萨请佛说法的部分。

疏"其顿渐"下，第四总释法门。然悟与修，皆通顿渐。又悟有解悟、证悟，修有随相、离相。谓初因解悟，依悟修行，行满功圆，即得证悟，此为真正。若各随根性，及诸善友，方便施设，先后无定。今文九对：一五解悟，二三四六九证悟，七八通二悟。

疏"顿悟"者，慧日顿出，圆明觉性。霜露之惑渐销。又如孩子初生，六根四支百节顿具。性上恒沙功德。乳哺饮食，养育渐渐成长，出身入仕。万行资庄，报化圆满，举二喻者，断惑证理，二相别也，后亦例此。此悟在初，故属解悟。悟后之修，即具随相离相。理事双修，故功行圆满。必有证后悟，即属后对。

疏"渐修顿悟"下，次三对证悟也。初言渐修顿悟者，此有二意：一者即前解悟之渐修，修极故证。二则从初便渐，如诸声闻因四十年渐，前修三乘教行故，灵山会中，闻《法华经》，疑网顿断，心安如海，授记成佛。如人伐木，千斧万斧，渐斫，倒即一树顿倒。喻断惑也。又如从边远来于京都，数月步步渐行，入大城门之日，一时顿到。喻证理也。天台数年修练，百日加功用行，忽然证得法华三昧①，旋陀罗尼门②，于一切法悉皆通达，即其事也。北宗渐门之教，意见如此。然多入二乘之境，难得圆通证。故渐悟者，谓虽闻圆教信圆法，而根性迟钝，不得顿悟。虽不得顿悟，而乐欲情殷，深宗顿理，顿发大心，顿绝诸缘，顿伏烦恼，由此加行，渐渐得悟，悟即是证，不唯会解。如人磨镜，一时遍磨一面，终不从一分一寸致功，尘埃则微微而尽，渐净。明相渐渐而著，渐照。又如学射，初把弓矢，便注意在的，喻发无上菩提心也。终不故作亲疏节级，不先发十信、择十住等。然千百日，射亿万箭，方渐渐亲近，乃至百发百中。前喻已其渐③证，后喻唯证成。

【校注】

① "法华三昧"，天台宗所修四种三昧之一。因修行时或坐或行或立，又称半行半坐三昧。即以三七日为一个周期，读诵《法华经》，并观想实相中道之理。

② "旋陀罗尼门"，《法华经》"劝发品"，有三陀罗尼之说，相当于天台宗所说之空、假、中三观。旋陀罗尼即是三陀罗尼之一，旋，旋转之义，即令凡夫执为实有的假象旋转，进入平等之空观，是从假入空之法。

③ "渐"，底本作"断"。

疏"渐悟"者，谓信本性圆满，而犹计有业惑障覆，故勤拂镜尘，渐悟心性，如注所引喻也。足履喻修行，所鉴喻证悟也。若对下顿断烦恼斩丝之喻，此如断竹节不同。

疏"并为证悟"者，总结上三对也。

疏"若云顿悟顿修"下，三对悟修皆顿，但以惑互先后，或同时故，成解证之异。初标顿悟顿修，以斩染缫丝为喻者，斩如顿悟，顿悟烦恼本无，即名为断。如一缫之丝，不胜一剑而顿断故。此是荷泽所举之喻。染如顿修，顿称性上恒沙功德，念念无间而修，如染一缫之丝，千条万条，一时成色。故清凉大师《心要》云："心心作佛，无一心而非佛心；处处道成，无一尘而非佛国。"①又《行愿疏》云：行则顿修，位分因果，皆是顿修之义。②

【校注】

①出自澄观撰、宗密注《答顺宗心要法门》，原文为："心心作佛，无一心而非佛心；念念全真。处处证真，无一尘而非佛国。即染而净。"

②语出澄观《华严经行愿品疏》卷三，疏中并无此处的原文，但疏中有一段文字与此处所表达的含义有相近之处："顿修如此五位行法，即如善财此生所成至普贤位是也。三证入位，即因位穷终，没同果海，善财来生是此位也。若尔定是何位？谓在信是信位，在住是住位，一身历五位，随在即彼收，以遍一切故。如普贤位，此之一解。甚顺经宗……历位而修，得见普贤，一时顿具。"

疏"谓先悟后修"等者，初对也，如注所释。谓由顿了身心尘境皆空故，不著诸相，不证心性，心性本不动故。又由顿了恒沙功德皆备故，念念与之相应，名为合道。由悟于先，故当解也。

疏"先修后悟等"者，次对也。谓顿由绝诸缘等云云，如上所引。故得心地豁开。以根欲俱胜故，不同前顿修渐悟也。注以修如服药者，一服顿契也，悟如病除者，热病得汗，四肢百节，一时轻清也。不取渐渐平复之意，以悟在修后，故当于证。然此证解前无二相。

疏"修悟一时"者，后对也。谓以无相为修，分明为悟。悟即慧也、用也，修即定也、体也。荷泽云：即体而用自知等。注中取意，引《心要》也，具云："无心于忘照，则万累都捐。任运以寂知，则众行爰起。"①今但各取上句故。一喻悟，一喻修，若全用后二句，自有修悟。谓上句悟，下句修也。《心要》又云："一念不生，前后际断，即顿修也。照体独立，物我皆如。"②即顿悟也。荷泽云，一切善恶，都不思量。言下自绝念相，修也。正无念想，心已自知。悟也。

【校注】

①引文出自《答顺宗心要法门》，原文为："若无心忘照，则万累都捐；既忘心照。烦恼自空。若任运寂知，则众行圆起。起即体之用，用而无用，何假因耶？"

②引文出自《答顺宗心要法门》，原文为："但一念不生，前后际断。妄心不生，二际俱断。照体独立，物我皆如。真智现前，我及我所，悉皆同体。"

疏"即通解证"者，此有二意：一者，如上释云，证解亦无二相，故二皆通，谓即证即解，即解即证。二者，或是证，或是解，谓顿了顿息等，即为解悟。顿尽顿觉，即为证悟。如大梦觉。觉即顿觉，梦必顿尽故。如《佛地论》①说，下当具释。

疏"若本具"下，第八一对也，结云通解证也，亦含二意。如次上说，初义可知，后义应释。约解释者，但取无漏本觉为悟，不加觉了之心，但取性上功德为行，不待息心为行。注中"饮"字"得"字②皆喻，与之相应。约证释者，即始觉合本之时，无别始觉之异故。《华严疏》云："新成旧佛，旧佛新成。"③成时但是本本之真，不见新新之相，悟修皆尔。故《华严》说："成时必与一切众生同体俱成。"又云："成与不成，无差别者。"④正由不取新成之虚相也。

【校注】

①"《佛地论》"，是《佛地经论》的略称，共七卷，亲光等菩萨造，玄奘译，是《佛地经》的论释。

②"注中'饮'字'得'字"，指《圆觉经大疏》中的两句注解："如饮大海水"、"得百川味"。

③出自澄观《华严经疏》卷四十九，原文为："今以新佛旧成，曾无二体。新成旧佛，法报似分。无不应时故即真而应，应随性起故即应而真。"

④这两段引文出自新译《华严经》卷五十二"如来出现品"，是"一切众生成菩提，成与不成无增减"这一偈颂的展开。

疏"若约《楞伽》"下，第九对之证悟也。此虽渐顿各四，而非四对。谓以地前四渐，对地上四顿故。彼经大慧白佛言："世尊，云何净除自心现流，为顿为渐?"答中先明四渐，后说四顿。渐，经云："佛告大慧，渐净非顿，如一庵罗果，渐熟非顿。如来渐除众生自心现流，亦复如是，渐净非顿。此喻十信。二如陶家作器，渐成非顿。十住。三如大地渐生非顿。十行。四如习艺渐就非顿。十向。"上之四渐，约于修行，未证理故。下之四顿，[①]约已证理故，一明镜顿现喻，经云："譬如明镜，顿现一切无相色像，如来净除一切众生自心现流，亦复如是，顿现无相无所有清净法界。喻初地至七地。二日月顿照喻，云如日月轮，顿照显示一切色像。如来为离自心现流习气、过患众生，亦复如是，顿为显示不思议胜智境界。喻八地已上。三藏识顿知喻，云譬如藏顿分别知自心所现身相，及安立受用境界，彼诸佛亦复如是，顿熟众生所处境界，以修行者安处于色究竟天。此喻报身。四佛光顿照喻，云譬佛所作，依佛光明照曜自觉圣趣，亦复如是，彼于法相有性无恶见妄想，照令除灭。亦喻法报，前喻顿成，此喻顿照。"[②]今注中取意，撮略标之。但看上引经文，自当见耳。然一向鉴配地位者，古今同为此释，亦顺经文。若准清凉大师《华严疏钞》所释，则通于横竖，则位位中皆有顿义。且约横论顿，复有多义。谓顿悟渐修等四句云云，亦不出上来九对顿渐，如别卷引。然顿与圆，若约究竟真实性德，出体则同未圆，不名为顿故。若约释名义及教门，施设则别，谓顿约时竖说，圆约法横说，不妨有顿而非圆。如初地顿断二障分别种子，未断俱生故。又不妨圆而非顿，如信华严宗中所显一切众生，全同佛德，一向发心学之。更不习权教小乘，此名闻圆法起圆信。然根性迟钝，习之多时，渐渐方解，故非顿也。天台云："渐渐非圆渐，圆圆非渐圆。"[③]谓善渐家亦有圆渐，圆寂亦有圆渐。渐家渐者，如江出岷山始于滥觞。渐家圆者，如大江千里。圆家渐者，如初入海，虽则渐深，一滴之水已过大江，况滥觞耶？圆家圆者，如穷海滤底故。今云渐是圆家渐，尚过渐家之圆，况渐家之渐？故五教中，判顿教圆教不同。上来多段不同，总当第一，叙禅宗竟。

【校注】

①此处的"四渐"、"四顿"，源出于《楞伽经》，华严四祖澄观在所著的《华严经演义钞》卷二十一中做了概括，把四渐理解成：第一，如庵罗果渐熟非顿比喻十信。第二，如陶家作器，渐成非顿，比喻十住。第三，如大地渐生非顿，比喻十行。第四，如习艺，渐就非顿，比喻十向。四顿分别是：第一，明镜顿现喻，比喻从初地至七地。第二，日月顿照喻，比喻八地已上。第三，藏识顿知喻，比喻报佛。第四，佛光顿照喻，比喻法报。宗密此处继承了澄观的说法。

②相关的引文出自四卷《楞伽经》卷一"一切佛语心品"，原文为"尔时大慧菩萨，为净自心现流故，复请如来。白佛言：世尊，云何净除一切众生自心现流，为顿为渐耶？佛告大慧：渐净非顿，如庵罗果渐熟非顿，如来净除一切众生自心现流，亦复如是，渐净非顿。譬如陶家造作诸器，渐成非顿，如来净除一切众生自心现流，亦复如是，渐净非顿。譬如大地渐生万物非顿生也，如来净除一切众生自心现流，亦复如是，渐净非顿。譬如人学音乐书画种种技术，渐成非顿，如来净除一切众生自心现流，亦复如是，渐净非顿。譬如明镜顿现一切无相色像，如来净除一切众生自心现流，亦复如是，顿现无相无有所有清净境界。如日月轮顿照显示一切色像，如来为离自心现习气、过患众生，亦复如是，顿为显示不思议智最胜

境界。譬如藏识顿分别知自心现及身安立受用境界，彼诸依佛亦复如是，依者胡本云津腻，谓化佛是真佛气分也。顿熟众生所处境界，以修行者安处于彼色究竟天。譬如法佛所作依佛光明照曜，自觉圣趣，亦复如是，彼于法相有性无性，恶见妄想，照令除灭。

③参见智顗《摩诃止观》卷三之下："复次四种止观当分圆渐，三藏中有从初心方便来入真位，此名为渐。三十四心断结成果，岂不名圆？通别中初心乃至后心，岂无渐圆？圆中当体理极称圆，亦有初心乃至四十一地，岂不是渐？妙觉究竟岂不是圆？圆圆非渐圆，圆渐非渐渐，故知当分皆具二义也……然渐渐非圆渐，可得成圆渐。渐圆非圆圆，不可得成圆圆，何者？《法华》云，汝等所行是菩萨道，故渐渐成圆渐。渐圆权设三教之果，不可更成妙觉之佛。"

疏"此《圆觉》"下，大文第二，会圆觉也。文三，谓标释结，今初标也。二谓文殊下，释也。可捡教起因缘门中及下销文处，取相应之义叙之，今亦不能重述。

疏"普眼观通于解证"者，随义阴处，更为指之也。以从戒定修得故当其证，由但是观行成就，未是果位故，亦云解也。又以观行成时，更不见别有佛果是未证故，即名证。今评量此人，但名解悟，故判云解脱普贤。后段者，文云：知幻解悟。即离，修也。不作方便，顿也。离幻修也。即觉，证悟。亦无渐次。顿也。

疏"更有"下，三结也。

疏"此等"下，三通妨难。谓有难云：前权实对辨门中，早已广明顿渐等教，何得今又重说，故为此通也。

疏"苟得"下，四结劝修，言皆成定慧者。谓定慧有有作、无作、自性三种不同。故顿与渐，皆相当也，故荷泽说三种三觉。有作三者，约诸恶不作等云云。无作三者，妄心不起是戒，无贪瞋悭嫉等。无妄心是定，无思觉等事也。知无妄心是慧，不落无记空也。自性三者，谓空寂照。如次配之空是离四句绝百非之义，故配义也，余二可知。言妄想者，无定之慧也。言无记者，无慧之定也。此但以冥冥无所拣择，而为无记。不唯拣于善恶说无记也。言审而修之者，此门意在于行，不徒①知解而已。故劝云修之，不云学之，此第八一门疏文，多依清凉大师奉。②

【校注】

① "徒"，底本作"图"。

② 指此段解释参照了澄观的《华严悬谈》。

圆觉经略疏钞

圆觉经略疏钞[①]卷四

第八修证门。文二：一正明本义四。一蹑前标后，初二句蹑前七门，七门皆论佛之言教。教诠于义，约教解义，但是闻慧之境，设依义观察思惟，亦唯思慧之境，皆未是忘缘寂照。若上上根智，即言忘言，即相忘相，此不复论。今为中下之流，须开忘机寂志之方便，发慧契证之玄门，故自古西域东夏承上已[②]来有斯宗也。下二句标后，言忘诠等者，意如上释，诠量拣择之谓也。诠即能诠之教，忘者即《周易略例》中将言显象，得象忘言，以象显意，得意忘象，如以筌蹄取鱼兔等。序中已释[③]。复有其门者，不必事须攀缘经论，自有默传心印之门也。

【校注】

①《圆觉经略疏钞》是对《圆觉经大疏钞》的节略，此处所节选的卷四"第八修证门"是对《圆觉经大疏钞》中相应部分的概括与总结。底本采用的是《续藏经》本。

②"已"，底本作"巳"。

③指《圆觉经大疏钞》中对《圆觉经大疏》中"序"这一部分的解释，具体指对《圆觉经大疏》中"俱溺筌蹄"的解释："筌者，南人捕鱼之器。蹄者，兔迹，或作罤字，即网

兔之器，置之类也。《周易略例》云：言生于象，言从象生也。故可寻言以观象。象生于意，象从意生。故可寻象以观意。意以象尽，象以言著，故得象忘言，得意忘象。犹蹄者所以在兔，得兔而忘蹄。筌者所以在鱼，得鱼而忘筌。然则言者象之蹄也，象者意之筌也。存言者非得象，存象者非得意。象生于意而存象焉，则所存者乃非其象也。言生于象而存言焉，则所存者乃非其言也。解曰：以蹄喻言，以筌喻象，筌入水不可见，蹄在陆而可观，详之可知矣。又象通能所，兔筌二事总喻于象，望能望所，其义异故。又云：然则忘象者乃得意也。忘言者乃得象也。得意在忘象，得象在忘言。故立象以尽意，而象可忘也。"

疏"故以"下，二正叙修证三：一叙宗师以心传心者，是达磨大师之言也。因可和尚谘问此法，有何文字教典习学？大师答云：我法以心传心，不立文字，谓虽因师说，而不以文句为道，须忘诠得意，得意即是传心。历代不绝者，乃至今日也。此上二句，由且是以法标举。

疏"自佛嘱"下，从此始是正叙也。《付法藏经》中说佛化缘将毕，垂当灭度，告大弟子摩诃迦叶："汝今当知，我于无量阿僧祇劫，为众生故，勤修苦行，一心专求无上胜法，如我昔愿，今已满足，今者将般涅槃，以此深法用嘱累汝，汝当于后敬顺我意，广宣流布，无令断绝。"迦叶白言："善哉受教，我当如是，奉持正法，使未来世等蒙饶益，惟愿世尊不以为虑。"是故如来灭度之后，摩诃迦叶次宣正教，结集法藏，化诸众生，其所度脱，永不退转。云云。即迦叶当第一故，云佛嘱迦叶也。然《禅经序》又云此是阿难曲承音诏，遇非其人，则幽关莫辟，罕窥其庭。若能得意忘言，则途中授与，据此则佛嘱阿难。又《智论》说阿泥楼豆语阿难言：世尊首付汝汝，汝今愁闷，失所付事。又佛般涅槃时，迦叶不在，亦合是阿难。今此经及传记述法眼相付皆以迦叶为初祖者，应是先受佛密付嘱，然往山中。后佛临涅槃再嘱阿难，令遇迦叶当佛法主，及令阿难同结集法藏，故或云迦叶或云阿难矣。

疏"展传于今"者，从迦叶已下西域二十八祖，此方七祖，相承传法不绝。谓迦叶临欲入鸡足山，以最胜法付嘱阿难为第二。阿难临灭，付商那和修为第三，优波毱多第四。度人无量，石室筹蒲①，时号无相好佛。自此已②前所传之法，皆具禅教律三藏。自此已③后，律教别行，横分五部。传法之者，唯传禅门及经论，乃至二十三代师子尊者。提多迦第五，弥遮迦第六，多闻博达有大辩才。佛陀难提第七，伏陀蜜多④第八，德力甚深，智慧广大，国王信邪，躬持赤幡，请诸论主论义，论主皆屈，王自论亦屈，遂改邪心。胁尊者第九，胎中六十年，生即发白，厌世出家，勤苦修道，未曾以胁至席而卧，善说法化生。富那耶奢⑤第十，智慧深邃，多闻博达，化度无量，说诸法空，马鸣慢心，誓断舌以难耶奢，耶奢立二谛义，鸣即归投。马鸣菩萨第十一，作妙伎乐，降诸伎人，于乐音中，演说诸法苦空无我贵贱，出家时，遇外国兵围，索九亿金钱，王以马鸣与之方退，化度无量。造《甘蔗论》⑥十万偈，又造《起信》等论，善能开诱。毗罗尊者第十二，造《无我论足》一百偈，此论至处，无不摧魔。龙树菩萨第十三，豪贵家生，通四围陀⑦、天地图谶，因与三友作妖术败，出家。诵尽阎浮经论，自谓为一切智人。大龙愍之，接入海宫，悟已⑧还出，化国王婆罗门外道无数，造论数十部。入室闭户经日。弟子破户看之，已⑨禅蜕而去也。迦那提婆第十四，智摧异学，博识辩才，坛名天下，出左眼与神誓。求发言得人信受，化邪见王及邪党，皆令出家，以免斩头之誓。外道弟子，由恨后破其腹而终。罗睺罗第十五，僧伽难提第十六，付法讫，至一树下，手攀树枝而灭。诸罗汉欲移尸不得，以诸象力挽之不动，遂就树下焚之，身尽树更蓊郁。僧伽耶舍第十七，鸠摩罗驮第十八，阇夜多第十九，婆修盘陀第二十，通达一切修多罗义，分别宣说，广化众生，今疑此是天亲，未敢为定。⑩摩拏罗第二十一，鹤勒那夜遮第二十二，师子尊者第二十三，游化至罽宾国，国王邪见，坏寺杀僧。尊者付法已⑪，告众令散。后王问空义，斩头无血，香乳流出，自此已⑫后，传法者唯传心地，应缘恶王之难矣。舍那婆斯多第二十四，优波掘第二十五，婆须蜜⑬第二十六，僧伽罗叉第二十七，菩提达磨第二十八。是南天国王第三子，少小出家，依师下悟如来禅，三乘三藏无不晓达。然志在妙理，冥心虚寂，于南天大作佛事，观此土有大乘种，又作是念，东震旦国佛记后五百岁，般若智灯，运光于彼。遂嘱弟子般若蜜多罗住天竺传法不绝，自身遂来汉国也。达磨至此方当第一，初至梁朝，机缘未合，过至魏朝，遇慧可断臂，授法并一领袈裟，以充印信，定其宗旨，语可曰：汉地得入圣位者，与《金刚》、《楞伽》相应。又曰：我法至六代后，命如悬丝。大师门下，又傍出道育及尼总持。慧可第二，博学经史，高节至道，邺都化导三十余年，遭难非命，年一百七。僧璨第三，付法了，伴狂托疾，后于岘山齐场树下，立而终焉。道信第四，长坐胁不著席，敕追不入，傍出牛头一宗，乃至径山。弘忍第五，少小事师，后居冯墓山，广开教法，学徒千万，时号东山法门。于中久在左右，见解明利者，即荆州神秀、潞州法如、襄州通、资州智诜、越州义方、华州慧藏、蕲州显、扬州觉、嵩山老安等十人。大师记云：各堪为一方师。后有岭南卢行者，年二十二，来大师门下，令为众春米，八个月因呈偈了性，遂付衣钵。令归岭南传法，自此便有南北二宗也。慧能第六，归岭南十七年后，方始出家。印宗法师请开禅法。神龙元年，敕请不入。神会第七，顶异凡相，骨气殊众，聪辩难测。先事北宗秀三年，因秀奉敕追入，遂往曹溪门下。答无住为本，见即是性，杖试诸难，夜唤审问，两心既契，师资道合，后又北游，广其闻见，上都受戒。景龙年中，却归曹溪，曹溪知其纯熟，遂密授语：缘达磨悬记六代后，命如悬丝，遂不令法衣出山。和尚行门增上，苦行供养，密添众瓶，斫冰⑬济众，负薪担水，神转巨石，然灯殿光，诵经神卫，律穷五部，禅感紫云。因洛阳诘北宗传衣之由，乃滑台演两宗真伪，便有难起，开法不得。然能大师灭后二十年中，曹溪顿旨沉废于荆吴，嵩岳渐门炽盛于秦洛。普寂禅师谬称七祖，二京法主，三帝门师，朝臣归崇，敕使监卫，雄雄若是，谁敢当冲？岭南宗途，甘从毁灭，法信衣服，数被潜谋，传受碑文，两遭磨换，荷泽亲承付嘱，讵敢因循？直入东都，面抗北祖，龙鳞虎尾，殉命亡躯，侠客县官，三度几死，商旅缞服，百种艰难，达磨悬丝之记，验于此矣。因淮上祈瑞，感炭上生芝草，士庶咸睹，遂令建立，无退屈心。又因南阳答王赵二公三车义，名渐闻于名贤。天宝四载，兵部侍郎宋鼎请入东都，然正道易申，谬理难固，于是曹溪了义，大播于洛阳。荷泽顿门，派流于天下。然北宗门下，势力连天，天宝十二载，被谮聚众，敕黜弋阳，又移武当郡。至十三载，恩命量移⑭襄州，至七日又移荆州开元寺，皆北宗所致也。然彼宗主必无此心，盖是门下凡愚，竞于彼我也。至乾元元年四月后，频告门人，令数问法，再三深叹无为一法。五月十三日中夜示灭，年七十有五。二年，迁厝于东京龙门置塔。宝应二年，敕于塔所置宝应寺。大历五年，敕赐祖堂额号真宗般若传法之堂。七年，敕赐塔额号般若大师之塔，贞元十二年，敕皇太子集诸禅德楷定禅门宗旨，遂立神会禅师为第七祖。内神龙寺敕赐碑记现在，又御制七祖赞文，现行于世。缘第七代是中兴之主，故具叙之。**从第七代后，不局一人。法宗既立，普令沾洽，初且局者，顺世规矩。世谛之法，多止于七，经教亦然如此。方七代先亡，或令持念一七、二七，乃至多七，请僧之数，亡人斋数，每事皆七，乃至祖有七佛，国有七庙之类也。仪式既成，故各令流布。**

【校注】

① "筹"，竹签或木棍。"蒲"，草编的坐垫。传说优波鞠多

在优留蔓荼山的石窟中，造了一个宽二丈四尺，长三丈二尺的房子。如果跟随他学习而证得阿罗汉果的，就用四指长的筹，掷在石窟中，据说筹都塞满了。"石室筹蒲"当是比喻他有成就的弟子极多。

②③ "巳"，底本作"已"。

④ "伏陀蜜多"，《圆觉经大疏钞》作"佛陀密多"。相传他为了引起信邪教的国王的注意，总是打着一面红色的旗帜走在国王面前。最终引起了国王的注意，并在辩论中战胜了对手，使国王成为佛教信徒。

⑤ 《圆觉经大疏钞》作"富那奢"。

⑥ "《甘蔗论》"，有关马鸣菩萨的传记中，都不见此书著录。因甘蔗有比喻极多之含义，故疑此为比喻之说，并非实指有《甘蔗论》之作。

⑦ "四围陀"，即"四吠陀"的另一种译法，是婆罗门教所尊崇的四种经典，即《梨俱吠陀》、《娑摩吠陀》、《夜柔陀》、《阿达婆吠陀》。

⑧⑨ "巳"，底本作"已"。

⑩ "婆修盘陀"，和世亲的梵文音译名"婆薮槃豆、筏苏槃豆、婆薮槃头"等相同，故宗密在《圆觉经大疏钞》中即言："余疑是天亲菩萨之梵语。"天亲，是世亲的另一种译名。至于此二人是否为同一人，学界尚有争论。

⑪⑫ "巳"，底本作"已"。

⑬ 《圆觉经大疏钞》作"婆须密"。

⑭ "冰"，底本作"氷"，二者同。

⑮ "恩命量移"：恩命，指帝王颁布的命令。量移，指因罪被贬谪迁到外地的官员等，在遇到大赦时，可以酌量移到距

都城近一点的地方。

疏"灯灯"者,维摩诘言:"我法名无尽灯,譬如一灯然百千灯,瞑者皆明,明终不尽。"且如第七祖门下,传法二十二人,且叙一枝者,磁洲①法观寺智如②和尚,俗姓王。磁洲门下成都府圣寿寺唯忠和尚,俗姓张,亦号南印。圣寿门下,遂洲大云寺道圆和尚,俗姓程。长庆二年,成都道俗迎归圣寿寺,绍继先师,大昌法化,如今现在。当代法主两归心。

【校注】

① "磴洲",即"磁州",在今河北省磁县。

② "法观寺智如",多数学者认为即是《宋高僧传》所载的法如(约722~810)。《宋高僧传》"道齐传"附有法如的传记:"唐太行山释法如,俗姓韩,慈州人也。少为商贾,心从平准。至今东京相国寺发心,依洪思法师出家,隶业偕通,遂往嵩少间,游于洛邑。遇神会祖师,授其心诀。后登太行山,见马头峰下可以栖神,结茅而止。有诸塾戍将王文信,率众建精庐焉。刺史李亚卿中丞命入城,不赴示寂,报龄八十九,元和六年三月迁塔云。"此外白居易曾有《与僧智如夜话》,不知诗中的"智如"是否就是宗密所说的"磁州智如"。

疏"然所"下,二叙法要。谓已列能传之人,今正叙所传之法也。文二,初总标如文。

疏"无定"下,二,别释二,初释定慧一对。然定慧正是所悟修之道,顿渐是修之仪式。所修之道有正有助,定慧是正道,余万行皆是助道,助定慧故。故《华严》云:"譬如有力王,率土咸戴仰,定慧亦如是,菩萨所依赖。"诸教非一,悟修是解行,顿渐通于悟修,"无定"已下明互阙之失,谓无定之慧,慧是狂慧,如风中灯,如摇动水;无慧之定,定是愚定,如闷绝无心,如枯机无识。又偏修定,增长无明;偏修慧,增长邪见。故《涅槃》云:声闻定力多,故不见佛性;菩萨慧力多,故见不了了。"此二双运"下,明①等学之益,亦如《涅槃》说也。两足尊者,福智圆满。定是福体,慧为智本故也。"止观"者,天台有《大止观》十卷、《小止观》二卷。二卷者序云:"止乃伏结之初门,观是断惑之正要;止是长养心识之善资,观是照察神解之妙术;止是禅定之胜因,<small>由止万缘故心定也</small>。观是智慧之由藉。<small>由观察诸法故慧力成就</small>。"

【校注】

①底本无"明"字,据《圆觉经大疏钞》补。

疏"其顿"下二,释余两对。初一句标,然悟与修皆通顿渐,又悟有解悟证悟,修有随相离相,谓初因解悟,依悟修行,行满功圆,即得证悟,此为真正。若各随根悟,及诸师友方便施设,先后无定,疏有八对,下当配之。

疏"顿悟渐修为解悟"者,初对也。如慧日顿出,霜露之惑渐销。又如孩子初生,六根四肢百节顿具,<small>喻性上恒沙功德也</small>。乳哺饮食,养育渐渐成长,出身入仕。<small>喻万行资庄,报化圆满也</small>。此悟在初,故属解悟。悟后之修,即具随相离相。理事双修,<small>若未悟而修即著相</small>,故功行圆满,必有证悟,即属后对。

疏"渐修顿悟"下后三对证悟也。初言渐修顿悟者,此有二意:一者即前悟解之渐修,修极故证。二则从初便渐修,如诸声闻等，因四十年前渐修三乘教行，故灵山会中闻《法华经》，疑网顿断，心安如海，授记成佛，如人伐木千斧万斧渐斫，倒即一树顿倒。又如从边远之境，入于京都，数月步步渐行，入大城门之日，一时顿到。故天台大师数年修炼，百日加功用行，忽然证得法华三昧、旋陀罗尼门，于一切法悉皆通达，即其事也。北宗渐教意见如此。然多入二乘之境，难得圆证故。

疏"顿修渐悟"者，虽闻圆教信证圆法，根性迟钝，不得顿悟。虽不顿悟，而乐欲情殷，深崇顿理，顿发大心，顿绝诸缘，顿伏烦恼，由此加行，渐渐得悟。悟即是证，不唯会解，如人磨镜，一时偏磨一面，终不从一分一寸致功，然尘埃则渐渐而去，渐净。明相则渐渐而显，渐照。又如学射初把弓矢，便注意在的，喻发无上菩提心也。不故作亲疏远近节级，不先发十信次十住等也。然不免经千百日，射亿万箭，方渐渐亲近，乃至百发百中。

疏"渐修渐悟"者，谓信本性圆满，而犹计有业惑障覆故，勤拂磨镜尘，渐悟心性，如注所引喻也。足履喻修行，所鉴喻证悟也。若对下顿断烦恼斩丝之喻，此如斩竹，节节不同也。

疏"并为证悟"者，总结上三对也。

疏"若顿悟顿修"下三对。悟修皆顿，但以或互先后，或同时故成。解证之异，初标顿悟顿修，以斩染缫丝为喻者，斩如顿悟，烦恼本无即名为断，如一缫之丝，不胜一剑而顿断故。此是荷泽所举之喻。染如顿修，顿称性上恒沙功德，念念无间而修。如染一缫之丝，千条万条，一时成色故。清凉大师《心要》云："心心作佛，无一心而非佛心；处处道成，无一尘而非佛国。"又《行愿疏》云：行即顿修，位分因果，皆是顿修之义。

疏"谓先悟后修"等者，初对也，如注所释。谓由顿了身心尘境皆空故，不著诸相，不证心性，心性本不动故。又由顿了恒沙功德皆备故，念念与之相应，名为合道。由悟于先故，当解也。

疏"先修后悟"等者，次对也，谓由顿绝诸缘等，云云如上所引。故得心地豁开，以根欲胜，故不同前顿修渐悟也。注以修如服药者，一服顿吃良药也，悟如病除者，忽然得汗，四肢百节，一时轻凉也，不取渐渐平复之意。以悟在后，故当于证。然此证解，亦无二相。

疏"修悟一时通解证"者，后对也。谓以无相为修，分明为悟，悟即慧也、用也，修即定也、体也。荷泽云：即体而用自知等。注中取意引《心要》也，具云："无心于忘照，则万累都捐；任运以寂知，则众行爰起。"今但各取上句故，一悟一修。《心要》又云：一念不生，前后际断。即顿修也。照体独立，物我皆如。即顿悟也。荷泽云：一切善恶，都不思量，言下自绝念想。修也。正无念想，心已①自知。悟也。

疏"即通解证"者，此有二意，一者如上释云，证解亦无二相，故二皆通。谓即证即解，即解即证。二者或是证或是解，谓顿了顿息，即为解悟。顿尽顿觉，即为证悟，如大梦觉。觉名顿觉，梦必顿尽故。如《佛地论》说，下当具释也。

疏"若本具下"，第八一对也，结云通解证也。亦含二意，如次上说初义，可知后义应释。约解释者，但取无漏本觉为悟，不加觉了之心，但取性上功德为行，不待息心为行。注中"饮"字"得"字，皆喻与之相应。约证释者，即始觉合本之时，无别始觉之异。故华严宗说，新成旧佛，旧佛新成，成时但是本本之真，不见新新之相，悟修皆尔。故《华严》说：成佛时必与一切众生同体俱成。又云：成与不成，无差别者，正由不取新成之虚②相也。

疏"此圆"下，三会此经也，文有标释。释中但检教起因缘门中及下销文处，取相应之义叙之，今亦不能重述。然此中言证，但取观行相应之时，现量所见，即名为证，不必圣果。

疏"此等"下，三通妨难。谓有难云：前权实对辨已广明顿渐等教，何得今又重说，故为此通也。

疏"苟得"下，四结劝修，言皆成定慧者，谓定慧有有作、无作、自性三种不同，故顿与渐皆相当也，故荷泽说三种三学。有作三者，约诸恶不作等。云云。无作三者，妄心不起是戒，无贪瞋恼嫉等也，本无妄心是定，无思觉等。知心无念是慧。不落无记空也。自性三者，谓空、寂、照。如次配之，空是离四相，绝百非之义，故配戒也。余二可知。言妄想者，无定之慧也。言无记者，无慧之定也。此但是冥冥，无所拣择，而为无记，不唯拣于善恶说无记也。言审而修之者，此门意在于行，不徒③知解而已，故劝云修之，不云学之。此第八门多依清凉大师奉勅所制《华严疏悬谈》十门中"修证浅深门"，及诸宗禅门诸经禅要而叙之。

【校注】

① "已"，底本作"巳"。
② "虚"，底本作"虗"，二者同。
③ "徒"，底本作"图"。

附录一

法集别行录节要
并入私记（部分）

高丽知讷撰

牧牛子曰：荷泽神会是知解宗师，虽未为曹溪嫡子，然悟解高明，决择了然。密师宗承其旨，故于此录中，伸而明之，豁然可见。今为因教悟心之者，除去繁词，钞出纲要，以为观行龟鉴。予观今时修心人，不依文字旨归，直以密意相传处为道，则溟溟然徒劳坐睡。或于观行失心错乱，故须依如实言教，决择悟修之本末，以镜自心。即于时中观照，不枉用功尔。义录中所载神秀等诸宗，前者辨明得失，从浅至深故也。今钞荷泽宗在初者，要令观行人先悟自心，任迷任悟，灵知不昧，性无更改，然后遍览诸宗，知其旨趣，皆于为人门中，深有善巧故也。若未先得其源，则于诸宗旨，随其言迹，妄生取舍之心，何能融会归就自心也？又恐观行者，未能忘怀虚朗，滞于义理，故末后略引本分宗师，径截门言句。要令涤除知见之病，知有出身活路尔。

今时弘禅弘教之者，但以文字学解为业，而于观行出世，终不挂怀。虽佛法流行时运所至，然人人日用了了能知之心，烦恼性空，妙用自在，法尔如然，何关时运？马鸣祖师云："所言法者，谓众生心。"岂欺人哉！但信心坚固，专精关照，积于净业，此生虽未得彻悟，不失成佛之正因也。自念无始劫来，沉沦生死，受无量苦，今幸得人身，幸逢佛法，幸免世间拘系之事，若自生退屈，或生懈怠，不修观行，虚消白日，须臾失命，退堕恶趣。然后虽欲愿闻一句佛法，正念观照，岂可复得乎？故每劝同住道伴，随分观行，愿续佛祖寿命尔。冀诸达者同垂证明。

录曰：然禅门之旨，在乎内照，非笔可述，非言可宣。言虽不及，犹可强言，笔不可及，直难下笔。今不得已而书之，望照之于心，无滞于文矣。

荷泽意者，谓诸法如梦，诸圣同说，故妄念本寂，尘境本空。空寂之心，灵知不昧，即此空寂之心，是前达摩所传清净心也。任迷任悟，心本自知，不藉缘生，不因境起。迷时烦恼亦知，知非烦恼；悟时神变亦知，知非神变。然知之一字，众妙之源。由迷此知，即起我相，计我我所，爱恶自生，随爱恶心，即为善恶。善恶之报，受六道形，世世生生，循环不绝。若得善友开示，顿悟空寂之知，知且无念无形，谁为我相人相。觉诸相空，真心无念，念起即觉，觉之即无，修行妙门唯在此也。故虽备修万行，唯以无念为宗。但得无念，则爱恶自然淡薄，悲智自然增明，罪业自然断除，功行自然精进。于解则见诸相非相，于行则名无修之修。烦恼尽时，生死即绝，生灭灭已，寂照现前，应用无穷，名之为佛。

北宗意者，众生本有觉性，如镜有明性，烦恼覆之不现，如镜有尘暗。若依师言教，息灭妄念，念尽则心性觉悟，无所不知，如磨拂昏尘，尘尽则镜体明净，无所不照。

评曰：此但染净缘起之相，反流背习之门，而不觉妄念本无，心性本净。悟既未彻，修岂称真。

洪州意者，起心动念，弹指动目，所作所为，皆是佛性全体之用，更无别用。全体贪瞋痴，造善造恶，受苦受乐，皆是佛性。如面作种种饮食，一一皆面。意以推求此身，四大骨肉、喉舌牙齿、眼耳手足，并不能自语言、见闻、动作。假如一念命终，全身都未变坏，即便口不能语，眼不能见，耳不能闻，脚不能行，手不能作，故知能语言动作者，必是佛性。且四大骨肉，一一细推，都不解贪瞋痴，故贪瞋烦恼并是佛性。佛性体非一切差别种种，而能造作一切差别种种。体非种种者，谓此性非凡非圣，非因非果，非善非恶，无色无相，无根无住，乃至无佛无众生也。能作种种者，谓此性即体之用，故能凡能圣，能因能果，能善能恶，现色现相，能佛能众生，乃至能贪瞋痴等。若核其体性，则毕竟不可见，不可证，如眼不自见眼等。若就其应用，即举动运为，一切皆是，更无别法而为能证所证。彼意准《楞伽经》云："如来藏是善不善因，能遍兴造一切趣生，受苦乐，与因俱。"又佛语心为宗，又经云："或有佛刹扬眉动目，笑欠謦欬，或动摇等，皆是佛事。"既悟解之理，一切天真自然。故所修行，理宜顺此，而乃不起心断恶，亦不起心修道。道即是心，不可将心还修于心。恶亦是心，不可将心还断于心。不断不造，任运自在，名为解脱人。无法可拘，无佛可作，犹如虚空不增不减，何假添补。何以故？心性之外，无一法可得故，故但任心即为修也。

评曰：此与前宗敌体相反。前则朝暮分别动作，一切皆妄。此则朝暮分别动作，一切是真。

牛头宗意者，诸法如梦，本来无事，心境本寂，非今始空。迷之谓有，即见荣枯贵贱等事，事既有相违相顺，故生爱恶等情，情生则诸苦所系。梦作梦受，何损何益。此能了之智，亦如梦心，乃至设有一法过于涅槃，亦如梦如幻。既达本来无事，理宜丧己忘情，情忘即绝苦因，方度一切苦厄。此以忘情为修也。

评曰：前以念念全真为悟，任心为修。此以本无事为悟，忘情为修。

又，上三家见解异者，初一切皆妄，北宗。次一切皆真，洪州。后一切皆无，牛头。若就行说者，初伏心灭妄，北宗。次信任情性，洪州。后休心不起，牛头。宗密性好勘会，一一曾参，各搜得旨趣如是。若将此语问彼学人，即皆不招承。问有答空，征空指有，或言俱非，或言皆不可得，修不修等，皆类此也。彼意者，常恐堕于文字，常怕滞于所得，故随言拂也。有归心学者，方委细教授，令多时观照，熟其行解矣。

私曰：下文云，洪州常云贪瞋慈善皆是佛性，有何别者？如人但观湿性始终无疑，不知济舟覆舟，功过悬殊。故彼宗于顿悟门，虽近而未的，于渐修门而全乖。牛头已达空故，于顿悟门而半了，以忘情故。于渐修门而无亏。北宗但是渐修，全无顿悟故，修亦非真。荷泽则必先顿悟，依悟而修。据此文义，洪州于顿悟门近而未的，牛头半了，如是则凡修心人，唯取信于荷泽，不取信于余宗必矣。然观其叙洪州牛头二宗之意，能深能广，穷极秘隐，使修心人豁然，自见于语言动用中，何其妙密旨趣如斯未详。密师之意，于二宗旨，毁耶赞耶？然但破后学如言之执，使其圆悟如来知见。而于二宗，无毁赞心，何以知之？且如《禅源诸诠集序》分判三宗，其略曰：一息妄修心宗。北宗。二泯绝无寄宗，牛头。说凡圣等法，皆如梦幻。凡参禅理者，皆说此言，便为臻极，不知此宗不但以此言为法。以此而推密师，岂不知牛头之道圆满成就也？而云半了者，为但认空寂之理而为极者，欲令知自性本用，灵知之心，方为圆了尔。

直显心性宗者，荷泽洪州。说一切法，若有若空，皆唯真性。于中指示心性，有二类：一云，即今能语言动作，贪瞋慈忍等，即汝佛性。但随时随处，息业养神，圣胎增长，现发自然神妙。此即是为真悟、真修、真证也。二云，诸法如梦，诸圣同说，故妄念本寂，尘境本空，空寂之心，灵知不昧，是汝真性。

然此两家，皆会相归性，故同一宗。然上三宗，种种不同，皆是二利行门，各随其便，亦无所失。但所宗之理，不合有二。文繁不具载。

以是当知，密师非不知马祖说法，直显心性，于二利行门，深有善巧。而云虽近而未的者，盖恐学者认能语言，滞在随缘之用，而未的悟寂知耳。是故，而今末法修心之人，先以荷泽所示言教，决择自心，性相体用，不堕空寂，不滞随缘，开发真正之解。然后历览洪州牛头二宗之旨，若合符节，岂可妄生取舍之心也？故云，三点各别，既不成伊，三宗若乖，焉能作佛？此之谓也。前云洪州于渐修门全乖，又云真修真证，语似相违，然且约悟解之理，天真自然，无可修治，故云全乖。或约随处养神，现发神妙之行，故云真修，皆有旨趣，故不相违。修心者忽生疑念，须知览镜者，要在辨自面之妍丑耳，岂可滞于他文，诤论过日，而不辨自心，不修正观也？古人云，佛法贵在行持，不取一期口辨，切须在意，切须任意。

上已各叙一宗，今辨明深浅得失。然心贯万法，义味无边，诸教开张，禅宗撮略。撮略者，就法有不变随缘二义，就人有顿悟渐修两门。二义现，即知一藏经论之指归；两门开，即见一切贤圣之轨辙。达磨深旨，意在斯焉。初法有不变随缘者，然象外之理，直说难证，今以喻为衡镜，定诸宗之得失，辨自心之真妄。然初览时，但且一向读喻，辨本末了，然后却以注文，对详其理也。如摩尼珠，唯圆净明，都无一切差别色相。一灵心性，空寂常知，本无一切分别，亦无一切善恶也。

以体明故，对外物时，能显一切差别色相。以体知故，对诸缘时，能分别一切是非好恶，乃至经营造作世出世间种种事数，此是随缘义也。色相自有差别，明珠不曾变易。愚智善恶自有差别，忧喜爱憎自有起灭，能知之心不曾间断，此是不变易义也。然珠所现色，虽百千般，今且取与明珠相违者之黑色，以况灵明知见，与黑暗无明虽即相违，而是一体。法喻已具。谓如珠现黑色时，彻体全黑，都不见明。痴孩子，或村野人见之，直是黑珠。灵知之心，在凡夫时，全是迷愚贪爱，故迷人但见定见凡夫。上都喻六道众生也。

有人语云：此是明珠。灼然不信，却瞋前人，谓为欺诳。任说种种道理，终不听览。宗密频遇如此之类，向道汝今了了能知，现是佛心，灼然不信，直不肯照察。但言某乙钝根，实不能入。此是大小乘法相及人天教中著相之人意，所见如此。

私曰：于此不生怯弱，的信自心，略借回光，亲尝法味者，是谓修心人解悟处也。若无亲切返照之功，徒自点头道：现今了了能知是佛心者，甚非得意者也。

纵有肯信所说是明珠者，缘自睹其黑，亦谓言被黑色缠裹覆障，拟待磨拭揩洗，去却黑暗，方得明相出现，始名亲见明珠。北宗见解如此。

私曰：冀修心人，且须审详，不堕此见。不可离妄求真，亦不可认妄为真。若了妄念，从性而起，起即无起，当处便即，岂有真妄而见乎！

复有一类人指示云：即此黑暗便是明珠，明珠之体，永不可见。欲得识者，即黑便是，乃至即种种青黄皆是。致令愚者的信此言，专记黑相，或认种种相，以为明珠。或于异时，见黑柿子、米吹青珠，乃至赤琥珀、白石暎等珠，皆云是摩尼。或于异时，见摩尼珠都不对色时，但有明净之相，却不认之。以不见有诸色可识认故，疑恐局于一明相故。洪州见解如此也。言愚者，彼宗后学也。异时见黑柿子等者，心涉世间，分别尘境时，见贪瞋爱慢之念也。琥珀、白石暎等者，如慈善谦敬之念也。不对色时者，无所念也。但有明净者，了了自知无念也。疑局者，彼云唯认知是偏局也。

私曰：修心人，若了善恶性空，都无所得，虽终日运用，恒自无心，不堕愚者之见。又若无缘对，了了自知无念之时，复生识认，即见网转弥矣。

复有一类人，闻说此种种色，皆是虚妄，彻体全空，即计此一颗明珠都是其空，便云都不执定，方是达人。认有一法，便是未了。不悟色相皆空之处，乃是不空明莹之珠。牛头见解如此也。闻《般若经》说空，计本觉性亦空，无所有。今则明真心之中，无分别贪瞋等念，名为心空，非谓无心。言无者，但遣却心中烦恼也。故知牛头但遣其非，未显其是。

私曰：若使修心人，不落空执虽如是说，若对随言转执者，刮除心目之病，则说本觉性亦无所有，有何过哉？此下喻荷泽意也。

何如直云唯莹净圆明，方是珠体。唯空寂知也。若但说空寂，而不显知，则何异虚空？亦如圆颗莹净之瓷团，虽净而无明性，何名摩尼？何能现影？其黑色乃至一切青黄色等，悉是虚妄。正见黑色时，黑元不黑，但是其明。青元不青，但是其明。乃至赤白黄等一切皆然，但是其明。即于诸色相处，一一但见莹净圆明，即于珠不惑。一切皆空，唯心不变。迷时亦知，知元不迷。念起亦知，知元无念。乃至哀乐喜怒爱恶，一一皆知。知元空寂，空寂而知，即于心性了然不惑。此上皆迥异诸宗也。但于珠不惑，则黑则无黑，黑即是珠，诸色皆尔。即是有无自在，明黑融通，复何碍哉？黑即无黑，同牛头。黑即是珠，同洪州，若亲见明珠，深必该浅故也。

若不认得明珠是能现之体，永无变易。但云黑等是珠，或拟离黑觅珠，或明黑都无者，皆是未见珠也。

私曰：向来所谓悟解高明，决择了然，正谓是也。

问：据诸大乘经及古今诸宗禅门，乃至荷泽所说，理性皆同。云无生无灭，无为无相，无圣无凡，无是无非，不可证，不可说。今但依此即是，何必要须说灵知耶？

答：此并是遮遣之词，未为显示心体。若不指示现今了了常知，不断不昧是自心者，说何为无为无相等耶？是知诸教只说此知无生灭等也。故荷泽于空无相处，指示知见，令人认得，便觉自心，经生越世，永无间断，乃至成佛也。又荷泽收束无为无住，乃至不可说等种种之言，但云空寂知，一切摄尽。空者，空却诸相，犹是遮遣之言，唯寂是实性不变动义，不同空无也。知是当体表显义，不同分别也，唯此方为真心本体。故始自发心，乃至成佛，唯寂唯知，不变不断，但随地位，名义稍殊。云云已载社文，此不录焉。

问：洪州亦云灵觉及鉴照等，何异于知？

答：若据多义，以显一体，即万法皆是一心，何唯觉鉴等？今就尅体指示，则愚智善恶，乃至禽畜，心性皆自然，了了常知，异于木石。其觉知等言，即不通一切。谓迷者不觉，愚者无智。心无记时，即不名鉴照等，岂同心体自然常知？故花严疏主《心要》笺云："无住心体，灵知不昧。"洪州虽云灵觉，但是标众生有之，如云皆有佛性之言，非的指示。指示则但云能言语等。若细诘之，即云一切假名，无有定法。且统论教，有遣显二门。推其实义，有真空妙有，空其本心，具体具用。今洪州、牛头以拂迹为至极，但得遣教之意，真空之义，唯成其体，失于显教之意，妙有之义，阙其用也。

问：洪州以能语言动作等，显于心性，即当显教，即是其用，何所阙耶？

答：真心本体有二种用：一者自性本用，二者随缘应用。犹如铜镜，铜之质是自性体，铜之明是自性用。明所现影是随缘用，影即对缘方现，现有千差。明即常明，明唯一味。以喻心常寂是自性体，心常知是自性用。此能语言能分别动作等，是随缘应用。今洪州指示能语言等，但随缘用，阙自性用也。又显教有比量显、现量显，洪州云心不可指示，以能语言等验之，知有佛性，是比量显也。荷泽直云，心体能知，知即是心，此约知以显心，是现量显也。此上已述不变随缘二义。

私曰：裴相国上密禅师状云：宗徒各异，互相诋訾，莫肯会同。师亦云：言愚者彼宗后学也，今辨明得失，皆为错承宗旨失意之徒，明矣！洪觉范于《林间录》中，斥破此师所判，扶显洪州牛头之旨者，此师所论过失，似归诸宗之主，恐惑后学之心故也。是乃古人对机门中，各有善权，不可如言，安生彼我之见，当须将此明镜，照见自心，决择邪正，定慧双修，速证菩提。

次明顿悟渐修两门者。然真如之理，尚无佛无众生，况有师资传授。今既自佛已来，祖代传授，即知约人修证趣入之门也。既就人论，则有迷悟、凡圣。从迷而悟，即顿。转凡成圣，即渐顿悟也。顿悟者，谓无始迷倒，认此四大为身，妄想为心，通认为我。若遇善友，为说如上不变随缘、性相体用之义，忽悟灵灵知见，是自真心，心本恒寂，无边无相，即是法身，身心不二，是为真我，即与诸佛，分毫不殊，故云顿也。如有大官，梦在牢狱，身著枷锁，种种忧苦，百计求出，遇人唤起，忽然觉悟，方见自身，元在自家，安乐富贵，与诸朝寮都无别异也。

言大官者，喻佛性也。梦者，迷也。牢狱者，三界也。身者，喻阿赖耶识也。枷锁者，贪爱也。种种忧苦者，受报也。百计求出者，问法勤修也。遇人唤起者，善知识也。忽然觉悟者，闻法心开也。方见自身者，喻法身真我也。元在自家者，经云：毕竟空寂舍也。安乐者，寂灭为乐也。富贵者，体上本有河沙功德妙用也。与诸朝寮都无别异，同诸佛之真性。

据此法喻，一一分明，足辨梦寤身心本源虽一，论其相用，倒正悬殊，不可觉来还作梦事。官以喻心源虽一，迷悟悬殊，梦时拜相，迷时修得大梵天等位也。不及觉时作尉。悟后初入十信位也。梦时七宝，迷时修无量功德也。不及觉时百钱。悟时持五戒十善。皆以一妄一真，故不可类。诸教皆云，施七宝三千界，不如闻一句偈，是此意也。今既有师资传授，即须简辨倒正也。

私曰：愿诸求道者，于此顿悟门，进退思看，法喻分明，时中自验。若无悟解处，修岂称真哉？余见教学者，滞于权教所说，真妄别执，自生退屈。或口谈事事无碍，不修观行，不信有自心悟入之秘诀。纵有自心开发处，不知解行之深浅，染习之起灭，多有法慢，所发言句，越分过头。《华严论》亦云：大心凡夫，于信因不自高。方中，契诸佛果德，分毫不谬，方成信也。若知此意，则不自屈，为得意修心者也。此后渐修是圆渐，切须审详。

次明渐修者，虽顿悟法身真心，全同诸佛，而多劫妄执四大为我，习与性成，卒难顿除故，须依悟渐修，损之又损，乃至于无损，即名成佛，非此心外有佛可成也。然虽渐修，由先已悟烦恼本空，心性本净故，于恶断断而无断，于善修修而无修，为真修断矣。问：悟了后修者，据前梦喻，岂不似觉来，更求出狱脱枷乎？答：前但喻顿悟义，不喻渐修义，良由法有无量义，世事唯一义故。《涅槃经》虽唯谈佛性，而八百喻各有配合，不可乱用。今明渐修喻者，如水被风激，成多波浪，便有漂溺之殃，或阴寒之气，结成冰凌，即阻溉涤之用。然水之湿性，虽动静凝流，而未尝变易。水者喻真心也，风者无明也，波浪者烦恼也，漂溺者轮回六道也，阴寒之气者无名贪爱之习气也，结成冰凌者坚执四大双质碍也，即阻溉涤之用者，溉喻雨大法雨，滋润群生，生长道芽；涤喻荡除烦恼，迷皆不能，故云阻也。然水之湿性，虽动静凝流，而未尝变易者，贪瞋时亦知，慈济时亦知，忧喜哀乐变动，未尝不知，故云不变也。今顿悟本心，常知如识不变之湿性，心既无迷，即非无明。如风顿止，悟后自然攀缘渐息，如波浪渐停。以戒定慧资熏身心，渐渐自在。乃至神变无碍，普利群生，名之为佛。

牧牛子曰：若论修证，顿渐义势多端，撮其枢要，不出此录中顿悟渐修耳。审诸师所说，分列名义，开合不同，且如《贞元疏》云。……

（据柳田圣山《禅学丛书》第二、镰田茂雄《宗密教学思想史研究》）

附录二

宗密生平资料

一、大方广圆觉经大疏（本序）

　　终南山草堂寺沙门　宗密述

　　元亨利贞，乾之德也，始于一气。常乐我净，佛之德也，本乎一心。专一气而致柔，修一心而成道。心也者，冲虚妙粹，炳焕灵明，无去无来，冥通三际，非中非外，洞彻十方。不灭不生，岂四山之可害？离性离相，奚五色之能盲？处生死流，骊珠独耀于沧海；踞涅槃岸，桂轮孤朗于碧天。大矣哉！万法资始也。万法虚伪，缘会而生。生法本无，一切唯识。识如幻梦，但是一心。心寂而知，目之圆觉，弥满清净，中不容他，故德用无边，皆同一性。性起为相，境智历然，相得性融，身心廓尔。方之海印，超彼太虚，恢恢焉，晃晃焉，迥出思议之表也。我佛证此，悯物迷之，再叹奇哉，三思大事。既全十力能摧树下魔军，爰起四心，欲示宅中宝藏，然迷头舍父，悟有易难，故仙苑觉场，教兴顿渐。渐设五时之异，空有迭彰；顿无二谛之殊，幽灵绝待。今此经者，顿之类欤！故如来入寂光土，凡圣一源，现受用身，主伴同会。曼殊大士创问本起之因，薄伽至尊，首提究竟之果，照斯真体，灭彼梦形。知无我人，谁受轮转。种种幻化，生于觉心，幻尽觉圆，心通法遍。心本是佛，由念起而漂沉；岸实不移，因舟行而骛骤。

顿除妄宰，空不生华；渐竭爱源，金无重矿。理绝修证，智似阶差，觉前前非名后后位，况妄忘起灭，德等圆明者焉！然出厩良驹，已摇鞭影；薶尘大宝，须设治方，故三观澄明，真假俱入，诸轮绮互，单复圆修，四相潜神，非觉违拒，四病出体，心华发明。复令长中下期，克念摄念而加行，别遍互习，业障惑障而销亡，成就慧身。静极觉遍百千世界，佛境现前。是以闻五种名，超刹宝施福；说半偈义，胜河沙小乘。实由无法不持，无机不被者也。噫！巴歌和众，似量腾于猿心；雪曲应稀，了义匿于龙藏。宗密髫专鲁诰，冠讨竺坟，俱溺筌罤，唯咮糟粕。幸于涪上，针芥相投，禅遇南宗，教逢斯典，一言之下，心地开通，一轴之中，义天朗耀。顷以道非常道，诸行无常；今知心是佛心，定当作佛。然佛称种智，修假多闻，故复行诣百城，坐探群籍。讲虽滥泰，学且师安，叨沐犹吾之纳，谬当真子之印。再逢亲友，弥感佛恩，久慨孤贫，将陈法施，采集般若，纶贯华严，提挈毗尼，发明唯识，然医方万品，宜选对治，海宝千般，先求如意。观夫文富义博，诚让杂华，指体投机，无偕圆觉，故参详诸论，反复百家，以利其器，方为疏解。冥心圣旨，极思研精，义备性相，禅兼顿渐，使游刃之士，无假傍求；反照之徒，不看他面。斯其志矣大者！绝诸边量，方广止而含容圆者。德无不周，觉者灵源不昧。修多罗总指诸部，了义者别叹斯文，经者贯穿义华，以之摄化群品，故云《大方广圆觉修多罗了义经》也。

二、圆觉经大疏钞卷一之上（节选）

疏"宗密髫专鲁诰"下。二述造疏因缘也，文五：一双迷道德，二顿悟教理，三双结迷悟，四渐修行解，五宗师忍可。

今初也。髫者，陆韵云：小儿发也。髫龀之年，谓十岁之间矣。鲁诰即儒教也，教主姓孔，名丘，字仲尼，鲁国人也，为鲁大夫，故云夫子。今目其国，故云鲁也。诰即《典诰》，故《尚书》有《大诰》、《康诰》、《酒诰》、《洛诰》、《仲虺之诰》、《梓材之诰》等，篇名矣。

疏"冠讨竺坟"者。冠谓束发戴冠，即年二十。当冠带之岁也，谓古人准礼，皆二十冠带，三十婚娶，四十而仕，故呼年二十为弱冠之年。竺坟者，即释教也。竺谓天竺国，坟亦典籍，谓三皇五帝之书，谓之坟典，说大道常道也。今用此方之语，以目佛教中经论也。言髫冠者，初习之间岁数，非的指十岁及二十岁也。实而言之，即七岁乃至十六七为儒学。十八九、二十一二之间，素服庄居，听习经论。二十三又却全功，专于儒学。乃至二十五岁，过禅门，方出家矣。

疏"俱溺筌蹄，唯味糟粕"者。意言俱专文言，不得其意。且儒教宗意，在道德仁义、礼乐智信，不在于驰骋名利所、令扬名后代者。以道德孝义为名，不以官荣才艺为名。释教宗意，通达自心，修习定慧，具于悲智，不在立身事业。当时难习之而迷之，故云尔也。筌者，南人捕鱼之器。蹄者，兔迹，或作罳字，即网兔之器罝之类也。《周易略例》云：言生于象，言从象生也。故可寻言以观象，象生于意，象从意生。故可寻象以观意。意以象尽，象以言著，故得象忘言，得意忘象，犹蹄者所以在兔，得兔而忘蹄。筌者所以在鱼，得鱼而忘筌。然则言者，象之蹄也。象者，意之筌也。存言者非得象，存象者非得意，象生于意而存象焉，则所存者乃非其象也。言生于象而存言焉，则所存者乃非其言也。解曰：以蹄喻言，以筌喻象，筌入水不可见，蹄在陆而可观，详之可知矣。又象通能所、兔筌二事，总喻于象，望能望所，其义异故。又云：然则忘象者，乃得意也，忘言者，乃得象也。得意在忘象，得象在忘言，故立象以尽意，而象可忘。彼次此更有马牛等象，亦要可以穷此一门深义，具引在别卷。

疏"唯味糟粕"者。酒，糟麻粕也。《庄子·外篇》云：世之所贵道者，书也。书不过语，语有贵也。语之所贵者，意也。意有所随，意之所随者，不可以言传也，而世人因贵言传书。世虽贵之哉，犹不足贵也，为其贵非其贵也。所贵恒在意言之表。故视而可见者，形与色也；听而可闻者，名与声也。悲夫世人以形色名声，为足以得彼之情。夫形色名声，果不足以得彼之情，得彼情唯忘言遗书。则知者不言，言者不知，而世岂识之哉！此绝学去尚之意也。桓公读书于堂上，轮扁斫轮于堂下，释椎凿而上，问桓公曰：敢问公之所读者何言耶？公曰：圣人之言也。曰：圣人在乎？公曰：已死矣。然则君之所读者，古人之糟粕乎夫！桓公曰：寡人读书，轮人安得议乎！有说则可，无说则死。轮扁曰：臣也以臣之事观之，臣常斫轮，徐则甘而不固，疾则苦而不入。不徐不疾，得于手而应于心。口不能言，有数存焉于其间。臣不能以喻臣之子，臣之子亦不能受之于臣，是以行年七十而老斫轮。此言物各有性，教学之无益也。古之人与，其不可传也，死矣！然则君之所读者，古人之糟粕已矣。当古之事已灭于古矣。难或传之，岂能使古在今哉！古不在今，今事已变故［施］学任性与时变化而后［生］焉。

疏"幸于涪上，针芥相投"下，二顿悟教理也。涪是东川江名，山剑（应为剑山）之南。巴蜀之水，皆名江也。山南梁洋是汉江，果阆州嘉陵江，东川涪江，西川导江，且之陀江、锦江。遂州在涪江南西岸，宗密家贯果州，因遂州有义学院，大阐儒宗，遂投诣进业。经二年后，和尚从西川游化至此州，遂得相遇，问法契心，如针芥相投也。经说，佛问迦叶：从兜率天，辊一芥子，于阎浮提，竖一针锋，使芥子投于针锋，此事难易？迦叶答言：甚为难也。佛言：正因正缘，得相值遇，更难于此。

疏"禅遇南宗"者，和尚所传是岭南曹溪能和尚宗旨也。

"教逢斯典"者。宗密为沙弥时，于彼州因赴斋请，到府吏任灌家，行经之次，把著此《圆觉》之卷，读之两三纸已来，不觉身心喜跃，无可比喻。自此耽玩，乃至如今。不知前世曾习，不知有何因缘，但觉耽乐彻于心髓。访寻章疏及诸讲说匠伯，数年不倦，前后遇上都报国寺惟悫法师疏一卷，先天寺悟实禅师疏两卷，荐福寺坚志法师疏四卷，北都藏海寺道诠法师疏三卷，皆反复研味，难互有得失，皆未尽经之宗趣分齐。难逢讲者数人，亦无异萤烧妙高矣。下经之以思惟心测度如来圆觉境界，如取萤火烧须弥山，终不能著。良由此经具法性、法相、破相三宗经论，南北顿渐两宗禅门，又分同华严圆教，具足悟修门户，故难得其人也。宗密遂研精覃思，竟无疲厌，后因攻《华严》大部清凉广疏，穷本究末，又遍阅藏经，凡所听习咨询，讨论披读，一一对详《圆觉》，以求旨趣。至元和十一年正月中，方在终南山智炬寺，出科文科之，以为纲领，因转藏经，兼对诸疏，搜采其义，抄略相当，纂为两卷。后却入京都，每私捡之，以详经文。亦未敢条流纶绪，因为同志同徒，详量数遍。渐觉通彻，不见疑滞之处。后自觉化缘劳虑，至长庆元年正月又退在南山草堂寺，绝迹息缘，养神炼智，至二年春，遂取先所制科文及两卷纂要，兼集数十部经论，数部诸家章疏，课虚扣寂，率愚为疏，至三年夏终，方遂终毕。余如下说。

疏"一言之下，心地开通"者。目所悟心犹如地也，故古来皆目七祖禅印，为心地法门。见道证真已去名十地者，义亦同此。《菩萨本业经》云：地名为持，持百万僧祇功德，亦名生成，生成一切因果。《十地论》云：生成佛智住持故。

"一轴之中，义天朗曜"者。于此一经，达一切义也。《华严》序云：空空绝迹，义天星象璨然。

疏"顷以"下。三双结迷悟，上两句蹑前迷意，意明顷者溺言象之时，由所悟之道不是真常不变之体故，所运之心，所行之行，所计诸法，皆是生灭无常也。如以金所为之器，器器皆金；以土所为之器，器器皆瓦也。此义如前本起因中所释，及后释文殊问中，当更广明。然道非常道之语，出《道经》也。彼云："道可道，经术出正教之道。非常道。非自然长生之道，常道当以无为养神，无事安民，含光藏晖，灭迹匿端，方可称道。名可名，富贵尊荣，高世之名。非常名。非自然常在之名，常名当知婴儿之未孩，鸡子之未分，美玉处石间，明珠在蚌中。内虽照照，外若祯愚也。无名天地之始，无名，道也，道吐气布化，出于虚无，为天地始也。有名万物之母。有名，天地也，有形位有阴阳则委，天地含气，生万物长大，成熟如母也。故常无欲以观其妙，妙，要也，人常能无欲，则可以观道之要，谓一也。一出布化名道，赞叙明是非也。常有欲观其徼，徼，归也云云。此两者同出而异名，同谓之玄，玄之又玄，众妙之门。"诸行无常之言，即《涅槃》十四罗刹所说之偈，前半云："诸行无常是生灭法。"彼经义决云："十力世雄所说空义者，五阴诸行，从因缘生，缘会则生，缘离则灭。"此上两句诸行等，是流转门。夫生必灭，灭已更生，灭灭无生，灭生无灭，无灭无生即寂灭乐。下半云生灭灭已，寂灭为乐者，是大涅槃还灭门也。又上半偈，破昔常倒，即除常见。下之半偈，破无常倒，即除断见。又前半生灭，举体皆空。后说涅槃，相无性有，情无理有。

疏"今知心是佛心，定当作佛"者。因由所悟心，不生不灭，名为本觉，全是诸佛之心。以此为本修行，决定成佛。然自心是佛之据，其文甚多。谓《华严·出现品》云："应知自心念念常有佛成正觉等也。"《涅槃》中佛赞纯陀："心同佛心也，定当作佛者。"亦全句是《涅槃》之文。云凡是有心定当作佛，故此云尔。

疏"然佛称"下。四渐修解行也，于中，初二句，立渐修之理。称种智者，梵云萨婆若，此云一切种智，即诸佛究竟圆满果位之智也。种谓种类，即无法不通之义也，谓世出世间种种品类，无不了知，故云一切种智。故《华严·如来名号品》中列佛种种名，于中云：亦名一切义成。一切义成者，即翻梵语悉达多为此言也，谓于一切义理悉皆通达成就，即是一切种智矣。

"修假多闻"者。既一切种智皆达，方名为佛，故修佛因，必须假藉多闻也。况《华严》第三地经文，正以多闻为菩萨行之初门，展转五重，推度生行，始自多闻故也。彼文云：菩萨如是厌离一切有为，愍念一切众生，知一切智智有胜利益。欲依如来智慧，救度众生，作是思惟。此诸众生，随在烦恼大苦之中，以何方便而得拔济，令住究竟涅槃之乐，便作是念，欲度众生令住涅槃，不离无障碍解脱智。离二障权实自在，是究竟摄生方便。无障碍解脱智，不离一切法如实觉。觉一切法皆如实也，如实则法性，由觉此故方能断惑起用。一切法如实觉，不离无行无生行慧光。慧以无行无生为行相也。无行无生行慧光，不离禅善巧出入自在，不被禅缚。**决定智**。观密之智决定，故能发慧光也。禅善巧决定智，不离善巧不取闻相故也。**多闻**，闻慧也，由此发前思修等慧故。若顺而言之，则由多闻故发禅智。由禅智故，发无生慧。由无生慧故，以觉法性，由觉法性故。任运增进，寂照双流，名之为佛，堪任度脱一切众生。菩萨如是观察了知已，倍于正法，勤求修习，日夜唯愿闻法、喜法、乐法、依法、随法、解法、顺法、到法、住法、行法，菩萨如是勤求佛法，所有珍财皆无吝惜，不见有物难得可重，但于能说法人。生难遭想，故内外财无不能舍，无有恭敬而不能行，无有憍慢而不能舍，无有承事而不能作，无有勤苦而不能受。生若闻一句未闻之法，心生欢喜，胜得三千大千世界满中七宝。及轮王位，帝释位，梵王位。若有人言，我有一句未闻法，能净菩萨行，若入七仞火坑，云云。如是求法，如其所闻观察修行，乃至于空闲处，作是思惟。如说修行乃得佛法，非但口言而可清净。此后说得四禅八定云云。《婆沙论》云：多闻能知法，多闻能离罪，多闻舍无义，多闻得涅槃。《智论》说：多闻无慧，有慧无闻，皆不知实相，有慧多闻，方知实相。无闻无慧是人中牛，上说心地开通是顿悟，即有慧也，故今云修假多闻，明渐修之门也。又相传，路逢罗刹之事，且是多闻之益。勤闻第一方云云。《华严·问明品》云：非但以多闻能入如来法者，此明不断烦恼之失，非毁多闻。言非但者，意使随闻而修也，故孔子入大庙每事问。

疏"故复行诣"下，正明渐修也。言故复者，前次心地开通义天朗曜。然由成佛之因，假多闻之故，复须行诣等也。行诣百城者，是巡国邑，参善知识，求学法门也。行诣之言，是《净名经》中，佛遣使问疾之语，一一云汝行诣维摩诘问疾。今务在用经典正文，兼图对下坐探之言也。百城者，即《华严经》善财童子展转南行求善知识,经一百一十城,今但取大数矣。言坐探籍者,问道求法,即行披览典教,理然是坐,亦意在以行坐为对也。宗密比所遇释门中典籍,未有不探讨披览,且终南智炬寺,誓不下山,遍转藏经三年,愿毕方下山。或京城,或城外,云居草堂丰德等寺,皆是寻讨圣教。余随处随时,不可具记。自年十七八乃至今垂半百,未曾断绝,故云探群籍也。

疏"讲虽"下,五宗师忍可也。讲滥泰者,古来相传,有蒲州不听泰、溜州半遍沼,彼是聪慧上德,不听而讲。余是遇末之流,宿生有小缘种,披寻《华严》章疏,薄见端倪,未见疏主承禀之。时在襄州东都,先已辄讲两遍,事迹似于古德,而贤愚不齐,故云滥也。而云虽者,明在禀承复非不听而已,故次云学且师安也。谓元和五年,于襄州,初讲一遍。六年于东都再讲。事迹具在上疏主状中所述,可依叙之。然后入上都,亲事疏主,数年请益。初二年间,昼夜不离。后虽于诸寺讲传,每月长两上听受菩提心戒乃至无量法门,有疑则往来咨问不绝言。师安者,即道安法师。当代之日,天下所宗。自后时人皆云,学不师安,义不堪难。

疏"叩沐犹吾之纳"者。在东都日,因讲次,有门人太泰(应为泰恭),断臂庆法。留守郑余庆相公申上中书取裁,缘文状中云是华严门下。虑宰相寻问疏主虚实,疏主既未委识,恐不招承,遂修状具述所领解。二十卷疏中关节,大部经文品会血脉七八纸,来差小师玄圭智辉,申上疏主,以明讲非孟浪。疏主连笺批示云:得书领大教旨趣,凄然心纳矣。吾自传扬,或面言心受,亲听。或展转分照,于门下诸学士处听得。盈乎毕城,新罗渤海二国,皆有此疏行。然仲尼倾盖,伯牙绝弦,皆古之贤人，两心相见知音之故事也，此意在后，故以然字隔。亦藉形声矣，意云事难，悬通道合，亦藉形声。汝未见吾形，未闻说法之声，便领吾意超于古也。不面而传得旨系表。意云得大教深旨，出于系象之外。意犹吾心。犹者似，汝见解不异吾也。未之有也。即此是明超古之词。释曰：今言叨沐等者，是此书中语意。以书中云意犹吾心及云凄然心纳，故今云尔。叨沐之言，是自叙下情，叨滥蒙此印许耳。

疏"谬当真子之印"者，即疏主书次前云，非凭圣力，必藉宿因，当自慰耳，转轮真子可以喻也。释曰：谬当者，亦是自叙浅劣非其分也，虚谬当斯语矣。转轮真子，即大经举喻说十地菩萨受位，转轮圣王有一千子，其中取嫡夫人生年最大者一人，方受灌顶，绍轮王位。疏主今用此事，言转轮者，约喻，即转轮王之位。约法，即绍继转法轮之位，如禅宗祖代相传一人继嫡矣。言真子者，即如嫡夫人所生也。印者即书末云，傥得一面，印所悬解，复何加焉！如忽缘阻，但当心契玄极，岂山河形声所能隔哉！

疏"再逢亲友"下。三造疏之意也，于中三：一发心弘法，二且制诸疏，三正述本意。今初也，再逢亲友者，有其二意：一者初已遇遂州和尚，禀受禅门。今又逢疏主和尚，即是再也。二者二师皆是再逢，以一闻便悟，决知宿世已逢，故云再也。此同《法华》"五百弟子授记品"说系珠喻，领解得记，经云：譬如有人，至亲友家，醉酒而卧，是时亲友官事当行。以无价宝珠，系其衣里，与之而去，其人醉卧都不觉知。起已游行，到于他国。为衣食故，勤力求索，甚大艰难。若少有所得，便以为足。于后亲友会遇见之而作是言：咄哉！丈夫何为衣食乃至如是，我昔欲令汝得安乐五欲自恣，于某年月日，以无价宝珠，系汝衣里。今故现在，而汝不知，勤苦忧恼以求自活，甚为痴也。汝今可以此宝贸易所须，常可如意无所乏短。下法合可知，释此系珠有其二意，在别卷中。然此人蒙亲友系珠之时，已是初逢故。于后亲友见之而作是言等，是再逢也。余亦如此，以今现事，验于昔因，定知宿世曾闻遂州和尚及疏主言教，所以今生闻之即解，故云再逢矣。

疏"弥感佛恩"者。弥是转深之义，谓未悟禅门，未讲华严已前，或因转读，或因听闻，每见经文，说诸佛恩深。又自庆闻法，已感佛恩。今因了悟自心，讲华严宗部，深见诸佛菩萨多劫苦行，弘护大法，哀愍众生之迹。又悟大教义味无边，若非释迦降迹出现，演说此门，而我由何得至此地！故所感恩弥深弥厚。

疏"久慨孤贫，将陈法施"下。皆是报佛恩之事，故《智论》云：假使顶戴经尘劫，身为床座遍三千，若不传法化众生，毕竟无能报恩者。慨者是无声之叹。孤贫者，华严三地经云：菩萨见如来智慧，有大利益，有为过患，即于众生，起十种哀愍心。所谓见诸众生孤独无依，生哀愍心。世谓少而无父曰孤，老而无子曰独。今众生，上远诸佛慈尊故孤；下不利生，既无弟子故独，更何所依。见诸众生贫穷困乏，生哀愍心。无福慧故贫穷，已得无厌故困乏，又不能少欲，而乃求故困，不能知足故乏。又五地云：此菩萨作是念，此诸众生，受如是苦，孤穷困迫，无救无依。又不得一即一切为孤，一中不得含一切为贫。

疏"将陈法施"者，将犹欲也。陈者，设陈之谓也。法施者，运清净心，无希名利之垢，以法施他，故名法施。《菩萨戒》序云："财法二施，等无差别。"又《大法炬陀罗尼经》云："譬如商家，以少财求利，岁月渐增，库藏充实，拯济多人。若不商贩，财利不增，后值饥荒，丧失家业。"彼说法者且复如是，应常宣说不得休懈。若常说法，法则增长，利益人天。若不宣说，法则衰终。然财法二施，有三不同：一财施施多则尽，法施施多唯增。二财施世间果报，法施出世功德。三财施成就色身，法施成就法身。又云《净名经》：多取意引，不具写文。佛命长者子善德问疾，善德白佛：我不堪任。便自说，昔于父舍，设大施会，供养一切沙门婆罗门外道、贫穷下贱、孤独乞人，期满七日。时维摩诘入会云：夫大施会，不当如汝所设，当为法施之会，何用是财施会为，法施会者无前无后，一时供养一切众生，是名法施之会。何谓也？谓以菩提起于慈心，乃至是为法施之会。若菩萨住是法施会者，为大施主，亦为一切世间福田。

疏"采集等"者。二明且造诸疏，即显前法施之事也。著述名教，以训后来，令佛种不断故。采集般若者，由见般若破相是诸佛母，祖师深赞，遂以元和十四年，于兴福寺，采集无著、天亲二论，大云等疏，肇公等注，纂其要妙，以释《金刚般若经》也，勒成疏一卷钞一卷。

"纶贯华严"者。由见《华严》称性之法，恢廓宏远，实可宗承。但以文富义博，后学者难见涯畔，疏钞浩大，迷于经意，致令后辈轻于大经。云讲《华严》、《涅槃》者，但是转经之流，或云卷经之辈。故长庆二年，于南山丰德寺，以疏中关节，纶次贯于一部经文，令讲者克意记持经文，以将释于此疏，勒成五卷，题云《华严纶贯》。

"提挈毗尼"者。因遍讨大毗尼藏五部律等，又听《四分》新章，见律文繁广，事数重叠，或是天竺风俗之事，不关此方。传者骋于重重句数，致令修持者不知克实要用之处，遂以长庆三年夏，于丰德寺，因听次，采集律文疏文行人要行用者，提举纂出，接引道流，勒成三卷。

"发明唯识"者。然唯识宗旨，释教之纲，诸论浩浣，诸师差别，致使学者但于部帙句偈，熟寻唯识之名言，不就自心。寻伺诸法，唯是我心识之行相。遂以元和十四年冬至十五年春，于上都兴福、保寿等寺，采掇大论大疏精纯正义，以释三十本颂，勒成两卷，显发彰明唯识宗趣，令人易见诸法唯是自心之义理，故云发明唯识也。

疏"然医方"下。三正述本意，意在圆觉也。于中，先举喻，后法合。喻中，如人有病，诣大医家，但应求治自病之方，买药调合，不可见他千卷万卷方书，且贪从头寻读辨别。若如此者，读未遍，而病增身死。亦如人入海采无价珠，而大海之中珍宝无量，若见之即取，闻名即寻，则终身白首，死于海中，何日得归阎浮，以济贫乏。但应求摩尼珠，得即持归，自然千珍万宝，要即充足，所以者何？摩尼梵语此云如意，意中所要财宝、衣服、饮食种种之物，此珠即能出之，如意而得，故云如意。

疏"观夫"下。法合也，将欲弘阐法门，简其要妙，圆通了义，莫尚《华严》。西域此方，古今三藏大德，皆判为最，具如彼疏《悬谈》所叙。然且部帙浩瀚，义理纵横，初心之流，造次难入，如大海中一切珍宝不可总求，即不如此经一部道顿入。会相归性，泯念全真，影像亦空。觉所显发，觉圆明故，烦恼冰销，妙用神功，一生可获，故前云海中，先求如意。文富者，八十卷也。义博者，五周因果、五教十玄。诚者实也，让者推让。杂华者，《涅槃》等经指《华严》为"杂华经"，谓万行感果，如天地所生一切诸华；万德严身，如金玉缯彩一切诸华，故云杂也。意言若约文义富博，诚知不及《华严》。若取指示觉心之体,以投顿悟初机,即不如《圆觉》,故若留心偏愿弘此,是其本意矣。

疏"故参详诸论,反复百家,以利其器,方为疏解"者,第四正制此经疏也。根本始自元和十一年春,于南山智炬寺,下笔科判,及搜检四家疏义,集为两卷。私记捡之,以评经文,被于学禅之辈。中间至长庆二年,于草堂寺,再修为疏,并开数十段章门。至三年秋冬,方得终毕。言诸论者,《起信》、《唯识》、《宝性》、《佛性》、《中观》、《诸摄》、《摄大乘论》自有数本。《智度》、《瑜伽》也。

△"言百家"者。诸家章疏,及诸观门,箴论赞颂,诸所述作,建宗立义等文卷也。儒流中言通目一切诸杂经书史云百家,今亦顺彼为文字。当途要者,无不遍寻,言参详及反复者,集之对之。对此详彼,翻覆再三,研味宗趣,审度得失,如南容三复白圭之例也。白圭者,《毛诗》云:白圭之玷,尚可磨也。斯言之玷,不可为也。南容读诗,至此再三反复,指示其心,使慎言也。以利其器者,《论语》云:工欲善其事,必先利其器。此明欲造《圆觉疏》,故十数年来,先习诸教,以利其智,方制。

(据《续藏经》)

三、圭峰定慧禅师遥禀清凉国师书

宗密庆以天幸,窃禀和尚华严疏文,虽乖礼足且解生焉。宗密恨以累有事故,不获早赴起居,下情伏增惶惧。既未系目,敢自陈心。若不粗述本缘,宁表诚素。欲书实语,恐尘渎视听,进退无已,伏惟照恕,幸甚!宗密本巴江一贱士,志好道而不好艺,纵游艺而必欲根乎道。自龆年洎弱冠,虽则诗书是业,每觉无归,而复傍求释宗,薄似有寄。决知业缘之报,如影响应乎形声,遂止荤茹。考经论,亲禅德,狎名僧。庄居屡置法筵,素服滥尝覆讲,但以学亏极教,悟匪圆宗,不造心源,惑情宛在。后遇遂州大云寺圆和尚法门,即荷泽之裔也。言下相契,师资道合,一心皎如,万德斯备。既知世业事艺,本不相关,方始落发披缁,服勤敬事。习气损之又损,觉智百炼百精,然于身心因果,犹怀漠漠。色空之理,未即于心,遂屡咨参,方蒙授与终南大师《华严法界观门》,佛法宝藏,从此顿彰。同志四人琢磨数载,一句中理论则通宵未休,一事中义旨则尘沙莫算。达水常湿,宁疑波湛之殊,悟镜恒明,不惊影像之变。净刹秽土,非坏非成,诸佛众生,何起何灭,由是念包三世同时,互促互延,尘与十方,全体相即相入,多生谬计反覆,枉受于沉沦,今日正观,始觉元同于大用。然后所显境界,离情则随照分明,能诠大经,配文则难为通会。章句浩博,因果重叠,理虽一味,势变多端。差别义门,罔尽血脉。不知科段,意莫连环,纵使历诸讲场,不添已悟。名相繁杂,难契自心。宗密谓言章疏,例只如斯,遂休心传教,适志游方,但以终南观门为助缘,以离情顺智为自力照融。通法界而栖托,指事理悬说。为利他,以梦幻身心游影像世界。神冥妙境,智历义门。跋涉江山,至于襄汉,于恢觉寺遇灵峰阇梨,即和尚门下一哲人也。寝疾数月,渐至羸极,相见三日才通其情,愿以同声之分经及疏钞,悉蒙授与。议论未周,奄然迁逝。斯则夙缘法会,忍死待来。若见若闻,无不叹讶。宗密渴逢甘露,贫遇摩尼,腾跃之心,手捧而舞,遂于此山返关绝迹,忘餐辍寝,夙夜披寻,以疏通经,以钞释疏。寻文而性离,照理而情忘,偶之于心,会之于教,穷本究末,宗途皎如。一生余疑,荡如瑕翳;曾所习义,于此大通。外境内心,豁然无隔,诚所谓太阳升而六合朗耀,巨海湛而万象昭彰。妙德妙智而顿开,普贤普行而齐现。五周四分一部之网在纲,六相十玄三乘之流会海。义则色空,同于中道;教则权实,融于圆宗。理则体用即寂,而性相宛然;智则凡圣混同,而因果不坏。显随缘而不变,弘经则理趣周圆。指幻而识真,修观则禅心使旷。荡九会经文无不契心,由斯可谓契经矣;使一真心地无不印经,由斯可谓心印矣。是知执三藏文者,诚为失道。局一性义者,犹未圆通。想夫斯流固宜绝分,声闻聋瞽谅不虚哉。宗密未遇疏前,每览古今著述,在理或当,所恨不知和会。禅宗天台多约止观,美则美矣,且义势展转滋蔓,不直示众生自心行相。虽分明入处,犹历渐次,岂如《问明》释文殊偈,印灵知而心识顿祛。《悬谈》开分齐章,显真空而相用繁起,起不异性故,事事融通,通而互收故,重重无尽。悟此则全同佛果,方是圆因,随缘造修,无非称体。开顿渐禅要,可以此为楷模;传权实教门,可以此为轨范。药得雪山善见,群疾俱消;宝获沧海摩尼,千珍随念。况悬文卷半,诸义尽包,备核源流,遍穷名体,然后融成本部,全拣全收。苟能精之,已领百家之文义,少功多获,要在兹焉。凡曰释流,孰不可习。宗密夙生多幸,同种善根,遇如是经,逢如是疏,顷于王膳,未敢即餐。今得明文印决,心意泰然,誓愿生生,尽命弘阐。当时便被僧尼徒众,因请赞扬,务自温习,课虚顺命,但依文配读而已,讵足以发明于人?为显圆宗,多惊抚掌,爰有宿机坚种,闻即禀承。从始洎终可数十人,誓愿修学。盖兹疏文玄妙,传之不虚,岂以微才能感如是。襄阳讲罢,暂往东都,礼祖师塔,便拟驰赴拜觐。盖缘夏逼,且止永穆寺。襄阳徒众,迤逦访寻,再邀第二遍讲,复闻兹经,遂允众请。许终悬疏,却赴上都。今月七日才毕，听徒泰恭遂断一臂云：自庆所逢之法，玄妙难思，用表恳诚，厥愿修学。此乃和尚，道威德洽，教令将行，门下宗枝，有斯精苦，伊且割截支体，伤断筋骨，都无痛恼，神色宛然，自初至今，身心仍旧。若道若俗，无不异之，观智之功，感应昭著。时台省询验，事迹分明。留守崇敬大经，已申中书门下。据伊本意，岂尽显扬，然发起门亦藉旌表，沿伊手疮未愈，官司牒寺，委令将养，未便游行。以此礼觐，转见迟违，下情无任，伏增惶惧。谨差听徒僧玄珪、智辉，先具申述。宗密才微语拙，领悟难陈，伏乞慈悲，特赐摄受幸甚不备。学徒宗密，惶恐百拜，上华严疏主清凉国师大和尚。

唐元和六年辛卯岁九月十三日在东都上

清凉国师诲答

十月十二日玄珪、智辉至，得汝书，遥伸师敬，备述行迹。领大教之玄趣，说传赞事，诚感凄然心纳矣。吾自传扬，或面言心授，或展转分照，盈于异域。然仲尼倾盖，伯牙辍弦，亦藉形声矣。不面而传，得旨系表，意犹吾心，未知有也。非凭圣力，必藉夙因。当自慰尔，转轮真子可以喻也。泰恭断臂，重法情至，加其恳祷，然半偈忘躯，一句投火，教有文矣，意存身外，有重法之宝尔。宜诫之后学，勿使效之。当断其情虑，勿断其形骸；当断其妄心，无斩其肢分，则浅识异学，安其所不惊视。苟俗无发肤之诫，则玄化不广而自博矣，汝当笃志幽趣，傥得一面，印所悬解，复何嘉焉！如忽缘阻，但当心契玄极，岂山河形声所能隔哉？勉之不多云，老僧澄观付宗密法子收。

十月二十三日学徒宗密，裁书再拜

本讲华严疏主：玄珪、智辉回，伏奉诲示，纳所微悟，许厕法席，顶戴奉持，不任忻惧。多惭陋质，未效勤劳，空呈寸心。坐蒙收采，自惊侥幸，喜极成悲。伏蒙慈愿弘深，降斯过分，一经印决，顿觉光辉。学流进功，时辈增仰，幸甚！<small>宗密</small>便欲奔赴给侍，缘泰恭臂疮未愈，慎风不敢冒路。再三涕泣，愿侍随行，念伊迹苦，不忍弃遗。伏惟照察不备，学徒<small>宗密</small>再拜上本讲华严疏主。

（据《圆觉经略疏》）

四、唐故圭峰定慧禅师碑并序

裴　休

圭峰禅师号宗密，姓何氏，果州西充县人，释迦如来三十九代法孙也。释迦如来在世八十年，为无量人天声闻菩萨，说五戒、八戒、大小乘戒、四谛、十二缘起、六波罗密、四无量心、三明、六通、三十七品、十力、四无畏、十八不共法、世谛、第一义谛、无量诸解脱三昧总持门。菩萨涅槃，常住法性，庄严佛土，成就众生，度天人教菩萨一切妙道，可谓广大周密。廓法界于无疆，彻性海于无际，权实顿渐，无遗事矣。最后独以法眼付大迦叶，令祖祖相传，别行于世，非私于迦叶而外人天声闻菩萨也。故此法，众生之本源，诸佛之所证，超一切理，离一切相，不可以言语智识、有无隐显推求而得。但心心相印，印印相契，使自证之，光明受用而已。自迦叶至达摩，凡二十八世。达摩传可，可传璨，璨传信，信传忍，为五祖，又传融为牛头宗。仁传能为六祖，又传秀为北宗。能传会为荷泽宗，荷泽于宗为七祖。又传让，让传马，马于其法为江西宗。荷泽传磁州如，如传荆南张，张传遂州圆，又传东京照，圆传大师。大师于荷泽为五世，于达摩为十一世，于迦叶为三十八世，其法宗之系也如此。

　　大师本豪家，少通儒书，欲干世以活生灵。偶谒遂州，遂州未与语。退游徒中，见其俨然若思而无念，朗然若照而无觉，欣然慕之，遂削染受教。道成乃谒荆南张，张曰："传教人也，当盛于帝都。复谒东京照，照曰："菩萨人也，谁能识之！"复谒上都花严观，观曰："毗卢花藏，能随我游者，其汝乎！"初在蜀因斋次受经，得《圆觉》十三章，深达义趣，遂传《圆觉》。在汉上，因病僧授《花严句义》，未尝听受，遂讲《花严》。自后，乃著《圆觉》、《花严》及《涅槃》、《金刚》、《起信》、《唯识》、《盂兰》、《法界观》、《行愿经》等疏钞，及法义类例、礼忏修证、图书纂略。又集诸宗禅言为《禅藏》，总而序之，并酬答书偈论议等，凡九十余卷，皆本一心而贯诸法，显真体而融事理，超群有于对待，冥物我而独运矣。议者以大师不守禅行而广讲经论，游名邑大都，以兴建为务，乃为多闻之所役乎，岂声利之所未忘乎？嘻，议者焉知大道之所趣哉！夫一心者，万法之总也，分而为戒定慧，开而为六度，散而为万行，万行未尝非一心，一心未尝违万行。禅者六度之一耳，何能总诸法哉？且如来以法眼付迦叶，不以法行，故自心而证者为法，随愿而起者为行，未必常同也。然则一心者，万法之所生而不属于万法。得之者，则于法自在矣。见之者，则于教无碍矣。本非法，不可以法说。本非教，不可以教传。岂可以轨迹而寻哉？自迦叶至富那奢，凡十祖皆罗汉，所度亦罗汉。马鸣、龙树、提婆、天亲始开摩诃衍，著论释经,摧灭外道,为菩萨唱首。而尊者阇夜,独以戒力为威神。尊者摩罗,独以苦行为道迹。其他诸祖,或广行法教,或专心禅寂,或蝉蜕而去,或火化而灭,或攀树以示终,或受害而偿债,是乃法必同而行不必同也。且循辙迹者非善行,守规墨者非善巧,不迅疾无以为大牛,不超过无以为大士。故大师之为道也,以知见为妙门,以寂静为正味,慈忍为甲盾,慧断为剑矛,破内魔之高垒,陷外贼之坚阵,镇抚邪杂,解释缧笼。遇穷子则叱而使归其家,见贫女则呵而使照其室。穷子不归,贫女不富,吾师耻之。三乘不兴,四分不振,吾师耻之。忠孝不并化,荷担不胜任,吾师耻之。避名滞相,匿我增慢,吾师耻之。故皇皇于济拔,汲汲于开诱,不以一行自高,不以一德自崇。人有依归者,不俟请则往矣,有求益者,不俟愤则启矣。虽童幼不简于敬接,虽骜很不怠于扣励。其以阐教度生,助国家之化也如此。故亲大师之法者,贪则施,暴则敛,刚则随,戾则顺,昏则开,堕则奋,自荣者慊,自坚者化,循私者公,溺情者义。凡士俗有舍其家,与妻子同入其法,分寺而居者。有变活业,绝血食,持戒法,起家为近住者。有出而修政理,以救疾苦为道者。有退而奉父母,以丰供养为行者。其余憧憧而来,欣欣而去,扬袂而至,实腹而归,所在甚众,不可以纪。真如来付嘱之菩萨,众生不请之良友,其四依之人乎?其十地之人乎?吾不识其境界庭宇之广狭深浅矣,议者又焉知大道之所趣哉?

大师以建中元年生于世,元和二年印心于圆和尚,又受具于拯律师。大和二年庆成节,征入内殿,问法要,赐紫方袍,为大德。寻请归山。会昌元年正月六日,坐灭于兴福塔院,俨然如生,容貌益悦,七日而后迁于函,其自证之力可知矣。其月二十二日,道俗等奉全身于圭峰。二月十三日,茶毗,初得舍利数十粒，明白润大。后门人泣而求诸煨中，必得而归。今悉敛而藏于石室，其无缘之慈可知矣。俗岁六十二，僧腊三十四。遗戒深明，形质不可以久驻，而真灵永劫以长存，乃知化者无常，存者是我。死后举施虫犬，焚其骨而散之，勿墓勿塔，勿悲慕以乱禅观。每清明上山，必讲道七日而后去，其余住持法行，皆有仪则，违者非我弟子。

今皇上再阐真宗，追谥定慧禅师，青莲之塔，则塔不可以不建，石不可以不斲。且使其教自为一宗，而学者有所标仰也。门人达者甚众，皆明如来知见而善说法要。或岩穴而息念，或都会而传教，或断臂以酬德，或白衣以沦迹，其余一礼而悟道，终身而守护者，僧尼四众数千百人。得其氏族道行可传于后世者，纪于别传。

休与大师，于法为昆仲，于义为交友，于恩为善知识，于教为内外护，故得详而叙之，他人则不详。铭曰：

如来知见，大事因缘。祖祖相承，等等相燃。分光并照，显说密传。摧邪破魔，证圣登贤。渐之者入，顿之者全。孰绍孰兴，圭峰在焉。甚大慈悲，不舍周旋。以引以翼，恐迷恐颠。直示心宗，旁罗义筌。广收远取，无弃无捐。金汤魔城，株杌情由。销竭芟伐，大道坦然。功高觉场，会盛法筵。不染而住，淤泥青莲。性无来去，运有推迁。顺世而叹，众生可怜。风号晓野，钟摧夜川。舍筏而去，溺者谁前。岩崖荆榛，阻绝危悬。轻锡而过，蹈者谁肩。不有极慈，孰能后先。吾师何处，复建桥船。法指一灵，徒余三千。无负法恩，永以乾乾。

（据《全唐文》卷七百四十三）

五、唐圭峰草堂寺宗密传

释宗密，姓何氏，果州西充人也。家本豪盛，少通儒书，欲干世以活生灵，负俊才而随计吏。元和二年，偶遇遂州圆禅师，圆未与语。密欣然而慕之，乃从其削染受教。此年，进具于拯律师，寻谒荆南张，张曰："汝传教人也，当宣导于帝都。"复见洛阳照禅师，照曰："菩萨人也，谁能识之。"末见上都华严观，观曰："毗卢华藏，能随我游者，其唯汝乎！"

初在蜀，因斋次受经，得《圆觉》十二章，深达义趣，誓传是经。在汉上，因病僧付《华严句义》，未尝隶习，即尔讲之，由是乃著《圆觉》、《华严》及《涅槃》、《金刚》、《起信》、《唯识》、《盂兰盆》、《法界观》、《行愿经》等疏钞，及法义、类例、礼忏、修证、图传、纂略。又集诸宗禅言为《禅藏》，总而序之，并酬答书偈议论等。又《四分律疏》五卷，《钞悬谈》二卷。凡二百许卷，图六面，皆本一心而贯诸法，显真体而融事理，超群有于对待，冥物我而独运矣。

密累入内殿，问其法要。大和二年庆成节，征赐紫方袍，为大德。寻请归山。会昌元年，正月六日坐灭于兴福塔院，俨若平日，容貌益悦。七日迁于函，其自证之力可知矣。其月二十二日，道俗等奉全身于圭峰。二月十三日茶毗，得舍利数十粒，明白而润大。后门人泣而求诸煨中，必得而归，悉敛藏于石室，其无缘之慈可知矣。俗龄六十二，僧腊三十四。遗诫令舁尸施鸟兽，焚其骨而散之，勿塔，勿得悲慕，以乱禅观。每清明上山，必讲道七日而后去，其余住持仪则，当合律科，违者非吾弟子。

初，密道既芬馨，名惟烜赫，内众慕膻既如彼，朝贵答响又如此。当长庆、元和已来，中官立功执政者孔炽，内外猜疑，人主危殆。时宰臣李训，酷重于密。及开成中，伪甘露发，中官率禁兵五百人出阁，所遇者一皆屠戮。时王涯、贾悚、舒元舆方在中书会食，闻难作，奔入终南投密。唯李训欲求剪发匿之，从者止之，训改图趋凤翔。时仇士良知之，遣人捕密入左军，面数其不告之罪，将害之。密怡然曰："贫道识训年深，亦知其反叛，然本师教法，遇苦即救，不爱身命，死固甘心。"中尉鱼恒志嘉之，奏释其罪。朝士闻之，扼腕出涕焉。

或曰：密师为禅耶？律耶？经论耶？则对曰：夫密者，四战之国也，人无得而名焉，都可谓大智圆明，自证利他大菩萨也。是故裴休论撰云：

"议者以师不守禅行，而广讲经论，游名邑大都，以兴建为务，乃为多闻之所役乎，岂声利之所未忘乎？嘻，议者焉知大道之所趣哉！夫一心者，万法之总也，分而为戒定慧，开而为六度，散而为万行。万行未尝非一心，一心未尝违万行。禅者六度之一耳，何能总诸法哉！且如来以法眼付迦叶，不以法行，故自心而证者为法，随愿而起者为行，未必常同也。然则一心者，万法之所生，而不属于万法。得之者，则于法自在矣；见之者则于教无碍矣。本非法不可以法说，本非教不可以教传，岂可以轨迹而寻哉！自迦叶至富那奢，凡十祖皆罗汉，所度亦罗汉。马鸣、龙树、提婆、天亲始开摩诃衍，著论释经，摧灭外道，为菩萨唱首。而尊者阇夜独以戒力为威神，尊者摩罗独以苦行为道迹，其他诸祖或广行法教，或专心禅寂，或蝉蜕而去，或火化而灭，或攀树以示终，或受害而偿债，是乃法必同而行不必同也。且循辙迹者非善行，守规墨者非善巧，不迅疾无以为大牛，不超过无以为大士。故师之道也，以知见为妙门，寂净为正味，慈忍为甲盾，慧断为剑矛，破内魔之高垒，陷外贼之坚阵，镇抚邪杂，解释缧笼。遇穷子则叱而使归其家，见贫女则呵而使照其室。穷子不归，贫女不富，吾师耻之。三乘不兴，四分不振，吾师耻之。忠孝不并化，荷担不胜任，吾师耻之。避名滞相，匿我增慢，吾师耻之。故遑遑于济拔，汲汲于开诱，不以一行自高，不以一德自耸。人有依归者，不俟请则往矣。有求益者，不俟愤则启矣。虽童幼不简于应接，虽骜佷不怠于叩励。其以阐教度生，助国家之化也如此。故亲师之法者，贫则施，暴则敛，刚则随，戾则顺，昏则开，堕则奋，自荣者慊，自坚者化，徇私者公，溺情者义。凡士俗有舍其家，与妻子同入其法，分寺而居者；有变活业，绝血食，持戒法，起家为近住者；有出而修政理，以救疾苦为道者；有退而奉父母，以丰供养为行者。其余憧憧而来，欣欣而去，扬袂而至，实腹而归，所在甚众，不可以纪。真如来付嘱之菩萨，众生不请之良友。其四依之人乎？其十地之人乎？吾不识其境界、庭宇之广狭深浅矣，议者又焉知大道之所趣哉？"

其为识达大人之所知心为若此也。密知心者多矣，无如升平相国之深者，盖同气相求耳。宣宗再阐真乘，万善咸秩，追谥曰"定慧禅师"，塔号青莲。持服执弟子礼，四众数千百人矣。

系曰：河东相国之论撰，所谓极其笔矣。然非夫人之为极笔，于他人岂极其笔乎！观夫影响相随，未始有异也。影待形起，响随声来，有宗密公，公则有裴相国，非相国曷能知密公？相续如环，未尝告尽，其二公之道如然。则知谛观法王法，则密公之行甚圆。应以宰官身，则裴相之言可度。今禅宗有不达，而讥密不宜讲诸教典者，则吾对曰：达磨可不云乎？

吾法合了义教，而寡学少知，自既不能，且与烦惑相应，可不嫉之乎？或有诮密不宜接公卿，而屡谒君王者，则吾对曰：教法委在王臣，苟与王臣不接，还能兴显宗教以不？佛言：力轮王臣是欤！今之人情，见近王臣者则非之，曾不知近王臣人之心，苟合利名，则谢君之诮也。或止为宗教亲近，岂不为大乎！宁免小嫌，嫌之者，亦嫉之耳。若了如是义，无可无不可，吁哉！

（《宋高僧传》卷六，据《大正藏》）

六、祖堂集卷六

草堂和尚

磁州如禅师嗣荷泽，益州惟忠和尚嗣慈州如，达州圆禅师嗣惟忠，草堂和尚嗣圆禅师。师讳宗密，未睹行录，不叙终始。师内外该（原文为"谂"）瞻，朝野钦敬。制数本大乘经论疏钞，《禅源》百卷、礼忏等见传域内。臣相裴休深加礼重，为制碑文，询圽射人，颇彰时誉。敕谥定慧禅师、青莲之塔。

有时史山人十问草堂和尚。第一问曰："云何是道？何以修之？为复必须修成，为复不假用功？"禅师答曰："无碍是道，觉妄是修。道虽本圆，妄起为累。妄念都尽，即是修成。"

第二问曰："道若因修而成，即是造作，便同世间法，虚伪不实。成而复坏，何名出世？"师答曰："造作虽是结业，名虚伪世间；无作是修行，即真实出世。"

第三问曰："其所修者，为顿为渐？渐则忘前失后，何以集合而成？顿即万行多方，岂得一时圆满？"师答曰："真理即悟而顿圆，妄情息之而渐尽。顿圆如初生孩子，一日而肢体已全；渐修如长养成人，多年而志气方立。"

第四问曰："凡修心地之法，为当悟心即了，为当别有行门？若别有行门，何名南宗顿旨？若悟即同诸佛，何不发神通光明？"师答曰："识冰池而全水，藉阳气而熔融，悟凡夫而即真，资法力而修习。冰消则水流润，方呈溉涤之功；妄尽即心灵通，始发通光之应。修心之外，无别行门。"

第五问曰："若但修心而得佛者，何故诸经复说必须庄严佛土、教化众生方名成道？"师答曰："镜明而影像千差，心静而神通万应。影像类庄严佛国，神通即教化众生。庄严而即非庄严，影像亦色而非色。"

第六问曰："诸经皆说度脱众生，且众生即非众生，何故更劳度脱？"师答曰："众生若是实，度之即为劳。既自云即非众生，何不例度而无度？"

第七问曰："诸经说佛常住，或说佛灭度，常即不灭，灭即非常，岂不相违？"师答曰："离一切相即名诸佛，何有出世入灭之实乎？见出没者在乎机缘，机缘应即菩提树下而出现。机缘尽即娑罗林间而涅槃。其犹净水无心，无像不现，像非我有，盖外质之去来相非佛身，岂如来之出没？"

第八问曰："云何佛比所生？吾如彼生，佛既无生，生是何义？若言心生法生，心灭法灭，何以得无生法忍耶？"师答曰："既云如化，化即是空，空即是无生，何诘生义？生灭灭已，寂灭为真，忍可此法无生，名曰无生法忍。"

第九问曰："诸佛成道说法，只为度脱众生。众生既有六道，佛何但住在人中现化？又佛灭后付法于迦叶，以心传心，乃至此方七祖，每代只传一人。既云于一切众生皆得一子之地，何以传授不普？"师答："日月丽天，六合俱照，而盲者不见，盆下不知。非日月不普，是障隔之咎也。度与不度，义类如斯，非局人天，拣于鬼畜，但人道能结集，传授不绝，故只知佛现人中也。灭度后委付迦叶，展转相承一人者，此亦盖论当代为宗教主，如土无二王，非得度者唯尔数也。"

第十问曰："和尚因何发心？慕何法而出家？今如何修行？得何法味？所行得至何处地位？今住心耶，修心耶？若住心妨修心，若修心即动念不安，云何名为学道？若安心一定，即何异定性之徒？伏愿大德运大慈悲，如理如如，次第为说。长庆四年五月日，制诚谨问。"师答曰："觉四大如坏幻，达六尘如空花，悟自心为佛心，见本性为法性，是发心也。知心无住，即是修行；无住而知，即为法味。住著于法，斯为动念。故如人入暗，即无所见。今无所住，不染不著，故如人有目及日光，明见种种法，岂为定性之徒？既无所住著，何论处所阶位？同年同月二日，沙门宗密谨对。"史山人自后领讨论心地，乃至出家为道。

（花园大学本）

七、景德传灯录卷第十三
曹溪别出第五世
前遂州道圆禅师法嗣

终南山圭峰宗密禅师，果州西充人也，姓何氏。家本豪盛，髫龀通儒书，冠岁探释典。唐元和二年将赴贡举，偶造圆和尚法席，欣然契会，遂求披削，当年进具。一日随众僧斋于府吏任灌家，居下位，以次受经，得《圆觉》十二章。览未终轴，感悟流涕。归以所悟之旨告于圆，圆抚之曰："汝当大弘圆顿之教，此诸佛授汝耳，行矣！无自滞于一隅也。"师涕泣奉命，礼辞而去。因谒荆南张禅师，南印。张曰："传教人也，当宣导于帝都。"复见洛阳照禅师，奉国神照。照曰："菩萨人也，谁能识之！"寻抵襄汉，因病僧付《华严疏》，即上都澄观大师之所撰也。师未尝听习，一览而讲，自欣所遇，曰："向者诸师述作罕穷厥旨，未若此疏辞源流畅，幽赜焕然。吾禅遇南宗，教逢圆觉，一言之下心地开通，一轴之中义天朗耀。今复遇（原文为"偶"）兹绝笔，罄竭于怀。"暨讲终，思见疏主。时属门人泰（原文为"太"）恭断臂酬恩，师先赍书上疏主，遥叙师资，往复庆慰。寻泰（原文为"太"）恭痊损，方随侍至上都，执弟子之礼。观曰："毗卢华藏，能随我游者，其汝乎！"师预观之室，虽日新其德，而认筌执象之患永亡矣。北游清凉山，回住鄠县草堂寺，未几复入寺南圭峰兰若。大和中，征（原文作"微"）入内，赐紫衣，帝累问法要，朝士归慕。惟相国裴公休，深入堂奥，受教为外护。师以禅教学者互相非毁，遂著《禅源诸诠》，写录诸家所述、诠表禅门根源道理、文字句偈集为一藏，或云：一百卷。以贻后代。

其《都序》略曰："禅是天竺之语，具云禅那，翻云思惟修，亦云静虑，皆是定慧之通称也。源者，是一切众生本觉真性，亦名佛性，亦名心地。悟之名慧，修之名定，定慧通名为禅，此性是禅之本源，故云禅源，亦名禅那。理行者，此之本源是禅理，忘情契之是禅行，故云理行。然今所集诸家述作，多谭禅理，少说禅行，故且以禅源题之。今时有但目真性为禅者，是不达理行之旨，又不辨华竺之音也。然非离真性别有禅体，但众生迷真合尘即名散乱，背尘合真名为禅定。若直论本性，即非真非妄、无背无合、无定无乱，谁言禅乎？况此真性非唯是禅门之源，亦是万法之源，故名法性。亦是众生迷悟之源，故名如来藏藏识。出《楞伽经》。亦是诸佛万德之源，故名佛性。《涅槃》等经。亦是菩萨万行之源，故名心地。《梵网经·心地法门品》云：是诸佛之本源，行菩萨道之根本，是大众诸佛子之根本也。万行不出六波罗蜜，禅门但是六中之一，当其第五，岂可都目真性为一禅行哉？然禅定一行，最为神妙，能发起性上无漏智慧，一切妙用万行万德，乃至神通光明，皆从定发故。三乘学人欲求圣道必须修禅，离此无门，离此无路。至于念佛求生净土，亦修十六观禅及念佛三昧、般舟三昧。又真性即不垢不净，凡圣无差。禅则有浅有深，阶级殊等。谓带异计，欣上厌下而修者，是外道禅。正信因果，亦以欣厌而修者是凡夫禅。悟我空偏真之理而修者，是小乘禅。悟我法二空所显真理而修者，是大乘禅。上四类皆有四色四空之异也。若顿悟自心，本来清净元无烦恼，无漏智性，本自具足，此心即佛，毕竟无异。依此而修者，是最上乘禅，亦名如来清净禅，亦名一行三昧，亦名真如三昧。此是一切三昧根本，若能念念修习，自然渐得百千三昧。达磨门下展转相传者，是此禅也。达磨未到，古来诸家所解，皆是前四禅八定。诸高僧修之，皆得功用。南岳天台令依三谛之理，修三止三观，教义虽最圆妙，然其趣入门户次第，亦只是前之诸禅行相。唯达磨所传者，顿同佛体，迥异诸门。故宗习者难得其旨，得即成圣，疾证菩提。失则成邪，速入涂炭。先祖革昧防失故，且人传一人。后代已有所凭故，任千灯千照。洎乎法久成弊，错谬者多，故经论学人，疑谤亦众。原夫佛说顿教渐教，禅开顿门渐门，二教二门，各相符契。今讲者偏彰渐义，禅者偏播顿宗，禅讲相逢，胡越之隔。宗密不知宿生何作，熏得此心，自未解脱，欲解他缚。为法亡于躯命，愍人切于神情。亦如《净名》云：若自有缚能解他缚，无有是处。然欲罢不能，验是宿习难改故。每叹人与法差，法为人病，故别撰经律论疏，大开戒定慧门，显顿悟资于渐修，证师说符于佛意。意既本末而委示，文乃浩博而难寻，泛学虽多乘志者少，况迹涉名相，谁辨金鍮？徒自疲劳，未见机感。虽佛说悲增是行，而自虑爱见难防，遂舍众入山，习定均慧，前后息虑，相继十年。云前后者，中间被敕追入内住城二年，方却表请归山也。微细习情，起灭彰于静慧；差别法义，罗列现于空心。虚隙日光，纤埃扰扰，清潭水底，影像昭昭，岂比夫空守默之痴禅，但寻文之狂慧者也？然本因了自心而辨诸教，故恳情于心宗。又因辨诸教而解修心，故虔诚于教义。教也者，诸佛菩萨所留经论也。禅也者，诸善知识所述句偈也。但佛经开张，罗大千八部之众；禅偈撮略，就此方一类之机。罗众则莽荡难依，就机则指的易用。今之纂集，意在斯焉。"

裴休为之序曰："诸宗门下，皆有达人，然各安所习，通少局多，数十年中，师法益坏。以承禀为户牖，各自开张；以经论为干戈，互相攻击。情随函音含，矢而迁变，《周礼》曰：函人为甲。《孟子》曰：矢人岂不仁于函人哉！函人唯恐伤人，矢人唯恐不伤人，盖所习之术使然也。今学者但随宗徒，彼此相非耳。法逐人我以高低。是非纷拏，莫能辨析。则向者世尊菩萨，诸方教宗，适足以起诤，后人增烦恼病，何利益之有哉？圭山大师久而叹曰：吾丁此时不可以默矣，于是以如来三种教义，印禅宗三种法门，融瓶盘钗钏为一金，搅酥酪醍醐为一味。振纲领而举者皆顺，《荀子》云：如振裘领屈五指，而顿之顺者不可胜数。据会要而来者同趣。《周易略例》云：处会要以观方来，则六合辐辏未足多也。《都序》据圆教以印诸宗，虽百家亦无所不统。尚恐学者之难明也，又复直示宗源之本末，真妄之和合，空性之隐显，法义之差殊，顿渐之异同，遮表之回互，权实之深浅，通同之是非。若吾师者，捧佛日而委曲回照，疑噎尽除；顺佛心而横亘大悲，穷劫蒙益，则世尊为阐教之主，吾师为会教之人。本末相符，远近相照，可谓毕一代时教之能事矣。自世尊演教至今日，会而通之，能事方毕。或曰：自如来未尝大都而通之，今一旦违宗趣而不守，废关防而不据，无乃乖秘藏密契之道乎？答曰：如来初虽别说三乘，后乃通为一道。三十年前或说小乘，或说空教，或说相教，或说性教，闻者各随机证悟，不相通知也。四十年后坐灵鹫而会三乘，诣拘尸而显一性，前后之轨则也。故《涅槃经》迦叶菩萨曰：诸佛有密语无密藏。世尊赞之曰：如来之言，开发显露，清净无翳，愚人不解，谓之秘藏，智者达了，则不名藏。此其证也。故王道兴则外户不闭，而守在戎夷；佛道备则诸法总持，而防在魔外。《涅槃》圆教和会诸法，唯简别魔说及外道邪宗耳。不当复执情攘臂于其间也。"师又著《圆觉》大小二疏钞、《法界观门》、《原人》等论，皆裴休为之序引，盛行于世。

师会昌元年正月六日，于兴福塔院坐灭。二十二日，道俗等奉全身于圭峰。二月十二日荼毗，得舍利，明白润大。后门人泣而求之，皆得于煨烬，乃藏之石室。寿六十有二，腊三十四。遗诫令舁尸施鸟兽，焚其骨而散之，勿得悲慕以乱禅观。每清明上山，必讲道七日。其余住持仪则当合律科，违者非吾弟子。持服四众数千百人，哀泣喧野。暨宣宗再辟真教，追谥定慧禅师，塔曰青莲。

萧俯相公呈己见解，请禅师注释曰：荷泽云：见清净体于诸三昧、八万四千诸波罗蜜门，皆于见上一时起用，名为慧眼。若当真如相应之时，善恶不思，空有不念。万化寂灭，万法俱从思想缘念而生,皆是虚空,故云化也。既一念不生则万法不起,故不待泯之,自然寂灭也。此时更无所见,照体独立,梦智亡阶。三昧诸波罗蜜门,亦一时空寂,更无所得。散乱与三昧,此岸与彼岸,是相待对治之说。若知心无念,见性无生,则定乱真妄,一时空寂,故无所得也。不审此是见上一时起用否?然见性圆明,理绝相累,即绝相为妙用,住相为执情,于八万法门,一一皆尔,一法有为一尘,一法空为一用,故云:见清净体,则一时起用矣。望于此后示及,俯状。

答史山人十问。问答各是一本,今参而写之。

一问:"云何是道,何以修之?为复必须修成,为复不假功用?"答:"无碍是道,觉妄是修。道虽本圆,妄起为累。妄念都尽,即是修成。"

二问:"道若因修而成,即是造作,便同世间法,虚伪不实,成而复坏,何名出世?"答:"造作是结业,名虚伪世间。无作是修行,即真实出世。"

三问:"其所修者为顿为渐,渐则忘前失后,何以集合而成?顿则万行多方,岂得一时圆满?"答:"真理即悟而顿圆,妄情息之而渐尽。顿圆如初生孩子,一日而肢体已全。渐修如长养成人,多年而志气方立。"

四问:"凡修心地之法,为当悟心即了,为当别有行门?若别有行门,何名南宗顿旨?若悟即同诸佛,何不发神通光明?"答:"识冰池而全水,藉阳气而熔消。悟凡夫而即真,资法力而修习。冰消则水流润,方呈溉涤之功。妄尽则心灵通,始发通光之应。修心之外,无别行门。"

五问:"若但修心而得佛者,何故诸经复说必须庄严佛土教化众生,方名成道?"答:"镜明而影像千差,心净而神通万应。影像类庄严佛国,神通则教化众生。庄严而即非庄严,影像而亦色非色。"

六问："诸经皆说度脱众生，众生且即非众生，何故更劳度脱？"答："众生若是实度之，则为劳。既自云即非众生，何不例度而无度！"

七问："诸经说佛常住，或即说佛灭度。常即不灭，灭即非常。岂不相违？"答："离一切相，即名诸佛，何有出世入灭之实乎？见出没者，在乎机缘，机缘应则菩提树下而出现，机缘尽则娑罗林间而涅槃。其犹净水无心，无像不现。像非我有，盖外质之去来。相非佛身，岂如来之出没！"

八问："云何佛化所生，吾如彼生，佛既无生，生是何义？若言心生法生，心灭法灭，何以得无生法忍耶？"答："既云如化，化即是空，空即无生，何诘生义！生灭灭已，寂灭为真，忍可此法无生，名曰无生法忍。"

九问："诸佛成道说法，只为度脱众生。众生既有六道，佛何但住在人中现化？又佛灭后付法于迦叶，以心传心，乃至此方七祖，每代只传一人，既云于一切众生皆得一子之地，何以传授不普？"答："日月丽天，六合俱照，而盲者不见，盆下不知。非日月不普，是障隔之咎也。度与不度，义类如斯。非局人天，拣于鬼畜。但人道能结集传授不绝，故只知佛现人中也。灭度后委付迦叶，展转相承一人者，此亦盖论当代为宗教主，如土无二王，非得度者唯尔数也。"

十问："和尚因何发心？慕何法而出家？今如何修？得何法味？所行得至何处地位？令住心耶？修心耶？若住心妨修心，若修心则动念不安，云何名为学道？若安心一定，则何异定性之徒？伏愿大德，运大慈悲如理如如，次第为说。"答："觉四大如坏幻，达六尘如空华，悟自心为佛心，见本性为法性,是发心也。知心无住即是修行,无住而知即为法味,住著于法斯为动念,故如人入暗则无所见。今无所住,不染不著,故如人有目及日光明,见种种法,岂为定性之徒!既无所住著,何论处所!"

又山南温造尚书问:"悟理息妄之人不结业,一期寿终之后灵性何依者?"答:"一切众生无不具有觉性,灵明空寂,与佛无殊,但以无始劫来,未曾了悟,妄执身为我相,故生爱恶等情,随情造业,随业报生老病死,长劫轮回。然身中觉性,未曾生死,如梦被驱役,而身本安闲,如水作冰而湿性不易。若能悟此性即是法身,本自无生,何有依托?灵灵不昧,了了常知,无所从来,亦无所去。然多生妄执,习以性成,喜怒哀乐,微细流注。真理虽然顿达,此情难以卒除,须长觉察,损之又损,如风顿止,波浪渐停,岂可一生所修,便同诸佛力用!但可以空寂为自体,勿认色身;以灵知为自心,勿认妄念。妄念若起,都不随之,即临命终时,自然业不能系。虽有中阴,所向自由。天上人间,随意寄托。若爱恶之念已泯,即不受分段之身,自能易短为长,易粗为妙。若微细流注,一切寂灭,唯圆觉大智朗然独存,即随机应现,千百亿身度有缘众生,名之为佛。谨对。"释曰:"马鸣菩萨撮略百本大乘经宗旨,以造《大乘起信论》。论中立宗,说一切众生心有觉义、不觉义。觉中复有本觉义、始觉义。上所述者,虽但约照理观心处言之,而法义亦同彼论。谓从初至与佛无殊,是本觉也。从但以无始下,是不觉也。从若能悟此下,是始觉也。始觉中复有顿悟、渐修。从此次至亦无所去,是顿悟也。从然多生妄执下,是渐修也。渐修中从初发心乃至成佛,有三位自在。从此至随意寄托者,是受生自在也。从若爱恶之念下,是变易自在。从若微细流注下至末，是究竟自在也。又从但可以空寂为自体，至自然业不能系，正是悟理之人朝暮行心、修习止观之要节也。宗密先有八句之偈，显云此意。曾于尚书处诵之，奉命解释。今谨注释，如后偈曰：

作有义事，是惺悟心。义谓义理，非谓仁义、恩义，意明。凡所作为，先详利害，须有所以当于道理，然后行之，方免同悟醉颠狂之人也。就佛法中有三种义，即可为之：一资益色身之事，谓衣食、医药、房舍等世间义也。二资益法身，谓戒定慧、六波罗蜜等第一义也。三弘正法、利济群生也，乃至为法诸余缘事、通世出世也。

作无义事，是狂乱心。谓凡所作为，若不缘上三般事，即名无义也。是狂乱者，且如世间醉人狂人，所往不拣处所，所作不量是非。今既不择有何义利，但纵情妄念，要为即为，故如狂也。上四句述业因也，下四句述受果报云。

狂乱随情念，临终被业牵。既随妄念，欲作即作，不以悟理之智，拣择是非，犹如狂人。故临终时于业道，被业所引，受当来报。故《涅槃经》云：无明郎主，贪爱魔王，役使身心，策如童仆。

惺悟不由情，临终能转业。情中欲作，而察理不应，即须便止。情中不欲作，而照理相应，即须便作。但由是非之理，不由爱恶之情。即临命终时，业不能系，随意自在，天上人间也。通而言之，但朝暮之间所作，被情尘所牵，即临终被业所牵而受生。若所作所为，由于觉智，不由情尘，即临终由我自在而受生，不由业也。当知欲验临终受生，自在不自在，但验寻常行心于尘境自由不自由。

（《大正藏》T51）

八、法界宗五祖略记

　　清　　续法辑

五祖圭峰大师

　　五祖讳宗密，号圭峰，师居是山，因得斯称。德宗建中元年生也，果州西充县人。俗姓何氏，家世业儒。一。师髫龀时，精通儒学。洎弱冠，听习经论，止荤茹，亲禅德。二。宪宗元和二年，将赴贡举，偶值遂州大云寺道圆禅师法席，问法契心，如针芥相投。遂求披剃，时年二十七也。三。为沙弥时，一日随众僧斋于府吏任灌家，师居末座，以次授经，得《圆觉》十二章。读一二章，豁然大悟，身心喜跃。归白于圆，圆曰："此经诸佛授汝耳，汝当大弘圆顿之教，汝行矣，无滞一隅。"四。遂当年受具戒，奉命辞去。谒荆南忠禅师，忠曰："传教人也。"复参洛阳照禅师，照曰："菩萨中人也。"五。元和五年，抵襄汉，遇恢觉寺灵峰阇黎，病中授与清凉国师所撰《华严大疏》二十卷、《大钞》四十卷。览之，欣然曰："吾禅遇南宗，教逢圆觉，一言之下，心地开通，一轴之中，义天朗耀。今复得此大法，吾其幸哉！"即为众讲一遍。六。元和六年，往东都礼祖塔，驻锡永穆寺，四众再请，讲第二遍。听徒中有泰恭者，不胜庆遇，断臂酬恩。七。师因未见清凉，遂修书一缄，并述领解新疏钞中关节血脉一篇，遥叙门人之礼，差徒玄圭、智辉，驰奉疏主。疏主即批答云："不面而传，得旨系表，意犹吾心，未之有也。非凭圣力，必藉宿因。轮王真子，可以为喻。傥得一面，印所悬解，复何加焉！"八。讲毕，诣上都，礼觐清凉国师，印曰："毗卢华藏，能从我游者，舍汝其谁欤！"初二年间，昼夜随侍。次后虽于诸寺讲论，有疑则往来咨决不绝。九。数年请益后,至元和十一年春,在终南山智炬寺,出《圆觉科文》、《纂要》二卷。十。誓不下山,遍阅藏经三年。十一。愿毕,十四年于兴福寺,出《金刚纂要疏》一卷、《钞》一卷。十二。十五年春,于上都兴福、保寿二寺,集《唯识疏》二卷。十三。长庆元年,退居鄠县草堂寺。十四。二年春,重治《圆觉经解》。又于南山丰德寺,制《华严纶贯》五卷。十五。三年夏,于丰德寺,纂《四分律疏》三卷。十六。至冬初,《圆觉》著述功就,《大疏》三卷、《大钞》十三卷。十七。随后又注《略疏》两卷、《小钞》六卷、《道场修证仪》十八卷。十八。太和二年庆成节,文宗诏入内殿,问诸法要,赐紫袍,敕号大德。十九。朝臣士庶,咸皆归仰,唯相国裴休,深入堂奥而为外护。二十。山南温造尚书问:悟理息妄之人,不复结业,一期寿终之后,灵性何依?师曰:一切众生,莫不具有觉性,灵明空寂,与佛无殊,但以无始劫来,未曾了悟,妄执身为我相,故生爱恶等情,随情造业,随业受报,生老病死,长劫轮回。然身中觉性,未曾生死,如梦被驱役,而身本安闲。如池水作冰,而湿性不易。若能悟此性,即是法身。本自无生,何有依托?真理虽然顿达,妄情难以卒除,须常觉察,损之又损。但可以空寂为自体,勿认色身。以灵知为自心,勿认妄念。妄念若起,都不随之。即临命终时,业自不能系。虽有中阴,所向自由,天上人间,随意寄托。若爱恶之念已泯,即不受分段之身。若微细流注寂灭,则圆觉大智朗然。随机现化,名之为佛。偈曰:作有义事,是惺悟心。作无义事,是狂乱心。狂乱随情念,临终被业牵。惺悟不由情,临终能转业。二十一。前后著《涅槃》、《起信》、《兰盆》、《行愿》、《法界观》等经论疏钞,并集诸宗禅言,为《禅源诠》，及酬答书偈议论等，总九十余卷。二十二。武宗会昌元年正月六日，于兴福院诫门人，令舁尸施鸟兽，其骨焚而散之，言讫坐灭。二十三。其月二十二日，道俗奉全身于圭峰荼毗，得舍利数十粒，皆白润。及火后，门人泣而求之，并得于煻烬内，乃藏之石室。二十四。阅世六十二，僧腊三十四，门弟子僧尼四众得度脱者，凡数千人。相国裴休撰碑文，略曰：一心者，万法之总也，分而为定慧，开而为六度，散而为万行。万行未曾非一心，一心未尝违万行。故禅师之为道也，以知见为法门，以寂静为正味，慈忍为甲胄，慧断为剑矛，镇抚邪杂，解释缧笼。穷子不归，贫女不富，吾师耻之。三乘不兴，四分不振，吾师耻之。忠孝不并化，荷担不胜任，吾师耻之。故皇皇于济拔，汲汲于开诱。不以一行自高，不以一德自矜。人有皈依者，不俟请而往也。有求益者，不俟愤则启矣。虽童幼不简于应接，虽傲狠不怠于扣励。真如来付嘱之菩萨，众生不请之良友，其四依之一乎？其十地之人乎？二十五。至宣宗，追谥安慧禅师，塔曰青莲。二十六。详载他集。

附录三

宗密对以马祖道一为代表的洪州禅系的评述

唐代的著名僧人宗密,既是华严宗的第五祖,同时也是荷泽宗的传人。他在《禅源诸诠集都序》和《中华传心地禅门师资承袭图》中,对禅教合一、禅宗传法世系和各派禅法特点的论述,是研究禅宗历史的重要史料,引起了许多学者的注意。虽然蒋维乔①、胡适②、美国学者 John. R. Mcrae③ 等都认为宗密的荷泽宗立场影响了其评论的公允性,但是宗密对各种禅法的概括与批评,仍有相当重要的价值。本文围绕宗密对洪州禅法的述评展开,不具体讨论宗密对其他禅宗派别的评论。

一、宗密对洪州宗的传法世系的叙述与判定

宗密对于当时的禅法有多种判定。在《禅源诸诠集都序》中,宗密认为:"禅有诸宗互相违反者,今集所述,殆且百家。

---

① 蒋维乔著:《中国佛教史》,上海:上海书店,1989 年 8 月第一版,第 263 页。
② 胡适:《跋裴休的唐故圭峰定慧禅师传法碑》,《中央研究院历史语言研究所集刊》卷 34,第一分册,第 5~26 页。
③ John. R. Mcrae: *The Ox-head School of Chinese Ch'an Buddhism: From Early Ch'an to the Golden Age*, *Studies in Ch'an and Hua-yen*, Edited by Robert M. Gimello & Peter N. Gregory, Honolulu: University of Hawaii Press, 1983.

宗义别者，犹有十室：谓江西、荷泽、北秀、南诜、牛头、石头、保唐、宣什及稠那、天台。"① 在《中华传心地禅门师资承袭图》中也提出了有牛头、北宗、南宗、荷泽宗、洪州宗等五派禅法②。在《圆觉经大疏钞》也说有北宗神秀、资州智诜、老安、南岳怀让、牛头、念佛禅、荷泽禅等七家③。当然这些宗派的名称，有的是公认的影响一方的大宗派，但是也有传承不明的小派别，因此蒋维乔先生曾说："凡此种种名称，借宗密考想而为之名，非判然之派别。"④ 就洪州宗而言，在宗密的三部著作中有不同的名称，《都序》中称为"江西"，以地名指称；《大疏钞》中以马祖的老师"南岳怀让"来称呼；《承袭图》中则称为洪州宗。对于这一宗派的产生、发展，宗密做了如下的描述：

> 洪州宗者，先即六祖下傍出。谓有禅师，姓马，名道一。先是剑南金和尚弟子也。金之宗源即智诜也，亦非南北。高节至道，游方头陀，随处坐禅。乃至南岳，遇让禅师，论量宗教，理不及让，方知传衣付法曹溪为嫡，乃回心尊禀，便住处州、洪州。或山或郭，广开供养，接引道流。于洪州开元寺，弘传让之言旨，故时人号为洪州宗也。让即曹溪门傍出之派徒，曹溪此类数可千余。是荷泽

---

① 石峻、楼宇烈、方立天等编：《中国佛教思想资料选编》第二卷第二册，第426页，北京：中华书局，1983年1月第一版。
② 同上，第459~460页。
③ （唐）宗密：《圆觉经大疏钞》卷三之下，《续藏经》第十四册，第554~558页。
④ 蒋维乔著：《中国佛教史》第260页，上海：上海书店，1989年8月第一版。

之同学。但自率身修行，本不开法，因马和尚大扬其教故，成一宗之源。

洪州宗指马祖道一的法系。因为马祖道一在江西的洪州开元寺开坛传法，接引弟子，所以被人称为洪州宗。在传承上，宗密提到了马祖道一的两个老师，一个是金和尚，即新罗僧人金无相，唐开元十六年（728）入唐，跟随处寂学习，而处寂的老师是智诜，所以宗密认为金和尚的法脉承自智诜。① 智诜为五祖弘忍的弟子，是六祖慧能的同学，宗密说他"亦非南北"，既不属于北宗，也不属南宗。在马祖道一的其他传记材料中，则只提到他幼年时即在什邡罗汉寺出家，后赴资州（今四川资中）依唐和尚处寂剃度，在渝州（今四川重庆）圆律师处受具足戒，并没有有关他从学于金和尚的记载。按常理言，处寂是金无相的老师，又是马祖幼年时的剃度师，宗密在叙述马祖的师从时，应当提到处寂的名字，且处寂上接智诜，如果加上智诜，道一初学的法系就会更加清楚明白。那么为什么宗密却没有提到处寂的名字呢？其中有两个可能的原因：第一，无相以净众寺为中心传法二十余年，是净众禅系的关键人物，影响和声名远超其师，故宗密只提无相。第二，无相的禅法以无忆、无念、莫忘"三句语"示人，无相也最看重此三句语，他说：

> 我此三句语，是达摩祖师本传教法，不言是诜和上、唐和上所说。

> 我达摩祖师所传，此三句语是总持门。念不起是戒

---

① 参见镰田茂雄著：《禅の语录》九《禅源诸诠集都序》，东京：筑摩书房，1971年初版，1981年第三次印刷，第287页。

门,念不起是定门,念不起是慧门。无念即戒定慧具足。过去未来现在恒沙诸佛,皆从此门入。若更有别门,无有是处。

又《起信论》云:心真如门、心生灭门。无念即是真如门,有念即生灭门。①

从这些言论可以看出,无相自认其禅法承自达摩祖师。就其思想实质而言,应当是"直接继承慧能和神会的无念禅法的"②。特别是"无念即是真如门"的思想甚至和宗密本人的思想都相当接近。但值得注意的是,宗密并不把以无相为代表的净众系看成和神会思想或者自己相近的派系,而是在《世袭图》中的小字注释里说"剑南复有净众宗,旨与此(北宗)大同",直接将它放在了北宗系中。这与宗密对于净众系的理解极有关系,在《大疏钞》卷三之下中,宗密将无相的三句解释成"不忆外境,不念内心,修然无寄",这种修心看静的禅

---

① 《历代法宝记》,《大正藏》第 51 卷,第 185 页 a,第 185 页 b。
② 杨曾文著:《唐五代禅宗史》,北京:中国社会科学出版社,1999 年 5 月第一版,第 263、337 页。

法当然和荷泽宗判然有别，确实和北宗相当接近。① 因此宗密在这里可能存在着某种误读。无相的法系既然被明确列入了北宗，而马祖又以其为师，就更加突出了马祖的旁系色彩。②

　　马祖的另外一个老师是南岳怀让。宗密认为"让即曹溪门傍出之派徒"，并且进一步注明说"曹溪此类数可千余"，这说明像怀让这样的旁系门徒数量十分庞大。同时怀让本人"但自率身修行，本不开法"，只是由于马祖道一的弘扬才有了众多的门徒。这样的表述一方面在于说明虽然怀让是荷泽的同学，都学自慧能，但荷泽神会为慧能得法弟子，是正统，而其他众多弟子包括怀让在内都不是正统。此外，怀让本人并没有宣扬阐发，而是马祖道一的弘传才使得该系枝叶繁茂，所以洪州宗实际上只能说是马祖道一所创的禅法派系。既然马祖道一的老

---

①关于金无相和慧能、神会思想之间的关系，学者有不同的看法。冉云华先生在《宗密》一书中认为："（净众系）虽然用了'无念'一词，但是'无念'的意思，却和神会——宗密所说的不同：后者所说的'无念'意为'妄念本空'；前者还在讲'念起'和'念不起'。净众禅法的思想还是属于北宗的范围之内。"（《宗密》，第124页，东大图书公司，1988年初版，1998年再版）。印顺法师则认为无相的禅法在结构和内容上，都与《坛经》中"无念为宗，无相为体，无住为本"的表述有共同的地方，因此他认为："无相可能见到了《坛经》古本，而更可能是：从（东山门下）不知名的禅者，受得这一禅法。这与慧能所传的是同源而别流的禅法。"（参见《中国禅宗史》第153、154页）宗密在这个问题上的表述主要有两点，一方面说智诜非南非北，另一方面又说"剑南复有净众宗，旨与此（北宗）大同"。在这里，一个重要的问题是要考虑到宗密的判定和净宗系本来思想之间的差别。而正是这种差别，造成了理解上的误区。

②参见镰田茂雄著：《禅の语录》九《中华传心地禅门师资承袭图》，东京：筑摩书房，1971年初版，1981年第三次印刷，第287页。

师都是旁系,而他本人所创的洪州宗自然也是旁系。

为了突出洪州宗的旁系色彩,宗密特别强调了荷泽宗的正统地位。首先,荷泽宗"全是曹溪之法,无别教旨"。仅仅是为了区别与洪州宗这个旁系,才立荷泽宗之名。其次,荷泽宗的地位也得到了官方的认可。唐德宗贞元十二年(796),命皇太子集诸禅师,勘定禅门宗旨,"立荷泽大师为第七祖",又有"御制七代祖师赞文,见行于世"①。

二、宗密对洪州宗禅法的总结

宗密对于洪州禅法做了概括:《大疏钞》中称为"触类是道而任心"、《都序》称为"分别为作,一切皆真"。《承袭图》称为"朝暮分别动作,一切皆真"。在这三部著作中,虽然用语略有区别,但对于洪州宗的思想实质的认识是完全一致的。简言之,"一切皆真"就是宗密认为的洪州宗核心思想。

宗密对洪州思想的把握有一个基本的前提,那就是在体用的框架下分析洪州思想的特质。从禅宗的基本精神看,宗密认为洪州和其他禅宗派别一样,都坚持一个共同的理论前提"一切众生皆有佛性"这个大体,宗密说:"洪州意者,起心动念,弹指动目,所作所为,皆是佛性全体之用,更无别用。全体贪瞋痴,造善造恶,受乐受苦,此皆是佛性。如面作种种饮食,一一皆面。"② 这段话中包含了三层意思:第一,马祖道一所代表的洪州宗同样肯定佛性之体的这个理论前提。人的一切活

---

①(唐)宗密:《中华传心地禅门师资承袭图》,《续藏经》第110册,第867页。

②同上,第870页。

动无不是佛性的一种表现,在这个前提下,道一认定人的心念活动、身体行为、作善作恶都是佛性,所以宗密说:

> 意以推求此身,四大骨肉,喉舌牙齿,眼耳手足,并不能自语言、见闻、动作,如一念命终,全身都未变坏,即便口不能语,眼不能见,耳不能闻,脚不能行,手不能作。故知能言语动作者,必是佛性。且四大骨肉,一一细推,都不解贪瞋烦恼,故知贪瞋烦恼并是佛性。

人的一切活动,都是佛性的体现。虽然直接把贪瞋烦恼说成是佛性,表述上有些极端化,但从逻辑上讲却并无不妥,是符合"一切众生皆有佛性"的这个命题的。①

第二,从体用角度看,佛性作为体,和种种差别的现象并不相同,而是造成这种现象的因。作为佛性的本体是一种超越性,即它是非现象界的。而现象界所有的圣凡、因果、善恶等皆与此不同。但是从用的角度看,种种差别的现象就是体的表现。从语言的角度看,体是不可言说的,即使言说,也只能是遮诠的。用是可言说,是表诠。

> 佛性体非一切差别种种,而能造作一切差别种种。体非种种者,谓此佛性非圣非凡、非因非果、非善非恶、无色无相、无根无住,乃至无佛无众生也。能作种种者,谓此性即体之用,故能凡能圣、能因能果、能善能恶、现色现相、能佛能众生,乃至能贪瞋等。若核其体性,则毕竟不可见、不可证,如眼不自见眼等。若就其应用,即举动

---

① 冉云华先生在《宗密》中对于这种思想做了如下的评述:"这是一种广泛而极端的佛教哲学,在没有其他佛学对世间的种种现象,作过这么大胆而广泛的肯定。把贪、瞋、痴和造恶受苦,全都看作佛性,实是一种大胆的说法。"(该书第131页)

运为，一切皆是，更无别法，而为能证所证。①

结合其他资料中关于马祖思想的叙述，这实际上讲的是马祖"即心即佛"的思想。《景德传灯录》中载，一日，马祖上堂对众僧说："汝等诸人各信自心是佛，此心即是佛心。"② 正因为马祖道一思想上的这个特点，宗密在《都序》中将洪州宗和荷泽宗都列在"直显心性宗"，说他们"皆会相归性，故同一宗"，就是说他们都把现象归结到佛性这个本体上来。③

第三，宗密一方面认为马祖强调一切皆佛性之体的表现，是佛性全体之用。但是紧接着的一句话值得特别重视，即"更无别用"。这种限定性的用语表达了宗密的一个看法：它是洪州宗禅法的重要特征。换言之，体无别用，体的用只在现象之中、日用之中，因此宗密说洪州宗"触类是道"。

在上述禅法理论的支撑下，宗密认为马祖道一思想的另一个基本内容就是"任心"。

> 既悟解之理，一切天真自然，故所修行，理宜顺此。而乃不起心断恶，亦不起心修道。道即是心，不可将心还修于心。恶亦是心，不可将心还断于心。不断不造，任运自在，名为解脱人。无法可拘，无佛可作，犹如虚空不增不减，何假添补？何以故？心性之外，更无一法可得故。故但任心，即为修也。④

---

① (唐) 宗密：《中华传心地禅门师资承袭图》，《续藏经》第 110 册，第 870 页。
② 《大正藏》第 51 卷，第 246 页 a。
③ 参见冉云华著：《宗密》，台北：东大图书公司，1988 年初版，1998 年再版，第 133 页。
④ 《续藏经》第 110 册，第 871 页。

这段话是宗密对马祖道一禅法性质进行判断的相当重要的一段话,其核心是"任心"。"道即是心"表明此心是"真如心",是一个纯净、不动不变的永恒心;"恶亦是心"则表明此心是个"平常心",即我们"起心动念"、"弹指动目"、言语、身体、动作等的主宰之心。因为"即心即佛"的缘故,此二心又是一心。又因为"心性之外,更无一法可得",故任心即是修行。此任心即是"非心非佛",即"无法可拘,无佛可作"。
《景德传灯录》卷六中说:

> 僧问:和尚为什么说即心即佛?师云:为止小儿啼。僧云:啼止时如何?师云:非心非佛。①

卷七中说:

> 大寂(马祖道一)闻师(法常)住山,乃令一僧到问云:和尚见马师得个什么便住此山?师云:马师向我道即心是佛,我便向遮里住。僧云:马师近日佛法又别。师云:作么生别?僧云:近日又道非心非佛。师云:遮老汉惑乱人未有了日。任汝非心非佛,我只管即心即佛。其僧回举似马祖。祖云:大众,梅子熟也。②

宗密的用语虽然和上述资料不同,但从思想内容上看,他

---

① 《大正藏》第51卷,第246页a。
② 《大正藏》第51卷,第254页c。

对马祖道一思想的介绍是基本准确的。① 马祖道一先讲"即心即佛",再说"非心非佛"也符合他本人思想的逻辑。

宗密在对洪州宗的思想分析之后,结合他对北宗思想的理解,做了如下的概括:

> 此(洪州宗)与前宗敌体相返。前则朝暮分别动作,一切皆妄。此则朝暮分别动作,一切皆真。奉问疑其互相诋訾,莫肯会同。且所见如此相违,争不诋訾。若存他,则失己,争肯会同。②

宗密这里把北宗和洪州宗作为两种完全对立的学说并列起来。Peter N. Gregray 说:"宗密将洪州宗的教学和北宗的教学完全对立起来。他将两者分别概括为北宗主张'一切皆妄'(everything as altogether false),洪州宗主张'一切皆真'(everything as altogether true)。因此他们的修行路线也是相反的:北宗提倡'伏心灭妄',洪州宗则提倡'信任情性'。北宗陷入了二元主义,洪州宗则通过销体入用,导向了一种激进的非二元论。"③

---

① 对于宗密是否准确地介绍了马祖的思想,学界观点略有分歧。杨曾文先生明确认为"宗密对马祖禅法的介绍是可信的"(《唐五代禅宗史》第317页)。葛兆光先生也认为宗密对马祖思想的概括非常正确(《中国禅宗思想史——从六世纪到九世纪》,北京:北京大学出版社,1995年12月第一版,第328页)。而台湾学者黄绎勋则认为:"宗密由于其本身身为荷泽宗宗徒的缘故,除了会断章取义的误解他家教说之外,在评断优劣时也不免有偏颇荷泽宗之嫌。"(《宗密所述北宗和洪州宗教说的探讨》,《法光学坛》第2期,第75页,1998年,法光佛教文化研究所)

② 《续藏经》第110册,第871页。

③ Perter N. Gregray: Tsung-mi and the sinifcation of Buddhism, p236~237, Princeton: Princeton University Press, 1991, New Jersey.

三、宗密对洪州宗的批评

在对包括洪州宗在内的各种禅法进行总结后,宗密对各宗进行了评价,要"辨明深浅得失"。他认为从总体而言,禅宗的全部思想可以概括为两个方面:"就法有不变、随缘二义。就人有顿悟、渐修两门。……达磨深意,实在斯焉。"[①] 以此为出发点,宗密从这两个角度对洪州宗的思想进行了批评。

首先,宗密受《大乘起信论》中一心开二门思想的影响,[②] 特别是受法藏关于不变、随缘思想的影响,[③] 他采用比喻的方式对这种思想的特点进行了说明:

> 如一摩尼珠(一灵心也),唯圆净明(空寂知也),都无一切差别色相(此知本无一切分别,亦无圣凡善恶)。以体明故,对外物时,能现一切差别色相(以体知故,对诸缘时,能分别一切是非好恶,乃至经营造作世出世间种种事数,此是随缘义也)。色相自有差别,明珠不曾变易(愚智善恶自有差别,忧喜爱憎自有起灭。能知之心不曾间断,此是不变义也)。[④]

从上述的引文中,我们注意到宗密更加重视心体的灵知特点,这和他的荷泽宗立场以及澄观对他的影响不无关系。在宗密看来,不变与随缘的关系,如同宝珠本身和他所显现的映像

---

① 《续藏经》第 110 册,第 872 页。
② 吕澄著:《中国佛学源流略讲》,北京:中华书局,1979 年 8 月第一版,第 203 页。
③ 法藏说:"谓真如有二义:一不变义,二随缘义。"《大乘起信论义记》,《大正藏》第 44 卷,第 255 页 c。
④ 《续藏经》第 110 册,第 872 页。

一样。宝珠自体并无差别,是不变;宝珠所映现的各种外相,是随缘。宗密还进一步指出:

> 真如本体有二种用:一者自性本用,二者随缘应用。犹如铜镜,铜之质是自性体;铜之明是自性用;明之所现影,是随缘用。①

从不变、随缘的角度,宗密对洪州宗的思想进行了两个方面的批评:

第一,"复有一类人指示云:即此黑暗便是明珠,明珠之体,永不可见。欲得识者,即黑便是明珠,乃至即青黄种种皆是。"此一类人就是主张"一切皆真"的洪州宗。结合宗密对于洪州宗禅法的总结,如果单纯从本体论的立场看,宗密对洪州宗的批评是有一定偏见的。因为宗密一方面认为"洪州云一切皆是佛性",另一方面又批评洪州不识本体,从逻辑上说是说不通的。况且,马祖所认的"平常心"也并不单纯是一个日用之心。因为"平常心无造作,无是非,无取舍,无断常,无凡无圣"②。日用的现象之心显然不会具备上述的特征,毋宁说平常心是一个本体之心,是一个处在心念活动尚未发生的原初之心。虽名为平常,但是实并不平常。就此而言,宗密对洪州的批评是有失公允的。但是如果换一个角度,宗密的担心不无道理,过分地强调随缘之用,强调宝珠所现的各种颜色就是宝珠本身,"即此黑暗便是明珠",就会有导致宝珠本体被淹没在色相中的后果,以至于信徒"专记黑相",只把黑色当成了本体。从华严的立场看,虽说本体和现象是相即一体的,但这

---

① 《续藏经》第110册,第874页。
② 《景德传灯录》卷28,《大正藏》,第51卷,第440页a。

种相即的原因只能归于本体，不能归于现象。宗密指出了洪州宗这种方法论的偏颇可能导致的后果，从后世禅弊的角度看，应当说具有先见之明。Peter N. Gregray 曾指出：

> 在宗密看来，这种教学有一种伦理上极其危险的意涵，这就是说，如果体只能通过用来把握，并且一切都是全体之用，那么，体就完全地被用所取代了。但是，宗密主张体和用都是同一本体的不同方面，不管怎么说，二者是不同的。这种差异十分重要，因为体，也可以说本，是一种基础，在此之上，证悟解脱的合法性才有合法性。他将体用范式转化成本末范畴，赋予了他一种宗教实践的内涵，导致了一种向更基本的状态的回归，即在最初的微细心念活动之前，在主客分化之前的心的本初状态。只有通过直接的对体的体认，用的合法性才能得到保证，才会有用即真。①

这就是说，宗密实际上相当重视本体的自性用和随缘用的区别，用镜子的比喻说，它的自性用就是本身的明净，其中并无一物。它的随缘用就是照显外物的功能，能随着不同物体而变现。对于自性用的重视，和宗密的灵知之心的思想是一致的。佛教中对于本体的把握使用了多种概念，如空、实相、佛性、真如等，它们都有一个共同的特征，那就是作为本体的不变、不动的永恒性。《大乘起信论》中明确把真如心与生灭心的区别说成是心念的起与不起。不起就是真如心，无明风吹动，念初起即有生灭之心。由此而言，本体是不动、不起。但

---

①Perter N. Gegray: Tsung-mi and the sinification of Buddhism, p237, Princeton: Princeton University Press, 1991, New Jersey.

是不起、不动并非无用，作为本体，其用如何体现，存在一个逻辑上的困难。宗密提出了自性用，并认为灵知之心的照察作用就是本体的自性用。"寂是知之自性，知是寂之自性用。"①只有提出自性用才能保证灵知心的"知"之用，否则本体之用就只能是随缘之用。而随缘之用，有销用入体的倾向，在宗教修行的层面，有以现实取代超越的偏差。方立天先生评论说：

> 荷泽宗人重视心体即灵知的作用，认为"知之一字，众妙之门"。洪州宗人不同，他们以直指自心为佛性，认为整个自心的作用都是佛性的表现，强调"知之一字，众祸之门"。荷泽宗和洪州宗在心性论上的对立，主要就表现为前者突出形而上的灵知作用，后者则突出整个心灵的现实作用；前者重视对心性本体的探讨，后者重视对心性现实作用的肯定。②

这段话虽然是对洪州宗和荷泽宗思想区别的一种概括，但是因为宗密明显的荷泽宗立场，实际上也可以看作宗密本人和洪州宗思想差别的一种概括。因此宗密认为上述所说的种种极端倾向，在洪州宗的后人那里表现得更加明显。因为平素总是强调"一切皆真"，"即此黑暗便是明珠"，把宝珠所现的黑暗看成了宝珠的本体，乃至把宝珠所现的其他颜色如青黄等都当成宝珠本来的颜色。当真正明净的宝珠出现在面前时，反而会因为它不符合上述宝珠颜色的标准，而不认识它。宗密认为，黑色象征着六根对于六尘境界的分别，产生贪、瞋、爱、慢的

---

① (唐) 宗密：《圆觉经大疏释义钞》，《续藏经》第 14 册，第 231 页。

② 方立天著：《中国佛教哲学要义》上，北京：中国人民大学出版社，2002 年第一版，第 475 页。

诸种妄念；青黄等色代表了慈善、虔敬的善念；而宝珠本身则是无念。因此宗密认为洪州宗，特别是洪州宗后学在这一点上的认识是"偏局"，即有偏差和局限性的。

第二，从心体所具有的灵知特点，宗密批评了洪州宗的缺失。宗密认为洪州宗虽然也说"灵觉"和"鉴照"，但是完全不同于他所说的"灵知"。从本体的角度，可以笼统地说"万法皆是一心"。进一步具体分析，就可以发现有情众生都具有认识感知能力，"心性皆然"。而这种认识感知能力木石等无情物却不具备，所以不具普遍性。就有情物的这个范围看，认识感知能力也有层次的差别，有觉悟和迷失的区别。因此，这些有情物所具备的认识感知能力和心体本身的"自然常知"是不同的。而洪州宗所说的"灵觉"，恰恰就是指的常识意义上的知觉认识，"况洪州虽云灵觉，但是标众生有之"。归结到体用的角度看，"今洪州指示能语言等，但是随缘用，阙自性用也"。从认识的方式看，有比量和现量两种，比量是指通过推理而获得知识的方式。现量，指感性的认识能力。宗密使用该词时特指真现量，心体本身所具有的直觉能力。在洪州宗看来，心体不可知，但是能通过日常语言表现出来，这种认知方式是比量的。但宗密认为，心体本身具有的现量特征，在洪州宗的思想中是缺失的。

第三，从顿悟、渐修的角度看，宗密认为，顿悟就是从迷而觉悟，顿时实现从凡到圣的转变。好比有一个人本来就是一个高官，做梦中自己身陷牢狱，遭受种种痛苦，想尽各种办法想脱离此处。突然有人把他唤醒，方才意识到自己的官员身份，和其同僚没有区别。而渐悟是：

> 虽云顿悟法身、真心，全同诸佛。而多劫妄执四大为

我，习与性成，卒难顿除。故须依渐修，损之又损，乃至于无为，即名成佛。①

因此，"今洪州但言贪瞋戒定一种，是佛性作用者，阙于拣辨迷悟倒正之用也"。这就是说洪州宗只把人的妄念分别、世俗活动当成是佛性的作用，而没有认识到佛性本身所具有的分辨迷悟、正确与错误的作用。换句话说就是只认识到了佛性的随缘用，而不了解它的自性用。表面上看来，强调随缘用，好像是符合顿悟精神的，因为凡就是圣，那个梦中的囚犯就是真实的官员。但是，宗密认为过分地强调这一点，就会"如人但观湿性始终无异，不知济舟覆舟，功过悬殊。故彼宗于顿悟门虽近，而未的于渐修门"②。这就是说，洪州宗在修行实践上抹杀了修行的必要性，完全不同于宗密本人所强调的"顿悟渐修"的思想。

总而言之，在宗密看来，洪州宗禅法的失误主要在于理论上没有认识到心体的两重作用：自性用和随缘用的区别，所以会在"触类是道"之后必然会"任心"而修。而由于理论上的失误，必然导致实践上虽然承认顿悟，却否定了它的不可分的另一面渐修的重要性。

(原提交了四川什邡马祖道一国际学术研讨会，
发表于《佛学研究》，2006)

---

①石峻、楼宇烈、方立天等编：《中国佛教思想资料选编》第二卷第二册，北京：中华书局，1983年1月第一版，第471页。
②《续藏经》第110册，第875页。

附录四

宗密年谱

公元780年,唐德宗建中元年

宗密,生于果州西充县,俗姓何。"大师以建中元年生于世。"(《唐故圭峰定慧禅师碑并序》,以下简称《碑》)

公元786年,唐德宗贞元二年

从七岁开始,到十六七岁,宗密一直学习儒家经典。

"宗密髫专鲁诰。"(《圆觉经大疏》,以下简称《疏》)

"言髫冠者,初习之间岁数,非的指十岁及二十岁也。实而言之,即七岁乃至十六七为儒学。"(《圆觉经大疏钞》,以下简称《钞》)

"自龆年洎弱冠,虽则诗书是业,每觉无归。"(《圭峰定慧禅师遥禀清凉国师书》,以下简称《书》)

公元797年,唐德宗贞元十三年

是年先后,宗密开始阅读佛教经典,听讲经论,直到二十二岁左右。

"冠讨竺坟,俱溺筌罤,唯味糟粕。"(《疏》)

"十八九、二十一二之间,素服庄居,听习经论。"(《钞》)

"自龆年洎弱冠,虽则诗书是业,每觉无归,而复傍求释宗,薄似有寄。决知业缘之报,如影响应乎形声,遂止荤茹。考经论,亲禅德,狎名僧。庄居屡置法筵,素服滥尝覆讲,但以学亏极教,悟匪圆宗,不造心源,惑情宛在。"(《书》)

公元802年，唐德宗贞元十八年

是年前后，宗密废却佛学，重新专攻儒学，并往遂州义学院学习。

"二十三又却全功，专于儒学。"（《钞》）

"宗密家贯果州，因遂州有义学院，大阐儒宗，遂投诣进业。"（《钞》）

公元804年，唐德宗贞元二十年

在遂州义学院学习两年后，遇道圆禅师赴遂州传法，言下相契，随道圆禅师出家。

"因遂州有义学院，大阐儒宗，遂投诣进业。经二年后，和尚从西川游化至此州，遂得相遇，问法契心，如针芥相投也。"（《钞》）

"乃至二十五岁，过禅门，方出家矣。"（《钞》）

"偶谒遂州，遂州未与语，退游徒中，见其俨然若思而无念，朗然若照而无觉，欣然慕之，遂削染受教。"（《碑》）

"后遇遂州大云寺圆和尚法门，即荷泽之裔也。言下相契，师资道合，一心皎如，万德斯备。既知世业事艺，本不相关，方始落发披缁，服勤敬事。"（《书》）

公元805年，唐德宗贞元二十一年、顺宗永贞元年

是年先后，宗密身为沙弥期间，因赴斋会，得到《圆觉经》，读后"身心喜跃"。《圆觉经》也成为对他产生重要影响的经典。

"宗密为沙弥时，于彼州因赴斋请，到府吏任灌家，行经之次，把著此《圆觉》之卷，读之两三纸已来，不觉身心喜跃，无可比喻。自此耽玩，乃至如今。"（《钞》）

"一日随众僧斋于州民任灌家，居下位。以次受经，遇

《圆觉了义》,卷未终轴,感悟流涕,归以所悟告其师,师抚之曰:汝当大弘圆顿之教,此经诸佛授汝耳。"(《圆觉经大疏》裴休序)

"初在蜀因斋次受经,得《圆觉》十三章,深达义趣,遂传《圆觉》。"(《碑》)

"初在蜀,因斋次受经,得《圆觉》十二章,深达义趣,誓传是经。"(《宋高僧传》,以下简称《传》)

公元 806 年,唐宪宗元和元年

是年前后,宗密得到华严初祖杜顺所著《华严法界观门》,初次接触华严思想。后曾著《注华严法界观门》。

"然于身心因果,犹怀漠漠。色空之理,未即于心,遂屡咨参,方蒙授与终南大师《华严法界观门》,佛法宝藏,从此顿彰。同志四人琢磨数载,一句中理论则通宵未休,一事中义旨则尘沙莫算。"(《书》)

公元 807 年,唐宪宗元和二年

宗密从拯律师受具足戒,并拜见晋南张,即南印和尚。(《碑》、《宋高僧传》、《景德传灯录》、《法界宗五祖略记》皆言是年宗密遇随州道圆,并于当年受戒,与宗密自述不符。宗密遇道圆当在前三年。此年当是宗密受具足戒之年。)

"元和二年印心于圆和尚,又受具于拯律师。"(《碑》)

"元和二年,偶谒遂州圆禅师,圆未与语。密欣然而慕之,乃从其削染受教。此年,进具于拯律师,寻谒荆南张,张曰:汝传教人也,当宣导于帝都。"(《宋高僧传》)

"唐元和二年将赴贡举,偶造圆和尚法席,欣然契会,遂求披削,当年进具。"(《景德传灯录》)

公元 810 年,唐宪宗元和五年

宗密此年离开蜀地，来到襄阳，遇到澄观的弟子灵峰和尚，得到澄观所撰的《华严经大疏》及《疏钞》，并在此地开讲华严教义。

"跋涉江山，至于襄汉，于恢觉寺遇灵峰阇梨，即和尚门下一哲人也。寝疾数月，渐至羸极，相见三日才通其情，愿以同声之分经及疏钞，悉蒙授与。议论未周，奄然迁逝。"（《书》）

"今得明文印决，心意泰然，誓愿生生，尽命弘阐。当时便被僧尼徒众，因请赞扬，务自温习，课虚顺命，但依文配读而已，讵足以发明于人？为显圆宗，多惊抚掌，爰有宿机坚种，闻即禀承。从始洎终可数十人，誓愿修学。"（《书》）

"在汉上，因病僧授《花严句义》，未尝听受，遂讲《花严》。"（《碑》）

"元和五年，抵襄汉，遇恢觉寺灵峰阇黎，病中授与清凉国师所撰《华严大疏》二十卷、《大钞》四十卷。"（《法界宗五祖略记》，以下简称《略记》）

公元 811 年，唐宪宗元和六年

宗密此年离开襄阳，来东都洛阳瞻礼荷泽祖塔，住在永穆寺。应信众所请，再讲华严义理。是年九月七日，讲筵刚结束，听讲者泰恭，因受宗密所讲华严义理所感染，自断一臂，以表诚心。此事被检举后，引起当时东京留守郑余庆的盘查，宗密为避免事端扩大，自称是受到皇上尊崇的澄观的弟子。九月十三日，宗密担心留守郑余庆到澄观处查证，于是派弟子玄珪、智辉给澄观送去亲笔信，请求为弟子。十月十二日，澄观收到书信，并回信称"老僧澄观付宗密法子收"，允诺了宗密的弟子身份。十月二十三日，宗密再次给澄观写信，表示感谢，并称一旦泰恭伤势好转，即赴上都长安，亲执弟子之礼。

可能是在此年，宗密在洛阳拜见了神照。

"襄阳讲罢，暂往东都，礼祖师塔，便拟驰赴拜觐。盖缘夏逼，且止永穆寺。襄阳徒众，迤逦访寻，再邀第二遍讲，复闻兹经，遂允众请。许终悬疏，却赴上都。"（《书》）

"谓元和五年，于襄州，初讲一遍。六年于东都再讲。"（《钞》）

"在东都日，因讲次，有门人太恭（应为泰恭），断臂庆法。留守郑余庆相公申上中书，取裁缘文状中云是华严门下。虑宰相寻问疏主虚实，疏主既未委识，恐不招承，遂修状具述所领解。"（《钞》）

"元和六年。往东都礼祖塔。驻锡永穆寺。四众再请。讲第二遍。"（《略记》）

"复谒东京照，照曰：菩萨人也，谁能识之！"（《碑》）

公元 812 年，唐宪宗元和七年

是年年初前后，在泰恭断臂的伤势痊愈后，宗密来到长安，拜见澄观。其后最初的两年时间，始终服侍在澄观左右。后来虽然到各寺讲经，然而仍保持一月中亲自听澄观讲法两次，而有疑问时，则随时请教。

"然后入上都，亲事疏主，数年请益。初二年间，昼夜不离。后虽于诸寺讲传，每月长两上听受菩提心戒乃至无量法门，有疑则往来咨问不绝言。"（《钞》）

"寻泰（原文为"太"）恭痊损，方随侍至上都，执弟子之礼。观曰：毗卢华藏，能随我游者，其汝乎！"（《景德传灯录》）

"讲毕，诣上都，礼觐清凉国师，印曰：毗卢华藏，能从

我游者,舍汝其谁欤!初二年间,昼夜随侍。次后虽于诸寺讲论,有疑则往来咨决不绝。"(《略记》)

公元 816 年,唐宪宗元和十一年

是年正月,宗密在终南山智炬寺,编纂了《圆觉经科文》和《纂要》。并发誓三年时间不下山,专心阅读经藏。

"数年请益后,至元和十一年春,在终南山智炬寺,出《圆觉科文》、《纂要》二卷。誓不下山,遍阅藏经三年。"(《略记》)

"至元和十一年正月中,方在终南山智炬寺,出科文科之,以为纲领。因转藏经,兼对诸疏,搜采其义,抄略相当,纂为两卷。"(《钞》)

"根本始自元和十一年春,于南山智炬寺,下笔科判,及搜检四家疏义,集为两卷。私记掐之,以评经文,被于学禅之辈。"(《钞》)

"宗密比所遇释门中典籍,未有不探讨披览,且终南智炬寺,誓不下山,遍转藏经三年,愿毕方下山。"(《钞》)

公元 819 年,唐宪宗元和十四年

是年,宗密终南山阅藏三年后,回到长安兴福寺,并在此撰《金刚纂要疏》及《疏钞》。

"遂以元和十四年,于兴福寺,采集无著、天亲二论,大云等疏,肇公等注,纂其要妙,以释《金刚般若经》也,勒成疏一卷钞一卷。"(《钞》)

"愿毕,十四年于兴福寺,出《金刚纂要疏》一卷、《钞》一卷。"(《略记》)

公元 820 年，唐宪宗元和十五年

自元和十四年冬天在兴福寺，到是年春天移住保寿寺，这期间宗密一直专心于研究唯识之学，并撰《唯识疏》两卷。

"遂以元和十四年冬至十五年春，于上都兴福、保寿等寺，采掇大论大疏精纯正义，以释三十本颂，勒成两卷，显发彰明唯识宗趣，令人易见诸法唯是自心之义理，故云发明唯识也。"（《钞》）

"十五年春，于上都兴福、保寿二寺，集《唯识疏》二卷。"（《略记》）

公元 821 年，唐穆宗长庆元年

是年正月，宗密又回到终南山，住草堂寺，摒绝外缘，专心修行。

"至长庆元年正月又退在南山草堂寺，绝迹息缘，养神炼智。"（《钞》）

"后自觉化缘劳虑，至长庆元年正月又退在南山草堂寺，绝迹息缘，养神炼智。"（《钞》）

"长庆元年，退居鄠县草堂寺。"（《略记》）

公元 822 年，唐穆宗长庆二年

宗密在草堂寺，参考各家对《圆觉经》的注疏，对自己撰于元和十一年的《圆觉经科文》及《纂要》两卷，进行整理，到长庆三年秋冬之际，撰成《圆觉经大疏》。在此期间，宗密还在终南山丰德寺，撰成《华严纶贯》五卷。

"中间至长庆二年，于草堂寺，再修为疏，并开数十段章门。至三年秋冬，方得终毕。"（《钞》）

"至二年春，遂取先所制科文及两卷纂要，兼集数十部经论，数部诸家章疏，课虚扣寂，率愚为疏，至三年夏终，方遂

终毕。"(《钞》)

"二年春,重治《圆觉经解》。又于南山丰德寺,制《华严纶贯》五卷。"(《略记》)

"故长庆二年,于南山丰德寺,以疏中关节,纶次贯于一部经文,令讲者克意记持经文,以将释于此疏,勒成五卷,题云《华严纶贯》。"(《钞》)

公元823年,唐穆宗长庆三年

是年夏天,宗密于丰德寺撰成《四分律疏》三卷。秋冬之际,《圆觉经大疏》三卷完成。《略记》云是年还撰《钞》十三卷,从时间上看,《钞》及其他《圆觉经》的注疏当在是年后完成。

"因遍讨大毗尼藏五部律等,又听四分新章,见律文繁广,事数重叠,或是天竺风俗之事,不关此方。传者骋于重重句数,致令修持者不知克实要用之处,遂以长庆三年夏,于丰德寺,因听次,采集律文疏文行人要行用者,提举纂出,接引道流,勒成三卷。"(《钞》)

"三年夏,于丰德寺,纂《四分律疏》三卷。十六。至冬初,《圆觉》著述功就,《大疏》三卷、《大钞》十三卷。"(《略记》)

公元824年,唐穆宗长庆四年

是年后,陆续完成《钞》十三卷、《略疏》两卷、《小钞》六卷、《圆觉经道场修证仪》十八卷。是年五月一、二日前后,史制诚(史山人)向宗密提出十问,宗密作答。

"随后又注《略疏》两卷、《小钞》六卷、《道场修证仪》十八卷。"(《略记》)

"长庆四年五月日,史制诚谨问……同月二日,沙门宗密

谨对。"(《裴休拾遗问》)

"或京城，或城外，云居草堂、丰德等寺，皆是寻讨圣教。余随处随时，不可具记。自年十七八乃至今垂半百，未曾断绝，故云探群籍也。"(《钞》)

公元 827 年，唐文宗太和元年

是年九月开始，至冬天结束，宗密在圭峰草堂寺写作了后来收入《圆觉经道场修证仪》的一些忏悔和愿文。

"此忏悔、劝请、随喜、回向、发愿等五门，并是宗密，大和元年（"大和"同"太和"），从九月终一冬，独自初入圭峰，结方丈草屋，自述己心迹，从始至今，迷错之念，而忏、愿等文已，后觉此文亦通一切修行人心，诸便删减偏属己之事，润饰之，以通诸人用之。"(《圆觉经道场修证仪》卷八)

公元 828 年，唐文宗太和二年

是年十月十日，为庆成节，是唐文宗的生日。宗密于此日应诏入宫为文宗说法，并获赐紫袈裟，赐号"大德"。在此期间，宗密结识了诸多朝中重臣，如萧俛、温造、白居易、刘禹锡、裴休等。宗密被召入宫后，在长安居住了约两年时间。

"大和二年庆成节，征入内殿，问法要，赐紫方袍，为大德。"(《碑》)

"太和二年庆成节，文宗诏入内殿，问诸法要，赐紫袍，敕号大德。"(《略记》)

"云先后者，中间被敕追入内，住城三年（《镰田校译本》作"两年"），方却表请归山也。"(《禅源诸诠集都序》)

公元 830 年，唐文宗太和四年

约在是年，宗密请求回到草堂寺。

"寻请归山。"(《碑》)

"大和二年庆成节,征赐紫方袍,为大德。寻请归山。"(《传》)

公元831年,唐文宗太和五年

宗密有可能在此年初回乡探亲,并作《盂兰盆经疏》。回终南山的路上,途经洛阳。是年十月,刘禹锡赴任苏州刺史,经过洛阳,曾停留十五日。可能在此期间,宗密、刘禹锡相逢于时任河南尹的白居易处。刘禹锡作《送宗密上人归草堂寺——因谒河南尹白侍郎》。

"宗密罪衅早年丧亲,每履雪霜之悲,永怀风树之恨。窃以终身坟垄,卒世蒸尝,虽展孝思,不资神道。遂搜索圣贤之教,虔求追荐之方。得此法门,实是妙行。年年僧自恣日,四事供养三尊。宗密依之修崇,已历多载。兼讲其诰,用是未闻。今因归乡,依日开没道俗耆艾,悲喜遵行,异口同音,请制新疏。心在松柏,岂慢乡间。式允来情,发挥要道。"(《盂兰盆经疏》)

公元832年,唐文宗太和六年

此后,宗密还完成了《禅源诸诠集》百卷及《都序》等。

公元835年,唐文宗太和九年

是年,"甘露之变"事发,宗密因李训等受牵连而被捕,后经鱼恒志开脱,无罪释放。

"当长庆、元和已来,中官立功执政者孔炽,内外猜疑,人主危殆。时宰臣李训,酷重于密。及开成中,伪甘露发,中官率禁兵五百人出合,所遇者一皆屠戮。时王涯、贾𫗧、舒元舆方在中书会食,闻难作,奔入终南投密。唯李训欲求剪发匿之,从者止之,训改图趋凤翔。时仇士良知之,遣人捕密入左军，面数其（原作"共"）不告之罪，将害之。密怡然曰：'贫道识训年深，亦知其反叛，然本师教法，遇苦即救，不爱身命，死固甘心。'中尉鱼恒志嘉之，奏释其罪。朝士闻之，扼腕出涕焉。"（《传》）

公元841年，唐武宗会昌元年

正月六日，宗密卒，世寿六十二，僧腊三十四。

"会昌元年正月六日，坐灭于兴福塔院，俨然如生，容貌益悦，七日而后迁于函，其自证之力可知矣。其月二十二日，道俗等奉全身于圭峰。二月十三日，荼毗，初得舍利数十粒，明白润大。后门人泣而求诸煨中，必得而归。今悉敛而藏于石室，其无缘之慈可知矣。俗岁六十二，僧腊三十四。"（《碑》）

"武宗会昌元年正月六日，于兴福院诫门人，令舁尸施鸟兽，其骨焚而散之，言讫坐灭。其月二十二日，道俗奉全身于圭峰荼毗，得舍利数十粒，皆白润。及火后，门人泣而求之，并得于煨烬内，乃藏之石室。阅世六十二，僧腊三十四，门弟子僧尼四众得度脱者，凡数千人。"（《略记》）